Peter Michael Bak

# Werbe- und Konsumentenpsychologie

Eine Einführung

2., überarbeitete Auflage

2019
Schäffer-Poeschel Verlag Stuttgart

Diplom-Psychologe Prof. Dr. Peter Michael Bak lehrt an der Hochschule Fresenius in Köln und anderen nationalen wie internationalen Hochschulen. Er ist als Berater für Unternehmer sowie als Coach für Fach- und Führungskräfte tätig.

Bibliografische Information der Deutschen Nationalbibliothek
Die Deutsche Nationalbibliothek verzeichnet diese Publikation in der Deutschen Nationalbibliografie; detaillierte bibliografische Daten sind im Internet über http://dnb.d-nb.de abrufbar.

Print   ISBN 978-3-7910-4211-4   Bestell-Nr. 20014-0002
EPUB   ISBN 978-3-7910-4213-8   Bestell-Nr. 20014-0100
EPDF   ISBN 978-3-7910-4212-1   Bestell-Nr. 20014-0151

Dieses Werk einschließlich aller seiner Teile ist urheberrechtlich geschützt. Jede Verwendung außerhalb der engen Grenzen des Urheberrechtsgesetzes ist ohne Zustimmung des Verlages unzulässig und strafbar. Das gilt insbesondere für Vervielfältigungen, Übersetzungen, Mikroverfilmungen und die Einspeicherung und Verarbeitung in elektronischen Systemen.

© 2019 Schäffer-Poeschel Verlag für Wirtschaft · Steuern · Recht GmbH

www.schaeffer-poeschel.de
service@schaeffer-poeschel.de

Umschlagentwurf: Goldener Westen, Berlin
Umschlaggestaltung: Kienle gestaltet, Stuttgart (Bildnachweis: Shutterstock)
Layout: Ingrid Gnoth | GD 90, Buchenbach
Satz: Claudia Wild, Konstanz

Januar 2019

Schäffer-Poeschel Verlag Stuttgart
Ein Unternehmen der Haufe Group

# Vorwort zur zweiten Auflage

Werbung ist überall und Psychologie irgendwie auch. Und seit einiger Zeit beschäftigen sich nicht nur Werbemacher mit der Psychologie, sondern auch umgekehrt, interessieren sich Psychologen für die Werbung. Denn Werbung ist ein bedeutender Teil unseres Alltagslebens geworden und beeinflusst auf ganz unterschiedliche Weise unser tägliches Erleben und Verhalten. Aber was verbindet diese beiden Themen miteinander? Die Psychologie als Wissenschaft untersucht ganz allgemein das menschliche Erleben und Verhalten. Der Werbung auf der anderen Seite geht es vor allem darum, unser Erleben und Verhalten in bestimmter Art und Weise zu beeinflussen. Es verwundert daher nicht, dass Werbeexperten sich schon immer für die Psychologie interessierten, um Erkenntnisse darüber zu gewinnen, wie die Werbung gestaltet werden muss, damit sie besonders wirkungsvoll ist. Schon in den 1920er Jahren entstanden Bücher wie »Psychologie der Reklame« von Christoph von Hartungen (von Hartungen, C. 1926).

Als eigenständiges Fach ist die »Werbepsychologie« dagegen noch gar nicht so alt, hat sich aber mittlerweile als akademische Disziplin durchgesetzt. Das Angebot an wirtschaftspsychologischen Studiengängen mit Schwerpunkten u. a. in Werbe- und Konsumentenpsychologie hat sich seit dem Erscheinen der Erstauflage dieses Buches in kurzer Zeit vervielfacht. Auch auf dem Arbeitsmarkt sind Werbepsychologinnen und Werbepsychologen gefragt. Gleichzeitig haben sich die akademischen Rahmenbedingungen verändert. Der Stellenwert der Lehre ist weiter gestiegen. Das hat auch Auswirkungen auf die eingesetzten Materialien. Die Arbeit mit Originaltexten ist in den Hintergrund gerückt. Es geht um schnelle, verwendbare (»mundgerechte«) Informationen, am besten in digitaler Form oder aber in knappem Format wie beim vorliegenden Buch. Das mag man einerseits bedauern, weil dadurch die Auseinandersetzung mit Fachfragen hin und wieder Gefahr läuft, an der Oberfläche zu bleiben. Andererseits müssen wir uns in der Rolle als Dozentinnen und Dozenten mit den veränderten Rezeptionsgewohnheiten auseinandersetzen. Was uns einerseits als Verlust erscheinen mag, kann andererseits auch ein Gewinn sein. Der Zugang zu Informationen ist einfacher geworden. Auch interdisziplinäres Denken und Handeln sind heute keine Ausnahme mehr, sondern die Regel. Die zweite Auflage des vorliegenden Buches möchte dem Bedürfnis nach zuverlässiger, überblicksartiger, interdisziplinärer Information erneut gerecht werden. Am Aufbau wurde im Prinzip nichts verändert. Zunächst rücken die Werbung, die Werbeziele, unterschiedliche Werbeformen und -strategien in den Mittelpunkt der Betrachtungen (Fokus Werbung). Anschließend werden der Konsument sowie für das Verständnis von Werbewirkungen grundlegende psychologische Konzepte eingehend beleuchtet: angefangen von Prozessen der Wahrnehmung und des Gedächtnisses, über Arten und Weisen des Lernens bis hin zu Motivation, Emotion und spezifischen sozialen Bedingungen und Prozessen, die ja stets den Hintergrund individuellen Verhaltens darstellen (Fokus Konsument). Danach werden wichtige werbliche Gestaltungsmittel wie Humor, Attraktivität oder Musik betrachtet (Fokus Werbegestaltung), bevor

## Vorwort zur zweiten Auflage

die Marke in den Mittelpunkt der Betrachtungen rückt (Fokus Marke). Es folgt ein Blick auf die Besonderheiten des Interkulturellen Marketings (Fokus Interkulturelles Marketing), ein Thema, das angesichts des globalen Wettbewerbs und der immer stärker werdenden internationalen Vernetzung in den letzten Jahren stark an Bedeutung gewonnen hat. Schließlich wird es im »Fokus Planung und Umsetzung« darum gehen, die grundlegenden operativ-werblichen Schritte zu beschreiben. Am Ende stehen ethische Reflexionen, die in dem vorliegenden Zusammenhang unentbehrlich sind. Denn Ziel der Werbepsychologie sollte es nicht sein, sich als Dienstleister zu verstehen, dessen Forschungsbemühungen darauf abzielen, Menschen oder Kunden zu Verhaltensweisen zu bewegen, die weder von diesen gewünscht, noch legitimiert, noch aus psychologischer Sicht gesund oder für ein gelingendes Leben hilfreich sind. Die Kenntnis werblicher Prozesse ist daher nicht nur bedeutsam zur Verbesserung werblicher Kommunikation, sondern ebenso fundamental zum Schutz gegenüber unerwünschten Effekten und Wirkungsweisen.

Für die zweite Auflage wurden an zahlreichen Stellen Angaben aktualisiert oder ergänzt. Einige Themen wurden neu aufgenommen. So findet sich nun ein Unterkapitel zur Persönlichkeit. Die Kapitel Wahrnehmung und Motivation wurden um wichtige theoretische Konzepte ergänzt. Neue Themen wie »Public Relations« oder »Employer Branding« wurden ebenfalls integriert. Der werbepsychologische Bezug wurde hier und da noch stärker herausgestellt. Auch finden sich Ergänzungen um Trendthemen wie etwa »Influencer Marketing« oder »Nudging«. Bei der Fülle des möglichen Stoffes versteht es sich, dass viele Themen nur knapp behandelt werden, manche Themen gar nicht den Weg in das Buch geschafft haben. Dennoch hoffe ich, dass Studierende genauso wie Praktiker sich nach der Lektüre mit Freude an der psychologischen Auseinandersetzung mit (nicht nur) werbepsychologischen Themen beteiligen und sich mit Neugierde zu einer vertiefenden Auseinandersetzung entscheiden werden. Meinen Kolleginnen und Kollegen wünsche ich, dass sie das Buch brauchbar im Unterricht einsetzen können. Und allen Leserinnen und Lesern, dass sie einen guten, leicht verstehbaren und nachvollziehbaren Überblick über das Thema der Werbe- und Konsumentenpsychologie bekommen und das Wissen daraus in sinnvoller und nützlicher Weise anwenden werden.

*Peter Michael Bak, Saarbrücken, September 2018*

# Inhaltsverzeichnis

| | | |
|---|---|---|
| **Vorwort zur zweiten Auflage** | | **V** |
| **1** | **Fokus Werbung** | **1** |
| 1.1 | Daten und Fakten zur Werbung | 2 |
| 1.2 | Werbung als Teil des Marketings | 4 |
| 1.3 | Adressaten von Werbung | 5 |
| 1.4 | Werbeziele | 5 |
| 1.4.1 | Konsumentenbezogene Werbeziele | 6 |
| 1.4.2 | Marktbezogene Werbeziele | 6 |
| 1.5 | Gängige Werberezepte | 6 |
| 1.6 | Grund- und Zusatznutzen | 7 |
| 1.7 | Werbeklassifikationen | 9 |
| 1.7.1 | Konsumgüterwerbung | 9 |
| 1.7.2 | Investitionsgüterwerbung | 10 |
| 1.7.3 | Dienstleistungsmarketing | 11 |
| 1.7.4 | Non-Profit-Werbung bzw. Social Marketing | 12 |
| 1.8 | Werbung als Kommunikation | 12 |
| 1.9 | Häufige Werbeformen | 15 |
| 1.10 | Werbetypen im Fernsehen | 21 |
| 1.11 | Ausblick | 23 |
| **2** | **Fokus Konsument** | **27** |
| 2.1 | Wahrnehmung | 27 |
| 2.1.1 | Die fünf Sinnesorgane | 28 |
| 2.1.2 | Informationsverarbeitung | 30 |
| 2.1.3 | Aufmerksamkeit | 33 |
| 2.1.3.1 | Automatische und kontrollierte Prozesse | 33 |
| 2.1.3.2 | Aufmerksamkeitstheorien | 34 |
| 2.1.3.3 | Aufmerksamkeit im Alter | 36 |
| 2.1.4 | Subliminale Informationsverarbeitung | 36 |
| 2.1.5 | Ausblick | 39 |
| 2.2 | Gedächtnis | 40 |
| 2.2.1 | Gedächtnisstrukturen und -prozesse | 41 |
| 2.2.2 | Assoziative Netze | 43 |
| 2.2.3 | Priming | 43 |
| 2.2.4 | Embodiment | 46 |
| 2.2.5 | Kognitive Schemata | 48 |
| 2.2.6 | Ausblick | 50 |
| 2.3 | Lernen | 52 |
| 2.3.1 | Klassische Konditionierung | 53 |
| 2.3.2 | Evaluative Konditionierung | 54 |

# Inhaltsverzeichnis

| | | |
|---|---|---|
| 2.3.3 | Operante Konditionierung | 54 |
| 2.3.4 | Modelllernen und Sozialisation | 55 |
| 2.3.5 | Ausblick | 56 |
| 2.4 | Motivation | 57 |
| 2.4.1 | Triebtheorien der Motivation | 58 |
| 2.4.2 | Feldtheorie | 59 |
| 2.4.3 | Intrinsische und extrinsische Motivation | 61 |
| 2.4.4 | Grundmotive menschlichen Verhaltens | 62 |
| 2.4.4.1 | Die Bedürfnispyramide von Maslow | 62 |
| 2.4.4.2 | Drei Hauptmotive: Macht, Leistung, sozialer Anschluss | 63 |
| 2.4.5 | Erwartungs-x-Wert-Modelle | 64 |
| 2.4.6 | Das Rubikon-Modell der Handlungsphasen | 66 |
| 2.4.7 | Ausblick | 67 |
| 2.5 | Emotionen | 69 |
| 2.5.1 | Begriffserklärungen | 69 |
| 2.5.2 | Kognitive Emotionstheorien | 71 |
| 2.5.3 | Emotionen als Informationen | 73 |
| 2.5.4 | Emotionen und Informationsverarbeitung | 73 |
| 2.5.5 | Ausblick | 74 |
| 2.6 | Nonverbale Kommunikation und Verhalten | 75 |
| 2.6.1 | Blickverhalten | 77 |
| 2.6.2 | Mimik | 77 |
| 2.6.3 | Gestik | 79 |
| 2.6.4 | Distanzverhalten (Proxemik) | 80 |
| 2.6.5 | Berührung | 81 |
| 2.6.6 | Ausblick | 81 |
| 2.7 | Einstellungen | 82 |
| 2.7.1 | Explizite und implizite Einstellungen | 83 |
| 2.7.2 | Einstellung und Verhalten | 85 |
| 2.7.3 | Zwei-Wege-Modell der Einstellungsänderung | 86 |
| 2.7.4 | Persuasive Kommunikation | 88 |
| 2.7.4.1 | Kommunikative Beeinflussungstechniken | 89 |
| 2.7.4.2 | Indirekte Kommunikation | 90 |
| 2.7.4.3 | Direkte Kommunikation | 91 |
| 2.7.5 | Ausblick | 92 |
| 2.8 | Entscheidungsverhalten | 93 |
| 2.8.1 | Entscheidungsarten | 93 |
| 2.8.2 | Wann Kaufen wirklich glücklich macht | 95 |
| 2.8.3 | Intuitive und deliberative Entscheidungen | 96 |
| 2.8.3.1 | Entscheidungsheuristiken | 96 |
| 2.8.3.2 | Weitere Faktoren der Entscheidungsbeeinflussung | 99 |
| 2.8.3.3 | Theorie des unbewussten Denkens | 103 |
| 2.8.4 | Nachentscheidungskonflikte und kognitive Dissonanz | 104 |
| 2.8.5 | Prospect Theory und Verhaltensökonomik | 106 |
| 2.8.6 | Nudging (»Anstupsen«) | 108 |

| | | |
|---|---|---|
| 2.8.7 | Ausblick | 109 |
| 2.9 | Persönlichkeit | 110 |
| 2.9.1 | Die »Big Five« der menschlichen Persönlichkeit | 111 |
| 2.9.1.1 | Offenheit für neue Erfahrungen | 112 |
| 2.9.1.2 | Gewissenhaftigkeit | 112 |
| 2.9.1.3 | Extraversion | 113 |
| 2.9.1.4 | Verträglichkeit | 113 |
| 2.9.2 | Neurotizismus | 114 |
| 2.9.3 | »Big Five« im werblichen Kontext | 115 |
| 2.9.4 | Weitere Persönlichkeitsmerkmale | 115 |
| 2.9.4.1 | Kognitionsbedürfnis | 115 |
| 2.9.4.2 | Bedürfnis nach Einzigartigkeit | 116 |
| 2.9.4.3 | Selbstüberwachung (self-monitoring) | 116 |
| 2.9.4.4 | Materialismus | 117 |
| 2.9.5 | Ausblick | 118 |
| 2.10 | Sozialer Kontext | 119 |
| 2.10.1 | Symbolischer Interaktionismus | 119 |
| 2.10.2 | Symbolische Selbstergänzung | 121 |
| 2.10.3 | Soziale Kategorisierung | 122 |
| 2.10.4 | Soziale Vergleiche | 123 |
| 2.10.4.1 | Das Inklusions-Exklusions-Modell | 124 |
| 2.10.4.2 | Modell der selektiven Zugänglichkeit | 125 |
| 2.10.5 | Ausblick | 125 |
| **3** | **Fokus Werbegestaltung** | **129** |
| 3.1 | Farben | 129 |
| 3.2 | Bilder | 130 |
| 3.3 | Humor | 132 |
| 3.3.1 | Herabsetzung und Überlegenheitsgefühl | 133 |
| 3.3.2 | Inkongruitäts-Auflösungsmodell | 133 |
| 3.3.3 | Humor in der Werbung | 133 |
| 3.4 | Attraktivität | 135 |
| 3.4.1 | Evolutionsbiologische Perspektive | 135 |
| 3.4.2 | Attraktivität in der Werbung | 136 |
| 3.4.3 | Erotik und Sex in der Werbung | 137 |
| 3.5 | Furcht | 138 |
| 3.6 | Musik | 140 |
| 3.7 | Ausblick | 141 |
| **4** | **Fokus Marke** | **143** |
| 4.1 | Was ist eine Marke? | 143 |
| 4.1.1 | Markenimage | 144 |
| 4.1.2 | Markenidentität | 146 |
| 4.1.3 | Markenfunktionen | 146 |
| 4.2 | Verschiedene Markentypen | 147 |

| | | |
|---|---|---|
| 4.3 | Spezialfall: Arbeitgebermarke | 149 |
| 4.4 | Verschiedene Markenkonzepte | 149 |
| 4.4.1 | Marke als assoziatives Netzwerk | 150 |
| 4.4.2 | Marke als Schemata | 151 |
| 4.4.3 | Marke als Einstellungsobjekt | 151 |
| 4.4.4 | Marke als Persönlichkeit | 152 |
| 4.4.5 | Marke als Konstruktion | 153 |
| 4.5 | Schritte zur Markenentwicklung | 154 |
| 4.5.1 | Analyse der Ausgangslage | 154 |
| 4.5.2 | Festlegung der Markenidentität | 155 |
| 4.6 | Ausblick | 156 |

## 5 Fokus Interkulturelles Marketing — 159

| | | |
|---|---|---|
| 5.1 | Was ist Kultur? | 159 |
| 5.1.1 | Percepta | 160 |
| 5.1.2 | Concepta | 161 |
| 5.1.3 | Kulturtheorien | 161 |
| 5.1.4 | Kulturdimensionen nach Edward T. Hall | 162 |
| 5.1.5 | Kulturdimensionen nach Geert Hofstede | 162 |
| 5.1.6 | Kulturdimensionen nach Alfons Trompenaars | 163 |
| 5.2 | Kulturelle Unterschiede im Marketingkontext | 165 |
| 5.2.1 | Kultur und Preispolitik | 165 |
| 5.2.2 | Kultur und Produktpolitik | 165 |
| 5.2.3 | Kultur und Distributionspolitik | 166 |
| 5.2.4 | Kultur und Kommunikationspolitik | 166 |
| 5.3 | Strategien für Marketing und Werbung | 167 |
| 5.3.1 | Standardisierung | 167 |
| 5.3.2 | Differenzierung | 167 |
| 5.4 | Spezialfall I: Country-of-Origin-Effekt | 168 |
| 5.5 | Spezialfall II: Ethnomarketing | 169 |
| 5.6 | Ausblick | 170 |

## 6 Fokus Planung und Umsetzung — 173

| | | |
|---|---|---|
| 6.1 | Definition von Marketing- und Kommunikationsziel | 173 |
| 6.2 | Definition der Zielgruppe | 175 |
| 6.2.1 | Segmentierungskriterien | 175 |
| 6.2.2 | Sinus-Milieus | 176 |
| 6.2.3 | Eins-zu-Eins-Marketing und Kundenbeziehungs- management | 177 |
| 6.2.4 | Neue Möglichkeiten durch das Internet | 178 |
| 6.3 | Festlegung der Copy-Strategie | 178 |
| 6.4 | Mediaplanung | 179 |
| 6.5 | Kontrolle der Werbewirkung | 181 |
| 6.5.1 | Dimensionen der Werbewirkung | 182 |
| 6.5.2 | Methoden der Werbewirkungsmessung | 183 |

| | | |
|---|---|---|
| 6.5.2.1 | Quantitative Verfahren | 183 |
| 6.5.2.2 | Qualitative Verfahren | 184 |
| 6.5.2.3 | Problem der Reaktivität und Implizite Verfahren | 184 |
| 6.5.2.4 | Neuromarketing | 185 |
| 6.6 | Ausblick | 185 |
| **7** | **Abschließendes zum Thema Werbeethik** | **187** |
| **Literatur** | | **191** |
| **Stichwortverzeichnis** | | **209** |

# 1 Fokus Werbung

Die Geschichte der Werbung beginnt in dem Moment, in dem Menschen angefangen haben, mit Waren zu handeln. Schon in der Antike, bei den Ägyptern, Griechen und Römern, hat es Werbung gegeben. Auf Märkten warben die Händler um ihre Kundschaft. Es gab bereits Marken und Markenzeichen. So findet man etwa in Tongefäßen und anderen Artikeln Zeichen, die auf den ausführenden Handwerker verweisen. Je mehr Anbieter und Waren auf den Markt kamen, umso mehr Werbung war nötig, um auf sich aufmerksam zu machen und sich von den anderen Anbietern zu unterscheiden. Waren und Güter mussten jetzt nicht mehr nur den existenziellen Grundbedarf abdecken, sondern wurden zunehmend auch z. B. zu Luxusgütern. Spiele und Kosmetik entwickelten sich zu wichtigen Statussymbolen.

*Werbung ist allgegenwärtig.*

**MERKE**

Die Werbung und insbesondere die Werbeindustrie, so wie wir sie heute kennen, entwickelte sich parallel zur Industrialisierung im 19. Jahrhundert.

Durch die enorme Zunahme an Produktionsmöglichkeiten und -kapazitäten im 19. Jahrhundert musste zum einen für den entsprechenden Absatz gesorgt werden. Zum anderen vermehrte sich durch den wachsenden ökonomischen Wohlstand die Geldmenge der Käufer. Man konnte sich mehr und häufiger etwas leisten. Verlockende Aussichten für Händler und Produzenten, die nun mit immer neuen Produkten und Dienstleistungen auf den Markt drängten. Der Boden für die Konsumgesellschaft war bereitet. Heute ist Werbung ein allgegenwärtiger Bestandteil unseres Alltagslebens. Nach Angaben von Nielsen Media Research wurden im Jahr 2016 über 4,36 Millionen Werbespots im deutschen Fernsehen gezeigt (de.statista.com). Werbung ist in allen Medien zu Hause: Rundfunk, Fernsehen, Zeitungen und Zeitschriften, Plakatwände, Videowalls, Kino, Internet oder Smartphones. Es gibt kaum einen Ort oder einen Zeitpunkt, an dem wir nicht mit Werbebotschaften konfrontiert werden. Sogar auf dem Bahnsteig, auf dem Boden, in Schulen oder Kindergärten, wir kommen an Werbung nicht vorbei. Aber was ist Werbung eigentlich? Wie lässt sich Werbung definieren? Welche Ziele sind damit verbunden? Welche Werbeformen und Werberezepte gibt es? Fragen, auf die wir im Folgenden Antworten geben wollen. Beginnen wir zunächst mit einem Blick auf einige Daten und Fakten.

**Fokus Werbung**
Daten und Fakten zur Werbung

## 1.1 Daten und Fakten zur Werbung

Die Werbeindustrie, also alle Unternehmen, die sich mit der Produktion und dem Verkauf von Werbung beschäftigen, ist ein mächtiger Zweig der Volkswirtschaft. Die Investitionen in Werbung sind in Deutschland seit Jahren kontinuierlich gestiegen. Im Vergleich zu 2006 haben sich nach Nielsen Media Research die Ausgaben im Jahr 2016 um 10 Milliarden Euro erhöht (vgl. Abb. 1.1).

**Abb. 1.1**

Entwicklung der Bruttoinvestitionen in Werbung in Deutschland
(Angaben in Millionen Euro)

| 2006 | 2008 | 2010 | 2012 | 2014 | 2016 |
|---|---|---|---|---|---|
| 20.109 | 22.371 | 24.981 | 26.242 | 28.224 | 30.907 |

Nielsen Media Research, de.statista.de

Die wichtigsten Werbeträger, gemessen an den Werbeeinnahmen, waren im Jahr 2016 das Fernsehen, die Tageszeitungen, Anzeigenblätter sowie die Online-Werbung. Im Vergleich zum Jahr 2010 zeigen sich teilweise dramatische Veränderungen bei einzelnen Werbeträgern. Tageszeitungen und Publikumszeitschriften sind dabei die großen Verlierer. Das Fernsehen, die Außenwerbung, v.a. aber die Online-Werbung gewinnen dagegen deutlich dazu (vgl. Abb. 1.2). Und die Online-Werbung bzw. die Werbung auf mobilen Onlinegeräten wird weiter steigen. Nielsen Media Research

**Abb. 1.2**

Netto-Werbeeinnahmen erfasster Werbeträger in Deutschland
(Angaben in Milliarden Euro)

| Werbeträger | 2010 | 2016 | % |
|---|---|---|---|
| Fernsehen | 3,95 | 4,56 | +15,44 |
| Tageszeitungen | 3,64 | 2,53 | -30,49 |
| Anzeigenblätter | 2,01 | 1,92 | -4,48 |
| Online-Angebote | 0,86 | 1,52 | +76,74 |
| Außenwerbung | 0,77 | 1,03 | +33,77 |
| Publikumszeitschriften | 1,45 | 1,02 | -29,66 |
| Fachzeitschriften | 0,86 | 0,86 | +0 |
| Verzeichnis-Medien | 1,16 | 0,85 | -26,72 |
| Hörfunk | 0,69 | 0,77 | +11,59 |

Quelle: ZAW, de.statista.com

## 1.1 Daten und Fakten zur Werbung

beziffert allein die Umsätze mit mobiler Werbung im November 2017 bei rund 73,28 Millionen Euro, eine Verdoppelung innerhalb von nur zwei Jahren (de.statista.com). Auch die Mediennutzung steigt seit Jahren beständig an (vgl. Abb. 1.3), im Jahr 2017 waren das in Deutschland immerhin zehn Stunden pro Tag (Verband Privater Rundfunk und Telemedien e. V., www.vprt.de), was unter anderem dazu führt, dass wir als Mediennutzer mittlerweile mehrere Tausend Werbebotschaften pro Tag erhalten.

*Fernsehen ist bedeutendster Werbeträger. Online-Werbung wächst.*

**Abb. 1.3**

**Durchschnittliche tägliche Mediennutzung von Erwachsenen ab 14 Jahren**
(Angaben in Minuten pro Tag)

|         | 2000 | 2005 | 2010 | 2017 |
|---------|------|------|------|------|
| TV      | 203  | 231  | 244  | 242  |
| Radio   | 205  | 193  | 187  | 191  |
| Online  | 17   | 46   | 77   | 149  |
| Gesamt  | 425  | 470  | 508  | 582  |

Quelle: www.ard-zdf-onlinestudie.de; Verband Privater Rundfunk und Telemedien e. V. www.vprt.de

Kein Wunder, dass viele Werbung mittlerweile als störend empfinden und versuchen, sie so gut es geht zu ignorieren. Laut Angaben der repräsentativen Markt-Media-Studie *best for planning* mit 30.121 Teilnehmern in Deutschland im Jahr 2017 finden viele Menschen Werbung eher lästig als nützlich, auch wenn es hier große Unterschiede bei den einzelnen Medien gibt (vgl. Abb. 1.4). Fernsehwerbung wird beispielsweise eher lästig als nützlich angesehen. Bei Tageszeitungen ist es umgekehrt. Werbung hat darüber hinaus in allen Medien ein Glaubwürdigkeitsdefizit und

**Abb. 1.4**

**Einstellung zur Werbung im Jahr 2017, repräsentative Befragung von Personen ab 14 Jahren**
(Angaben in Prozent)

| Werbung ist | Tageszeitungen | Internet | Fernsehen | Radio | Postwurf |
|---|---|---|---|---|---|
| … glaubwürdig | 34,3 | 8,8 | 20,2 | 13,7 | 17,0 |
| … interessant | 26,5 | 14,5 | 23,6 | 15,0 | 19,2 |
| … lästig | 10,2 | 24,7 | 32,6 | 22,9 | 19,5 |
| … nützlich | 33,4 | 14,1 | 20,9 | 14,6 | 26,4 |
| … unterhaltend | 15,7 | 10,6 | 32,9 | 22,6 | 10,9 |
| … beachte ich dort gar nicht | 19,2 | 31,2 | 14,0 | 23,3 | 23,3 |

Quelle: www.b4p.media

**Fokus Werbung**
Werbung als Teil des Marketings

wird von vielen Menschen erst gar nicht beachtet. Insgesamt schlecht kommt auch die Werbung im Internet weg. Viele schauen weg und nur wenige empfinden sie als nützlich oder glaubwürdig.

*Je mehr Werbung existiert, desto mehr Werbung muss gemacht werden.*

Es ist ein Teufelskreis: Je mehr Werbung existiert, umso mehr muss man Werbung machen, um überhaupt noch wahrgenommen zu werden. Mit nicht nur positiven Auswirkungen auf die Werbeakzeptanz. Daher beschränkt sich die Werbewirtschaft längst nicht mehr nur auf die klassischen Medien. Es werden überall neue Wege und Mittel gesucht, um (potenzielle) Kunden in verschiedenen Kontexten werblich anzugehen, ob am Bahnsteig, im Flugzeug, in den Medien, beim Sportverein oder auf dem Smartphone. Ein immenser Aufwand, bedenkt man, wie kurz wir diesen Bemühungen unsere Aufmerksamkeit schenken: einer Printanzeige etwa nur zwischen 2 und 3 Sekunden (Sjurts, I. 2010), einer Außenwerbung noch weniger. Kaum verwunderlich, dass die Werbeindustrie nach neuen und auch subtileren Methoden der Werbung Ausschau hält.

## 1.2 Werbung als Teil des Marketings

*Gesamte Wertschöpfungskette ist als System zu verstehen.*

Gewöhnlich werden im Unternehmen folgende Wertschöpfungsprozesse unterschieden: Eingangslogistik, Produktion, Ausgangslogistik, Marketing, Vertrieb und Kundenservice (Porter, M. E. 1989). Der Marketingprozess selbst lässt sich nochmals ausdifferenzieren nach den vier Bereichen Preis-, Produkt-, Kommunikations- sowie Distributionspolitik (vgl. Abb. 1.5). Die Werbung wird gewöhnlich im Bereich der Kommunikation angesiedelt.

Diese kategorische Differenzierung dient in erster Linie der Veranschaulichung, ist jedoch in der Praxis selten so in Reinform anzutreffen, da sie in vielen Fällen wenig Sinn macht. So kann man die Preispolitik, die Distributions- und Produktpolitik nicht isoliert von der werblichen Kommunikation betrachten. Umgekehrt kann Werbung auch die Produkt-, Distributions- und Preispolitik beeinflussen. Letztlich müssen die vier Bereiche des Marketings und darüber hinaus die gesamte Wertschöpfungskette als System verstanden werden, bei dem die einzelnen Prozesse ineinan-

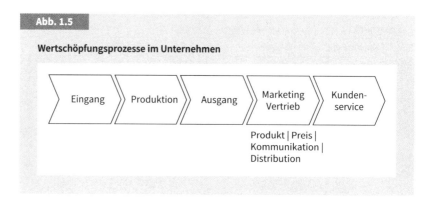

Abb. 1.5 Wertschöpfungsprozesse im Unternehmen

dergreifen und -wirken. Dies wird auch an neueren Managementstrategien, wie etwa dem *Corporate Branding,* deutlich, bei dem das Unternehmen als Ganzes im Sinne des Markenaufbaus bzw. der Markenführung geführt wird.

## 1.3 Adressaten von Werbung

Werbung als eine besondere Form der Unternehmenskommunikation besitzt viele Adressaten. Kunden, potenzielle Kunden, die Öffentlichkeit oder auch bestehendes und neues Personal. Letztere werden etwa mit Maßnahmen im Rahmen der Schaffung einer Unternehmensmarke (*Employer Branding*; vgl. Kap. 4.3) angesprochen. Werbung richtet sich aber auch an das Management, die Öffentlichkeit (Imagewerbung) oder an Lieferanten, Investoren oder mediale Mittler und die Presse.

*Ansprache aller Stakeholder*

**MERKE**

**Werbliche Maßnahmen**
Allgemein formuliert richten sich werbliche Maßnahmen an alle möglichen Interessengruppen am Unternehmen (interne und externe Stakeholder), denn alle sollen vom Unternehmen, seinen Leistungen, Produkten, Mitarbeitern positiv überzeugt werden, damit sie in ihrer Funktion zum Erfolg des Unternehmens beitragen bzw. diesen nicht verhindern.

Für jede Interessengruppe lassen sich dabei eigene Ziele definieren: Die Kunden sollen dann von einem Produkt überzeugt werden, die Mitarbeiter sollen stolz auf ihr Unternehmen sein, die Wettbewerber sollen von der Leistungsfähigkeit beeindruckt werden, die Lieferanten sollen die Stärke des Verhandlungspartners erkennen und die Öffentlichkeit soll dem Unternehmen mit Wohlwollen gegenüberstehen. Schauen wir uns die Werbeziele für Konsumenten und ganz allgemein den Markt noch etwas genauer an.

## 1.4 Werbeziele

Die Ziele der Werbung lassen sich nach unterschiedlichen Gesichtspunkten klassifizieren. Zum Beispiel anhand der beworbenen Güter und angesprochenen Zielgruppen (privat vs. geschäftlich) oder der gewünschten Effekte (z. B. Aufmerksamkeit erzeugen). Letztendlich geht es immer darum, mehr zu verkaufen bzw. den Unternehmenserfolg zu sichern. Bis dahin ist es jedoch ein weiter Weg, auf dem es gilt, Etappenziele zu erreichen, also beispielsweise die Bekanntheit zu steigern, ein positives Image zu generieren oder eine Marke zu positionieren. Diese Etappenziele lassen sich je nach Zielgruppe unterschiedlich definieren.

### 1.4.1 Konsumentenbezogene Werbeziele

Bezogen auf den Endverbraucher lassen sich folgende Werbeziele differenzieren: Werbung soll z. B.
- über neue Produkte, Preise, Funktionen informieren,
- zum Kauf motivieren und Emotionen wecken,
- Einstellungen ändern und Image aufbauen (sozialisieren),
- angenehme und positive Assoziationen aufbauen (verstärken),
- unterhalten, damit man sie gerne betrachtet,
- an das Produkt, die Marke und die Kaufabsicht erinnern.

Allgemein soll der Konsument durch Werbung positiv von dem Produkt, der Marke, dem Unternehmen eingenommen werden (*affektive Aspekte*), mit Informationen über Produkt, Marke und Unternehmen versorgt werden (*kognitive Aspekte*) und schließlich zum Handeln animiert werden (*konative* bzw. *behaviorale Aspekte*).

### 1.4.2 Marktbezogene Werbeziele

Betrachten wir Werbung aus Sicht des Produzenten und seines markt- und wettbewerbsorientierten Handelns, dann lassen sich diese Werbeziele ableiten:
- Einführung, Ankündigung und Begleitung eines neuen Produktes (Einführungswerbung),
- sich gegenüber der Konkurrenz ab- und durchsetzen (Durchsetzungswerbung),
- Marktanteile gewinnen (Verdrängungswerbung),
- neue Kunden gewinnen (Expansionswerbung).

Allgemein gesprochen ist es aus dieser Perspektive Ziel der Werbung, den Unternehmenserfolg abzusichern.

## 1.5 Gängige Werberezepte

*Orientierungen für die Werbekonzeption*

Für Werber und Marketingverantwortliche stellt sich die Frage, wie man Werbung generell anzulegen hat. Was will man wie erreichen? Wie sollen die Werbeziele konkret umgesetzt werden? Es haben sich verschiedene, ganz allgemeine Vorstellungen als gut vermittelbar herausgestellt. Sie dienen als grobe Orientierungen für die Planung und Konzeption von Werbemaßnahmen.

**Die AIDA-Formel**
Die bekannteste Werbeformel ist das sogenannte AIDA-Konzept. Danach soll die Werbung zunächst Aufmerksamkeit (*Attention*) erzeugen, anschließend, wenn der Rezipient die Botschaft verstanden hat, Interesse am Produkt wecken (*Interest*). Dieses Interesse soll im nächsten Schritt den Wunsch erzeugen, das Produkt zu erwerben (*Desire*), was dann letztlich zum Handeln (*Action*), hier also Kaufen führen soll.

**Die PPPP-Formel**
Eine weitere Faustformel zur Gestaltung von Werbung ist die PPPP-Formel. Danach gilt es, die Aufmerksamkeit des Rezipienten mit Hilfe eines Bildes (*Picture*) zu gewinnen. Konkrete oder auch metaphorische Bilder eignen sich besonders gut, weil wir auf diesem Weg viele Informationen in kürzester Zeit verarbeiten können. In der Werbung selbst wird dann ein Versprechen abgegeben (*Promise*) und ein entsprechender Beweis geliefert (*Prove*), warum der Absender oder das Produkt dieses Versprechen auch einhalten kann. Zudem wird der Rezipient entsprechend aufgefordert, sich selbst von dem Produkt zu überzeugen (*Push*).

**USP/UAP**
Unter USP (*Unique Selling Proposition* versteht man den einzigartigen Produktvorteil, der werblich betont wird, z. B. die Zusatzinformation »mit Hyaluronsäure«. In den meisten Fällen handelt es sich aber weniger um ein tatsächlich einzigartiges Produktmerkmal, sondern vielmehr um die kommunikative Betonung eines bestimmten Merkmals (UAP, *Unique Advertising Proposition*), wodurch das Produkt unverwechselbar gemacht werden soll und das im besten Fall von den Wettbewerbern bisher nicht fokussiert wurde. So wirbt die Automarke *BMW* beispielsweise mit dem Slogan »Freude am Fahren«. Natürlich bedeutet dies nicht, dass es in anderen Fahrzeugen weniger Spaß macht, nur werden von den anderen Herstellern eben andere Eigenschaften kommuniziert. *Audi* wirbt mit der Aussage »Vorsprung durch Technik«, hat sich also für die Betonung einer anderen Kernkompetenz entschlossen. So kann man sich durch Kommunikation differenzieren, selbst wenn es faktisch kaum Differenzierungsgründe zwischen den Wettbewerbern gibt.

## 1.6 Grund- und Zusatznutzen

Wir verwenden und kaufen Produkte zunächst zu einem bestimmten Zweck. Wenn wir uns frei und selbstständig von einem Ort zum anderen bewegen möchten, so benutzen wir vielleicht ein Fahrrad, bei größeren Entfernungen dagegen ein Auto. Zahnpasta benutzen wir, um unsere Zähne zu reinigen, und eine Tagescreme, um unsere trockene Haut geschmeidig zu machen.

> **MERKE**
>
> **Grundnutzen**
> Produkte haben einen instrumentellen Nutzen, wir benutzen sie, um ein konkretes Ziel zu erreichen.

Die meisten Produkte haben über diesen unmittelbaren Zweck hinaus jedoch noch einen anderen Nutzen für uns. So verwenden wir nicht irgendein Auto, nicht irgendeine Zahnpasta und nicht irgendeine Tagescreme, sondern wir fahren ein Auto, in

## 1.6 Fokus Werbung
### Grund- und Zusatznutzen

das wir uns gerne setzen und das auch zu unserem Charakter passt, wir benutzen eine Zahnpasta mit extra viel natürlichen Kräutern, die bestimmt gesund sind, und eine Creme mit Olivenöl aus der Toskana, weil das sicher etwas Besonderes ist. Es geht uns also nicht nur um feuchte Haut oder saubere Zähne, sondern auch um guten Geschmack, Gesundheit oder einfach nur um die schöne Assoziation, die wir mit dem Produkt verbinden.

> **MERKE**
>
> **Zusatznutzen**
> Die Produkte erfüllen neben dem Grundnutzen noch weitere Zwecke, haben für uns noch einen weiteren Nutzen. Gerade wenn Güter zunehmend austauschbar sind, ist dieser Zusatznutzen entscheidend für die Produktwahl.

*Bei austauschbaren Produkten entscheidet der Zusatznutzen.*

Der Zusatznutzen lädt das Produkt mit einer bestimmten Bedeutung auf (zum Bedeutungsbegriff vgl. z. B. Bak, P. 2012). Das kann einmal eine *besondere Verwendungsform* sein (»Die neue Thomapyrin ist jetzt auch zum Kauen da«), eine *besondere Produkteigenschaft* (»Bei Prellungen, Zerrungen, Verstauchungen: Mobilat: Mit der 3-Wirkstoff-Formel«) oder eine *andere Eigenschaft*, die das Produkt für uns in bestimmten Situationen als besonders geeignet darstellt, z. B. weil wir damit unseren Status kommunizieren können oder unsere Individualität zeigen. Es spielt darüber hinaus nicht unbedingt eine Rolle, ob der Zusatznutzen tatsächlich einen Vorteil für den Kunden liefert oder nicht. Es reicht schon, wenn der Käufer den Eindruck erhält, mehr als bei einem vergleichbaren Produkt zu bekommen, um die Kaufentscheidung zu beeinflussen (Gierl, H./Großmann, T. 2008). Müssen wir uns zum Beispiel zwischen einem normalen Bodenreiniger und einem Bodenreiniger, der zudem mit Aloe-Vera-Extrakt besonders sanft zu unseren Händen ist, wählen, dann würden wir uns womöglich für Letzteren entscheiden, selbst wenn wir beim Putzen stets Handschuhe tragen und gar keinen Kontakt mit dem Bodenreiniger haben. Allein der Gedanke, dass im Falle des Falles meine Hände auch noch gepflegt werden oder dass es sich offenbar um ein qualitativ hochwertigeres Produkt handeln muss, überzeugt uns. Denn immerhin ist auch noch Aloe Vera enthalten, ein Rohstoff, den man sonst nur aus der Pflegekosmetik kennt!

*Irreführende Werbung*

Dem aufmerksamen Betrachter wird auffallen, dass die Werbung voll solcher zusätzlicher Versprechen bzw. Hinweise ist, die häufig trivial oder selbstverständlich sind oder nicht viel Aussagekraft besitzen. So werden viele Waschmittel mit dem Zusatz »dermatologisch getestet« beworben, was viele Kunden mit der Bedeutung »dermatologisch verträglich« verwechseln. Verträglichkeit und Test sind aber völlig unabhängig, der Konsument erfährt ja nicht das Testergebnis, sondern wird de facto nur über den Umstand des Tests informiert. Darüber hinaus ist es nach dem »Gesetz über die Umweltverträglichkeit von Wasch- und Reinigungsmitteln« sogar vorgeschrieben, dass Wasch- und Reinigungsmittel »nur so in den Verkehr gebracht werden, dass infolge ihres Gebrauchs jede vermeidbare Beeinträchtigung der menschlichen Gesundheit […] unterbleibt« (www.bmu.de). Die Information gaukelt demnach einen Vorteil vor, der in Wirklichkeit gar nicht besteht. Dieser häufig anzutreffende Umstand ist immer wieder Anlass für Verbraucherorganisationen, Hersteller bzw. die Werbeindustrie öffentlich zu kritisieren.

**BEISPIEL** **Ist die »Monsterbacke« gesund?**

▶▶▶ Der Joghurthersteller Ehrmann hat auf seinem Fruchtquark »Monsterbacke« mit dem Spruch »So wichtig wie das tägliche Glas Milch!« geworben. In einem Gutachten für den Europäischen Gerichtshof in Luxemburg wurde gefordert, dass der Hersteller den Slogan ändert bzw. ergänzt. Die deutsche Wettbewerbszentrale hatte zuvor geklagt, da der Spruch einen Vorteil für die Gesundheit des Kunden verspreche und damit irreführend sei (vgl. Hirschbeck, A. 2013). ◀◀◀

## 1.7 Werbeklassifikationen

Werbung wird für alles gemacht: für Toilettenpapier, Schokolade, Terpentin, Motorenöl, Dübel oder eine Weißblechstanzmaschine. Daneben machen auch Institutionen, Vereine, Behörden, Ministerien und Universitäten Werbung ebenso wie Klempner, Dachdecker oder Maler. Je nachdem, wer Werbung macht und an wen sich Werbung richtet, lassen sich typische Unterschiede hinsichtlich der beworbenen Güter, deren Distribution, der Entscheidungswege und der daran beteiligten Personen sowie des Werbeträgers ausmachen. Betrachten wir daher im Folgenden einige wichtige Unterschiede im Konsumgüter-, Investitionsgüter-, Dienstleistungs- und Non-Profit-Bereich.

### 1.7.1 Konsumgüterwerbung

**MERKE**

Konsumgüterwerbung (B2C – Business to Consumer) bezeichnet Werbung für typische Alltagsdinge, etwa Zahnpasta, Waschmittel oder Marmelade.

In den meisten Fällen handelt es sich bei der Werbung um sogenannte *Massenkommunikation* im Rundfunk oder Printbereich. Die Produkte können überall, also im Einzelhandel oder in Discountern, erworben werden. Es besteht selten Beratungsbedarf auf Seiten der Kunden, es sei denn, es handelt sich entweder um komplizierte oder um teure Produkte, bei denen mit einem höheren *Involvement* gerechnet werden kann. Entscheidungen zugunsten eines Produktes sind häufig impulsiv. Außerdem werden sie in der Regel vom Käufer selbst und ohne Absprache mit anderen getroffen. Wir beratschlagen uns beim Kauf einer Zahnpasta nicht mit unserem Partner, sondern greifen (gewohnheitsmäßig) geradewegs zu. Die Werbung für diese Konsumgüter richtet sich daher in erster Linie an Konsumenten, die das Pro-

## 1.7 Fokus Werbung
Werbeklassifikationen

dukt kennen und mögen sollen, aber auch an den Zwischenhandel, dem das Produkt Erfolg versprechende Absatzmöglichkeiten bietet und der dazu animiert werden soll, das Produkt in sein Portfolio aufzunehmen bzw. dort zu behalten.

### 1.7.2 Investitionsgüterwerbung

> **MERKE**
>
> **Investitionsgüterwerbung**
> Investitionsgüterwerbung (B2B – Business to Business) ist Werbung für Güter und Dienstleistungen, die selbst wiederum zur Herstellung von Gütern und Dienstleistungen benötigt werden.

Kunden sind hier also nicht die Endkunden, sondern Unternehmen bzw. Entscheider in Unternehmen. Typische Investitionsgüter sind Maschinen oder Büroausstattungen. Viele Investitionsgüter findet man daher auch im Fachhandel oder sie werden direkt vom Hersteller geliefert. Der persönliche Verkauf und Kundendienst hat dabei eine große Bedeutung, da es sich oft um erklärungsbedürftige oder sehr teure Produkte handelt bzw. um Produkte, die in bestehende Produktionsprozesse und -umgebungen integriert werden müssen. Dabei können Fragen auftauchen, die es zunächst zu klären gilt. Werbung für solche Produkte findet man überwiegend in Fachzeitschriften, von denen es allein in Deutschland im Jahr 2016 mehr als 4000 gibt (Deutschen Fachpresse, de.statista.com). Aber auch Messen und der Direktvertrieb spielen eine sehr große Rolle, wenn es um Verkauf oder Informationen geht. Die Kaufentscheidungsprozesse dauern vergleichsweise lange, da die Anschaffung häufig mit hohen Kosten verbunden ist. Darüber hinaus werden oft auch länger gültige Verträge mit Lieferanten ausgehandelt. Außerdem kann es bei bestimmten Investitionsgütern notwendig sein, mehrere Fachabteilungen in die Kaufentscheidung zu involvieren.

Für die Werbetreibenden ist die Kenntnis der in die Kaufentscheidung involvierten Personen äußerst wichtig. Denn sie müssen die Interessen der verschiedenen Anspruchsgruppen an das Investitionsgut kennen und darauf eingehen. Daher werden häufig sogenannte *Buying-Center-Analysen* durchgeführt, mit dem Ziel, den Entscheidungsprozess im Unternehmen kennen zu lernen.

**Buying Center (»Einkaufsgremium«)**

> **MERKE**
>
> **Buying Center**
> Mit dem Buying Center oder Buying-Circle wird die Personengruppe im Unternehmen bezeichnet, die an der Kaufentscheidung in ganz unterschiedlichen Rollen und mit völlig unterschiedlichen Interessen beteiligt sind.

Man unterscheidet etwa den *Produktverwender*, der auf die Gebrauchstauglichkeit Wert legt, vom *Einkäufer*, der mehr auf die Kosten des Produktes schaut. Der *Beeinflusser* wiederum kann ein Fachreferent oder Berater sein, der sich inhaltlich mit dem Produkt und seinen Konkurrenzprodukten auseinandergesetzt und vielleicht ein Gutachten erstellt hat. Der *Entscheider* ist dann meistens der Geschäftsführer oder Abteilungsleiter, der mit seiner Prokura faktisch über den Kauf entscheidet. Daneben werden häufig noch die *Gate-Keeper* genannt, also Personen, die den Informationsfluss zu und aus dem Buying Center steuern, etwa Assistenten oder Referenten. Jeder Einzelne kann hier den Kaufprozess beschleunigen, verlangsamen, befördern oder verhindern. Um alle am Entscheidungsprozess beteiligten Personen von einem Produkt oder einer Dienstleistung zu überzeugen, müssen demnach die unterschiedlichen produktbezogenen Interessen sowie die spezifischen funktionsbezogenen Rezeptionsbedürfnisse und -gewohnheiten der Beteiligten berücksichtigt werden. Werbeaussagen wie »Einfach zu handhaben« sind möglicherweise für den Nutzer wichtiger als für den Geschäftsführer. Das Versprechen einer längeren Garantiezeit könnte dagegen den Einkäufer mehr interessieren. Die Analyse des *Buying Centers* ist auch von Bedeutung, wenn es um die Wahl der geeigneten Werbeträger geht. So ist etwa der Geschäftsführer vielleicht durch eine Management-Zeitschrift besser zu erreichen, der Produktionsleiter dagegen eher durch eine branchenspezifische Fachpublikation.

> Werbung muss unterschiedliche Bedürfnisse berücksichtigen.

### 1.7.3 Dienstleistungsmarketing

**MERKE**

Bei Dienstleistungen stehen keine materiellen Waren im Mittelpunkt, sondern Personen und deren Leistungen.

Die Dienstleistungen, die sich an Endkunden (z. B. Klempner, Finanzdienstleistungen) wie Unternehmen (z. B. Detektei, Versicherungs- und Finanzdienstleistungen) richten, kann man im Gegensatz zu Produkten nicht im Vorhinein betrachten bzw. begutachten. Dies sorgt für Unsicherheit, die dazu führt, dass Kaufentscheidungen durchaus länger dauern bzw. im geschäftlichen Umfeld zunächst den *Buying Circle* durchlaufen. Das Marketing versucht, durch imagefördernde Kommunikation Vertrauen in den Anbieter aufzubauen und zu fördern, sodass die Kunden auch ohne Blick auf das fertige Resultat bereit sind, für die Dienstleistungen entsprechend zu zahlen. In der Werbung, die sowohl in Massenmedien wie auch in *Special-Interest-Medien* oder Fachzeitschriften geschaltet wird, finden sich daher häufig Begriffe wie »Sicherheit« oder »Vertrauen«, etwa bei dem Slogan der AXA-Versicherung: »Für Ihre Sicherheit, für Ihr Vermögen«.

> Dienstleistungen sind häufig mit Risiken verbunden.

### 1.7.4 Non-Profit-Werbung bzw. Social Marketing

*Im Social Marketing ist viel Zeit nötig.*

Sogenannte *Non-Profit-Organisationen* (z. B. Rotes Kreuz, Greenpeace, UNICEF) haben keine wirtschaftlichen Gewinnziele. Ihnen geht es z. B. um karitative Hilfen, Umwelt- und Naturschutz, Gesundheit, Katastrophenhilfe oder den Einsatz für sozial Schwächere oder die internationale Einhaltung der Menschenrechte. Die Werbung dieser Non-Profit-Organisationen hat im Vergleich zu der von am Profit orientierten Unternehmen eine andere Zielsetzung, daher auch der Name *Social Marketing* – nicht zu verwechseln mit *Social Media Marketing*.

> **MERKE**
>
> Häufig geht es in der Non-Profit-Werbung. bzw. im Social Marketing darum, einen gesellschaftlichen Bewusstseinswandel herbeizuführen und gesellschaftlich relevante Werte, Einstellungen und Verhaltensweisen zu beeinflussen.

Daneben wird mit entsprechenden Maßnahmen versucht, das ehrenamtliche Engagement zu fördern. Mittels *Fundraising* versucht man, das Spendeneinkommen zu erhöhen. In der Werbung wird häufig versucht, durch entsprechende Appelle Spenden zu generieren oder die Rezipienten zu einer Verhaltensmodifikation zu bewegen. Gerade dies ist aber sehr schwierig und meistens kaum durch kurzfristige Werbekampagnen zu erreichen. Die Adressaten müssen gewissermaßen im Sinne der Werbeziele sozialisiert werden, ein Lernprozess, der Jahre dauern kann. Daher ist es wichtig, die Werbebotschaft möglichst selten zu wechseln, um die gewünschten Lernprozesse zu unterstützen.

## 1.8 Werbung als Kommunikation

> **MERKE**
>
> **Werbung**
> Unter Werbung kann man generell alle kommunikativen Bemühungen eines Absenders beschreiben, die beim Empfänger ein bestimmtes Ziel erreichen sollen.

Dementsprechend muss erfolgreiche Werbung auf alle Aspekte der Kommunikation (vgl. Abb. 1.6) eingehen. Die Besonderheiten und Eigenschaften des *Absenders* gilt es dabei ebenso zu berücksichtigen, wie die Frage, welche Botschaft von der Zielgruppe (*Empfänger*) wie am besten (zielgerecht) verarbeitet und verstanden werden kann. Dazu gehört auch die Auswahl des optimalen *Werbeträgers*, da es zwischen Absender, Empfänger, *Botschaft* und Werbeträger zu komplexen Wechselwirkungen kommen kann. Ein Hersteller von Luxusgütern wird sich entsprechende

Werbeträger für die Vermittlung seiner Botschaft aussuchen und nicht in jedem Allerweltsblatt Werbung schalten, was unmittelbar imageschädigende Wirkung haben könnte. Gleichzeitig besitzen die Kunden auch ganz bestimmte Erwartungen an den Hersteller, etwa was die Ansprache und die verwendeten Werbemittel betrifft. Alle diese Feinheiten und sich gegenseitig beeinflussenden Faktoren gilt es schließlich zu beachten. Dazu sind auch das eingehende Wissen über Prozesse innerhalb des Empfängers (das wird Gegenstand des Kapitels *Fokus Konsument* sein) und Besonderheiten der Mediaplanung (darüber wird in Kapitel *Fokus Umsetzung* gesprochen) wichtig. Grundlegend können wir zur Unterscheidung verschiedener Werbeformen zwischen Massenkommunikation und Individualkommunikation unterscheiden.

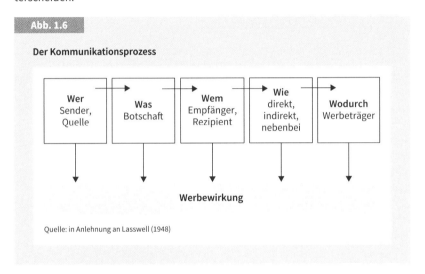

**Abb. 1.6**
Der Kommunikationsprozess

Quelle: in Anlehnung an Lasswell (1948)

## Massenkommunikation

> **MERKE**
>
> **Massenkommunikation**
> Kennzeichen der Massenkommunikation, wie wir sie etwa in der Rundfunkwerbung, Printwerbung in Zeitungen und Zeitschriften oder beim Public Relation (PR) finden, ist die einseitige, indirekte, technisch vermittelte Kommunikation an ein großes, wenig differenziert betrachtetes Publikum.

Wie die Botschaft ankommt, hängt dabei von vielen Faktoren ab: vom Absender, vom Inhalt, vom Trägermedium, vom Empfänger und weiteren kontextuellen Randbedingungen wie zum Beispiel dem Image und der Bewertung des Werbeträgers. Der Vorteil der Massenkommunikation liegt auf der Hand: große Reichweite bei niedrigen Pro-Kopf-Kontaktkosten. Die Nachteile: Erstens kann keine individuelle Ansprache erfolgen und zweitens kann aufgrund der Einseitigkeit der Kommunika-

## 1.8 Fokus Werbung
### Werbung als Kommunikation

tion der Empfänger dem Sender nicht direkt Rückmeldung geben bzw. die Rückmeldung erfolgt zeitlich stark verzögert. Dadurch können Missverständnisse nicht direkt gelöst werden bzw. können sich mögliche negative Auswirkungen länger und unbemerkt vom Absender entfalten.

**Individualkommunikation**

> **MERKE**
>
> **Individualkommunikation**
> Die Individualkommunikation bezeichnet die direkte, zweiseitige, technisch vermittelte oder technisch unvermittelte Kommunikation.

Hier können ebenfalls Merkmale des Absenders (Geschlecht, Glaubwürdigkeit, Sympathie, Attraktivität), des Empfängers (Motivation, Müdigkeit, Interesse), des Mediums sowie weitere Randbedingungen die Güte der Kommunikation beeinflussen. Die Vorteile der Individualkommunikation liegen zum einen in der Rückmeldemöglichkeit des Rezipienten und zum anderen in der Möglichkeit des Senders, sich auf die Situation und Bedürfnisse des Rezipienten besser einzustellen. Die Nachteile liegen in der geringen Reichweite und dem hohen Pro-Kopf-Aufwand.

Welche der beiden Kommunikationsformen gewählt wird, hängt dann unter anderem von folgenden Faktoren ab:
- Größe der Zielgruppe,
- Erreichbarkeit der Zielgruppe,
- Homogenität/Heterogenität der Zielgruppe,
- Schwierigkeit/Einfachheit der zu übermittelnden Botschaften sowie
- Ziel der Kommunikation.

So wird man bei einem Massenprodukt selbstredend eher auf die Massenkommunikation setzen, während sich die Individualkommunikation besser für ein erklärungsbedürftiges Produkt in einem Nischensegment eignet.

*Massenhafte Individualkommunikation*

Generell gilt: Je besser sich der Absender in die Gedanken- und Gefühlswelt sowie die momentane Lebenswirklichkeit des Empfängers hineinversetzen kann, je empathischer er ist, umso eher gelingt es ihm, erfolgreich zu kommunizieren, da er in diesem Fall über die entsprechenden Kenntnisse darüber verfügt, welche Informationen der Empfänger auf welche Art und Weise erhalten möchte (vgl. dazu Bak, 2015, 2016).

Durch das Internet und die Innovationen im Bereich der mobilen Kommunikation haben sich mittlerweile neue Möglichkeiten der Kommunikation entwickelt. So ist es heute möglich, *massenhaft individuell zu kommunizieren*, zum Beispiel durch personalisierte E-Mails oder in sozialen Netzwerken. Dazu werden Informationen, die wir beim Verfassen von Nachrichten oder bei jedem Mausklick über uns preisgeben, gesammelt und mit bereits vorhandenen Daten vernetzt. Daraus entsteht dann ein spezifisches Nutzerprofil, für das dann bestimmte Werbemaßnahmen und Werbeinhalte maßgeschneidert angeboten werden (*Online-Targeting*, siehe Information 1).

**INFORMATION 1**

**Online-Targeting**
Mit Online-Targeting bezeichnet man das dynamische und zielgruppenorientierte Einblenden von Werbung auf Internetseiten. Ziel ist es, genau die Werbung anzubieten, die zum Nutzer der Seite passt. Je mehr Informationen über den Nutzer vorhanden sind, desto höher ist die Trefferquote, also die interessengenaue Ansprache. Dazu bedient man sich auch dem sogenannten Tracking, einem Verfahren zur Online-Informationsgewinnung. Über den Internetbrowser lässt sich beispielsweise feststellen, von welcher Internetseite der Nutzer gerade gekommen ist, auf welche Weise er zur Seite gelangt ist, welche Suchbegriffe er dazu verwendet hat, wie lange er auf den Seiten verweilt und über welchen Angeboten er seine Maus platziert. So können die gezeigten Inhalte ganz dynamisch an die Interessen und das Verhalten der Nutzer angepasst werden.

## 1.9 Häufige Werbeformen

Auf der Suche nach neuen Möglichkeiten, Kunden anzusprechen und zu gewinnen, lassen sich Werber immer neue Methoden einfallen, die neben den klassischen Werbeformen eingesetzt werden. Üblicherweise unterscheidet man hier zwischen *Above-the-line-Werbung* (klassische Werbung über Massenmedien wie Print-Anzeigen, TV-Spots, Radiowerbung, Außenwerbung) und *Below-the-line-Werbung* (Werbung außerhalb der Massenmedien wie *Product Placement*, Event Marketing, Verkaufsförderung, *Public Relations*). In der Praxis kommen häufig mehrere Werbeformen gleichzeitig zum Einsatz. Gesucht wird das geeignete Werbemittel, um die Zielgruppen im richtigen Moment mit der passenden Werbebotschaft zu erreichen. Im Folgenden sollen einige gängige Werbeformen kurz beschrieben werden.

*Above- und Below-the-line-Werbung*

### Außenwerbung (Offline)
Darunter fallen alle Werbeträger im öffentlichen Raum, also Litfaßsäulen, Plakatwände, Video Walls, Projektionen an Hauswänden, Bannerwerbung im Stadion, Schaufensterwerbung, Werbung in und an Verkehrsmitteln, Baustellenverkleidungen, Schilder etc. Ziel ist es, entweder den Kunden direkt zu einem bestimmten Verhalten zu animieren, ihn über Angebote und Möglichkeiten zu informieren oder ihn in ganz unterschiedlichen Kontexten mit der Werbebotschaft zu konfrontieren. Die Bedeutung der Außenwerbung hat in den letzten Jahren zugenommen, wofür vor allem digitale Werbeträger verantwortlich sind (www.faw.de, Fachverband Außenwerbung, e. V.).

## 1.9 Fokus Werbung
### Häufige Werbeformen

**Bannerwerbung (Online)**
Die Bannerwerbung ist das Pendant zur Werbeanzeige im Internet. Auch hier gibt es ganz verschiedene Varianten und Größen. Ein Vorteil gegenüber der Print-Werbung liegt in der dynamischen Steuerung, d.h. die Inhalte können zeitgesteuert oder nach anderen Vorgaben platziert werden. Darüber hinaus besteht die Möglichkeit, Werbung an den Nutzer anzupassen, etwa mit Hilfe von Cookies oder anderen *Profiling*-Instrumenten (vgl. dazu *Information 1* zum *Online-Targeting*).

**Blockwerbung (TV)**

*Narrow Casting*

Blockwerbung ist eine häufige Werbeform im Fernsehen, bei der verschiedene Werbeclips nacheinander ausgestrahlt werden. Wird zweimal ein Spot in langer und kurzer Version gezeigt, unterbrochen durch andere Spots, spricht man von Tandemspot. Ziel ist es, durch die wiederholte Ausstrahlung Erinnerungseffekte zu erzielen. Wenn die Clips zum laufenden Programm oder zu einer speziellen Zielgruppe passen, spricht man auch von *Narrow Casting*. Davon erhofft man sich eine bessere Ansprache der Zielgruppe.

**Buzz-Marketing (Offline, Online)**
Der Begriff Buzz-Marketing wurde vom Englischen *to buzz* (summen) abgeleitet. Es geht darum, dass Privatpersonen (*Buzz-Agents*), die sich als Produkt-Fans outen, gegen ein Honorar oder für Gratisprodukte in ihrem eigenen sozialen Umfeld Personen ansprechen, um für eine Marke oder ein Produkt zu werben. Dies kann auch über das Internet erfolgen. Der Buzz-Agent soll dabei nicht unbedingt verkaufen, sondern als Experte wahrgenommen werden. Mit www.trnd.com gibt es sogar eine eigene Online-Community, aus der Unternehmen ihre Agents rekrutieren können (siehe dazu Information 2).

**Empfehlungsmarketing (Online)**
Zunehmend informieren sich Kunden im Internet über die Vor- und Nachteile von Produkten oder Dienstleistungen in eigenen Empfehlungs-, Preis- und Testportalen wie etwa www.dooyoo.de oder www.hrs.de. Hier kann man sich aus erster Hand von Produktnutzern Bewertungen ansehen und selber Bewertungen abgeben. Auch Google oder soziale Netzwerke wie Facebook erlauben zum Beispiel die Beurteilung von Produkten, Web-Seiten etc. durch den Like-Button. Für die Werbung kann dies ungeheuren Nutzen bringen, weil diese Empfehlungen authentisch wirken und daher sehr überzeugend sein können. Das große Risiko besteht darin, dass Nutzermeinungen auch ungeheuren Schaden anrichten können, wenn schlechte Bewertungen überwiegen. Es wundert daher kaum, dass viele Bewertungen und Empfehlungen dann gar nicht vom »authentischen« Nutzer stammen, sondern aus der Feder von raffinierten Werbern. Wenn das allerdings auffällt, kann es katastrophale PR-Folgen haben, wie etwa das Beispiel WeTab, ein deutscher Tablet-PC, zeigt. Nachdem aufgefallen war, dass die Lobpreisungen des Produktes auf www.amazon.de vom Geschäftsführer selbst stammten, der diese dort unter falschen Namen abgegeben hatte, wurde das Gerät von den potenziellen Kunden links liegen gelassen. Das Gerät floppte total.

## 1.9 Häufige Werbeformen

**Game Shows (TV, Radio)**
Vor allem in den privaten Fernsehkanälen findet man häufig Quizsendungen, die vollständig durch Werbung für die in ihnen genannten oder auftauchenden Produkte bzw. Marken finanziert sind. Die Zuschauer sollen allerdings vor allem durch die Spannung bzw. den Unterhaltungswert der Show zum Zuschauen bewogen werden und die werbliche Information eher beiläufig wahrnehmen.

**Guerilla Marketing (Offline)**
Guerilla Marketing ist eine gerade in Großstädten beliebte Form der Werbung, um mit möglichst geringem Aufwand viel Aufmerksamkeit zu erlangen. Ziel ist es, auf außergewöhnliche Art und Weise aufzufallen und vielleicht einen Aha-Effekt zu produzieren. Das geht von der Beschriftung ganzer Straßen oder der Plakatierung ganzer Häuserzeilen bis zu speziellen Aktionen wie etwa *Flash-Mobs* etc.

**Influencer Marketing (Online)**
Eine relativ günstige aber sehr wirkungsvolle Möglichkeit für spezielle Zielgruppen zu werben, ist das sogenannte *Influencer Marketing*. Influencer sind Multiplikatoren, die gezielt von werbetreibenden Unternehmen ausgesucht werden, um beispielsweise Produkte vorzustellen oder implizit oder explizit Kaufempfehlungen auszusprechen. In der Regel handelt es sich dabei um Blogger, die etwa auf Plattformen wie YouTube oder Instagram Videos, Fotos und Texte zu ganz unterschiedlichen Themen posten. Gemischt mit tatsächlich oder auch nur scheinbar privaten Informationen wirken diese Postings authentisch und sehr überzeugend, da den Bloggern keine unmittelbare Verkaufsabsicht unterstellt wird.

**Keyword Advertising (Online)**
Beim *Keyword Advertising* handelt es sich um eine interessengeleitete Darbietung weiterführender Informationen. In Suchportalen wie beispielsweise Google oder Bing werden in Abhängigkeit von den eingegebenen Suchanfragen des Nutzers bestimmte Webseiten bevorzugt angezeigt. Das Keyword Advertising ist Teil des Suchmaschinenmarketings.

**Merchandising (Offline)**
Beim *Merchandising* versucht man, vom positiven Produktimage auch bei anderen, mehr oder weniger verwandten Produkten zu profitieren bzw. eine Marke ganzheitlich, an so vielen Kontaktpunkten wie möglich zum Kunden zu kommunizieren. Jede größere Filmproduktion kommt heute z. B. mit einer entsprechenden Ausstattung daher, vom Kugelschreiber über das Notizbuch bis zur Kaffeetasse kann alles als Werbeträger verwendet werden. Der Vorteil liegt auf der Hand: Die (potenziellen) Kunden werden permanent und auch in Situationen, in denen das ursprüngliche Kernprodukt nicht verwendet wird, an das Produkt und die Marke erinnert.

## 1.9 Fokus Werbung
### Häufige Werbeformen

**Multisensorisches Marketing (Offline, Online)**
Hinter dem *multisensorischen Marketing* (synonym findet man auch die Begriffe multimodales oder sensorisches Marketing) steckt die Erkenntnis, dass unsere Sinne nicht isoliert zu betrachten sind, sondern miteinander vernetzt sind (zum Überblick siehe Krishna, A./Schwarz, N. 2014). Visuelle Informationen können beispielsweise auch Empfindungen in anderen Sinnen anstoßen. Wenn wir etwa ein Bild mit einer Sommerlandschaft betrachten, können wir regelrecht die Wärme spüren, die wir an einem typischen Sommertag empfinden. Als weiteres Beispiel lässt sich hier anführen, dass man etwa das Produktgewicht an der Farbigkeit festmacht. Dunkle Farbe empfinden wir als schwerer. Oder denken wir an das »Knispern« von Chips, was wir mit Frische und Knusprigkeit assoziieren. Je mehr sinnliche Informationen zur Verfügung stehen, umso eindeutiger und informativer sind die Eindrücke. Multisensorisches Marketing bietet sich daher auch an, um Produkte oder die Marke auf ganz subtile Art und Weise gegenüber Wettbewerbern zu differenzieren.

**Product Placement (TV, Radio, Spiele)**
Beim *Product Placement* werden Markenprodukte zur Ausstattung von Film- und Fernsehproduktionen bzw. von Videospielen eingesetzt. So fährt James Bond etwa Austin Martin, Magnum einen Ferrari und Dr. House sitzt vor einem Dell-Computer. Product Placement kann im Sinne des Sponsorings offen im Sinne einer »Produktbeistellung« oder verdeckt (Schleichwerbung) geschehen. Letzteres ist in Deutschland verboten. Über die Wirksamkeit des Product Placements gibt es unterschiedliche Erkenntnisse. Es ist davon auszugehen, dass ein markiertes Produkt umso mehr in Erinnerung bleibt oder ganz allgemein in sinnvoller Weise verarbeitet wird, je mehr mit ihm durch die Protagonisten interagiert wird. Insgesamt kann man hier eher von schwachen Effekten ausgehen, die aber als ein Bestandteil einer integrierten und ganzheitlichen Werbestrategie Sinn machen können.

**Public Relations (Offline, Online)**
Mit *Public Relations* (Öffentlichkeitsarbeit) kann man allgemein die interessengeleitete, nicht unmittelbar profitorientierte Unternehmenskommunikation verstehen. Der Adressatenkreis ist dabei sehr weit gefasst. So können neben den Kunden (*Product Publicity*/Produkt-PR) und Mitarbeitern (*Human Relations*) beispielsweise Vertreter journalistischer Massenmedien als potenzielle Multiplikatoren im Fokus stehen (*Media Relations*) oder Mandats- und Entscheidungsträger in Politik und öffentlicher Verwaltung (Public Affairs), Gläubiger oder Finanz-Analysten (*Financial/Investor Relations*). Auch lassen sich unterschiedliche Themenbereiche innerhalb der Öffentlichkeitsarbeit unterscheiden, etwa wenn es darum geht, tatsächlich diskutierte Themen zu (be)-setzen (*Issues Management*) oder auf eine kritische mediale Berichterstattung zu reagieren (*Crisis Management*).

**Sponsoring (TV, Radio, Spiele, Events)**
Beim *Sponsoring* möchte sich der Sponsor (Sender) seinem Publikum (Empfänger) auf andere Art und Weise als gewohnt präsentieren. Insbesondere geht es nicht unmittelbar um eine Beeinflussung des Rezipienten, etwa zum Kauf eines Produktes,

sondern eher um eine Form der Imagepflege, wenn zum Beispiel regionale, nationale oder internationale sportliche Events durch Sponsoren erst ermöglicht werden (z. B. fördert die Bitburger Brauerei seit Jahren regionale wie nationale Sportereignisse). Man setzt dabei auf Transfereffekte, d. h. das Image des gesponserten Events soll auf das Image des Unternehmens abstrahlen. Gleichzeitig kann das sponsernde Unternehmen das Ereignis öffentlichkeitswirksam in seinem Interesse darstellen. Im Bereich der Fernseh- oder Radiowerbung sprechen wir von Sponsoring, wenn ein bestimmtes Programm durch Werbemaßnahmen finanziell unterstützt wird (z. B. »Das Wetter wird Ihnen präsentiert von Toyota Lambing«). Erkennt der Zuschauer eine sinnvolle Verbindung zwischen Sendung und Sponsor, wird darin sogar ein Zusatznutzen erkannt und das Sponsoring positiv bewertet (IP Deutschland 2009). Das Sponsoring nimmt in der Kommunikationspolitik einen überaus hohen Stellenwert ein. Das Sportsponsoring ist dabei mit einem für 2016 geschätzten Volumen von 3,5 Milliarden Euro deutlich wichtiger als das Kultursponsoring (de.statista.de).

**Storytelling (Offline, Online)**
*Storytelling* ist eigentlich eine übergeordnete Marketingmaßnahme. Dahinter steckt die begründete Annahme, dass wir Informationen interessanter finden und besser verstehen und einordnen können, wenn sie nicht isoliert und einzeln präsentiert werden, sondern Teil einer nachvollziehbaren Geschichte sind. Die Geschichten können dabei fiktional sein, etwa bei der sich über mehrere Episoden erstreckende Werbung für das Diätprodukt Almased, bei der wir einer jungen Frau dabei zusehen können, wie sie einen Mann kennenlernt, sich verlobt und schließlich heiratet (und dabei dank Almased eine »gute Figur« macht) oder (scheinbar) real, wie das z. B. bei Erfahrungsberichten (Rezensionen, Blogs, etc.) der Fall ist. Auch die Darstellung der Unternehmensgeschichte anhand von wichtigen Ereignissen oder Personen bedient sich des Storytellings.

**Suchmaschinenmarketing (Online)**
Beim *Suchmaschinenmarketing* sollen durch geeignete Maßnahmen Besucher auf bestimmte Internetseiten gebracht werden. Bei der Suchmaschinenoptimierung (SEO) geht es z. B. darum, die Webseite durch Angabe von Schlüsselwörtern (Keywords) und anderen Maßnahmen in den gängigen Suchmaschinen möglichst auf den ersten Suchergebniseinträgen zu platzieren, ein fortlaufender Prozess, weil ständige neue Informationen und veränderte Algorithmen das Ergebnisranking permanent beeinflussen. Daneben gibt es auch die Möglichkeit, eine gute Platzierung in Suchmaschinen zu kaufen, sogenannte Sponsorenlinks (*sponsored links*).

**Teleshopping/Homeshopping (TV)**
Das Teleshopping/Homeshopping (TV) ist ebenfalls häufig im privaten Fernsehen zu finden, entweder als Programmformat oder als eigenständiger Kanal. Dem Zuschauer werden in einer meistens moderierten Sendung verschiedene Produkte angepriesen. Durch Anrufen bzw. das Versenden von SMS kann dann direkt bestellt werden. In Deutschland werden auf diesem Weg im Jahr 2017 prognostiziert immerhin 2,0 Milliarden Euro umgesetzt (www.vprt.de).

## 1.9 Fokus Werbung
### Häufige Werbeformen

**Videoclips (TV, Online)**

In den letzten Jahren wurden Werbevideos immer bedeutsamer. Es ist heute kein großer Aufwand mehr, professionelle Clips zu produzieren und etwa auf der Unternehmenshomepage oder in Videokanälen (YouTube) zu platzieren. Die Videos können sich dann auch einfach verbreiten, entweder durch Mund-zu-Mund-Propaganda (Virales Marketing) oder durch die Internetuser, die die Clips zum Beispiel in sozialen Medien (Facebook, Whatsapp, etc.) teilen. Ein Spezialfall nimmt hier das sogenannte *Branded Entertainment* ein. Dabei kann sich der Internetnutzer beispielsweise lustige und unterhaltende Videofilme ansehen, die manchmal gar nicht erahnen lassen, dass es sich dabei um einen Werbefilm handelt. So wird eine entsprechend ablehnende Haltung des Rezipienten vermieden. Gleichzeitig gelingt es ganz nebenbei, wichtige, produkt- und markenrelevante Informationen zu vermitteln. Ein Beispiel dafür war die Serie »Horst Schlämmer macht den Führerschein«, die auf dem Videokanal youtube lief und bei der man Hape Kerkeling alias Horst Schlämmer in mehreren Folgen zusehen konnte, wie er den Führerschein macht und ganz nebenbei auch noch ein Auto kauft, einen VW Golf. Erst am Ende der ganzen Serie wurde dem Zuschauer dann klar, dass diese Video-Serie ein Werbefilm von Volkswagen war.

Ein anderes Beispiel ist das Musikvideo Supergeil mit Friedrich Liechtenstein von Edeka.

**Virales Marketing (Offline, Online)**

Eine sehr günstige, aber durchaus effektive Möglichkeit, Aufmerksamkeit auf sich zu ziehen, besteht darin, eine Nachricht, ein Produkt, einen Gegenstand so (auffallend oder außergewöhnlich) zu platzieren (siehe *Guerilla Marketing*), dass er auf jeden Fall bemerkt wird und dann durch das Interesse daran von Mensch zu Mensch wandert, eben wie ein Virus. Ein besonders gutes Beispiel dafür ist etwa das Online-Spiel »Moorhuhn«, das 1999 im Auftrag des schottischen Whiskeyherstellers Johnny Walker als Werbespiel im Internet auftauchte. Binnen kürzester Zeit wurde es millionenfach gespielt. Ein weiteres Beispiel ist der Horrorfilm Blair-Witch-Project, der schon lange, bevor er im Jahr 1998 in die Kinos kam, für Gesprächsstoff sorgte, weil im Internet heftig darüber diskutiert wurde, ob es sich dabei nun um Fiktion oder Dokumentation handelt.

Ebenfalls sehr erfolgreich war das Webvideo »JK Wedding Entrance Dance« aus dem Jahr 2009, das Teil einer viralen Kampagne für den Sänger Chris Brown war.

**Werbeanzeigen (Print)**

*Werbeanzeigen* sind eine gedruckte Form der Werbung, wie man sie in Zeitschriften, Zeitungen und Büchern findet. Dabei kann es sich um Annoncen, Kleinanzeigen oder Anzeigen anderer Größen bis hin zur doppelseitigen oder mehrseitigen Anzeige handeln. Auch ganze Werbebeilagen sind üblich. Die Printanzeige wird sowohl zur Imagewerbung als auch zur Produktinformation verwendet. Zu beachten ist, dass die Rezeptionssituation bei Printmedien grundlegend anders ist als bei audio-visuellen Medien: die Beschäftigung zumindest mit den redaktionellen Inhalten ist in der Regel intensiver als etwa beim Fernsehen. Werbeanzeigen werden dadurch

---
*Branded Entertainment*

unter Umständen ebenfalls intensiver betrachtet, wodurch sie sich vor allem in den Fällen eignen, bei denen es darum geht, entweder viele oder komplexe Informationen weiterzugeben.

**Weitere Werbeformen**
Es gibt noch zahlreiche weitere spezielle Werbeformen, etwa das *Ambient-Marketing* (Werbung im direkten Lebensumfeld der Zielgruppe), Trittbrettfahrer-Marketing (Moskito- und *Ambush-Marketing*) oder das Suchmaschinenmarketing, bei dem in gängigen Suchmaschinen bestimmte, an die Suche angepasste Werbebotschaften eingeblendet werden, um noch einige zu nennen. Die Vielzahl an Werbeformen ist auch ein Beleg dafür, wie sehr sich die Werbewirtschaft – angesichts des Werbeüberangebots – darum bemühen muss, den Werbeempfänger zu erreichen.

### INFORMATION 2

**Online-Community zum Mitmachen**
Trnd ist eine deutschsprachige Mundpropaganda-Marketing-Community die 2005 gegründet wurde. Ziel ist es, Unternehmen und Kunden direkt zusammenzubringen und so, Informationen zu Produkten besser austauschen zu können. Bei dieser Form des *Collaborative Marketing* dürfen die Teilnehmer Produkte vorab testen und beurteilen. Die Produktpalette reicht von Kaugummis über Kosmetikartikel bis zur Unterhaltungselektronik. Dafür sollen die Tester dann mit ihren Freunden und Bekannten über das Produkt sprechen und es gegebenenfalls weiterempfehlen. Auch geht es um ihre Erfahrung und Meinung zur Produktverwendung. Schon zahlreiche Produkte von Unternehmen wie Microsoft, Nintendo, Nivea, Opel, Smart, Red Bull, Sony haben nach Angaben der Plattform diese Form der Vorab-Produktbewertung genutzt.
Quelle: www.trnd.com

## 1.10 Werbetypen im Fernsehen

Der überwiegende Teil der Werbeausgaben wird für Fernsehwerbung ausgegeben (siehe Abb. 1.2). Fernsehen ist, trotz Internet, nach wie vor das Leitmedium, wenn es um Werbung geht. Vor allem wird das Fernsehen für Imagewerbung genutzt, in der es darum geht, ein Unternehmen, eine Marke oder Produkt mit positiven Assoziationen und Bildern zu verknüpfen. Auch wenn die TV-Spots sehr unterschiedlich sein können, lassen sich dennoch einige immer wiederkehrende Typen von Spots differenzieren (Felser, G. 2015). Im Folgenden werden die wichtigsten Werbetypen (in alphabetischer Reihenfolge) kurz erläutert, wobei zu beachten ist, dass eine eindeutige Klassifikation nicht in allen Fällen möglich ist und es in der Praxis häufig Mischformen bzw. Kombinationen gibt.

## 1.10 Fokus Werbung
### Werbetypen im Fernsehen

*Transformationelle Werbung*

**Slice of Life (»Stück aus dem Leben«)**
Bei dieser Form der Werbung werden die Produktverwender in Alltagssituationen gezeigt. Typisch zum Beispiel sind Werbespots, bei denen die ganze Familie beim Frühstück gezeigt wird und einen bestimmten Brotaufstrich (z. B. Rama-Margarine) verwendet. Die Stimmung ist positiv und das Produkt kommt gut an. Mit solchen Szenen soll eine uns bekannte Situation dargestellt werden, in die sich der Betrachter unmittelbar hineinversetzen kann und in der er sich im besten Fall die Produktnutzung vorstellt, was zu einer positiven Produkteinstellung führen soll (Chang, C. 2012). Je bekannter die Szenerie erscheint, desto eher entsteht Sympathie mit den Protagonisten. Idealerweise erlebt der Verwender später bei der Produktverwendung dann auch noch die gleichen Empfindungen und Gefühle wie die Personen im Spot. Durch Assoziationsbildung (Konditionierung) entsteht dann eine emotionale Produktbindung. Diese Form der Werbung nennt man auch »transformationelle Werbung« (z. B. Mattenklott, A. 2007), da die gezeigten Emotionen auf den Verwender übertragen (transformiert) werden.

**Lifestyle-Technik**
Die Lifestyle-Technik stellt das Produkt in einem bestimmten Ambiente in den Mittelpunkt. Es werden Produktverwender in angenehmen und besonderen Situationen gezeigt. Ein Beispiel hierfür ist die Werbung von Radeberger-Pils, bei der dem Zuschauer die Dresdner Semperoper als eine Spielstätte besonderer Wertigkeit und Qualität vorgestellt wird und gleichzeitig das Getränk als genau zu diesem Ambiente passend angepriesen wird. Auch hier erwartet man sich Übertragungseffekte (Konditionierung) vom Ambiente auf das Produkt.

**Traumwelt-Technik**
Die Traumwelt-Technik hat die (geheimen) Phantasien und Bedürfnisse der Zielgruppe im Fokus. Ein Beispiel hierfür ist die Bacardi-Werbung, bei der gut aussehende, junge Menschen in tropischer Umgebung Spaß und Freude haben und dabei Bacardi-Rum genießen. Obwohl die Szenerie völlig unrealistisch ist und der Rum in beinahe absurden Mengen fließt, wird das Produkt mit den schönen Bildern und angenehmen Gefühlen durch Lernprozesse entsprechend emotional aufgeladen. Ein anderes Beispiel ist die Punica Oase, in der man sich paradiesisch erfrischen kann.

**Stimmungs- und Gefühlsbilder**
Bei dieser Werbeform steht das Produkt selbst nicht im Fokus, vielmehr werden, ähnlich wie bei der Traumwelt-Technik, allgemein emotional aufgeladene Situationen gezeigt, die für den Rezipienten angenehm sein sollen und die er dann mit dem Produkt assoziieren soll. Ein Beispiel ist hier die frühere Marlboro-Werbung, die allein auf sehr ansprechende Natur- und Landschaftsaufnahmen setzte und damit Gefühle wie Freiheit und Abenteuer thematisierte.

## Werbetypen im Fernsehen  1.10

**Musical-Technik**
Auch bei der Musical-Technik ist es das Ziel, das Produkt durch bereits bekannte oder eigens komponierte Musikstücke emotional aufzuladen und/oder die Werbebotschaft mit Inhalten des Musikstücks zu transportieren. Die Bier-Marke Becks warb etwa mit dem Song »Sail away«, um damit das Bier als Kennzeichen für Männlichkeit, Freiheit und Unabhängigkeit zu etablieren. Musik ist, da man ihr nur schwer ausweichen kann und sie sehr schnell Emotionen und Assoziationen auslösen kann, ein äußerst wirksames werbliches Instrument und wird daher wann immer es möglich ist, eingesetzt.

**Persönlichkeiten als Symbolfigur**
Hier wird das Produkt durch eine reale oder fiktionale Person verkörpert. Eigenschaften der Person sollen über Prozesse des Bedeutungstransfers auf das Produkt übertragen werden. Beispiele hierfür sind der »Mann von der Hamburg Mannheimer«, Meister Propper oder der schlaue Fuchs von Schwäbisch-Hall.

**Technische Kompetenzen**
Die Fokussierung technischer Kompetenz wird häufig eben bei technischen oder innovativen Produkten bzw. bei neuen technischen Merkmalen bereits bekannter Produkte vorgenommen. Der Anbieter versucht dabei seine hohe Fachkompetenz darzustellen. Beispiele finden sich bei elektronischen Kleingeräten (z. B. Sony) wie auch in der Automobilwerbung. So wirbt Audi seit Jahren mit dem Slogan: »Vorsprung durch Technik«. Die Betonung von Kompetenz wirkt dabei häufig überzeugender als das »übliche Werberlatein«, da die Botschaft so eher indirekt kommuniziert wird.

**Wissenschaftlicher Nachweis**
Diese Werbeform findet sich häufig bei Pflegeprodukten oder Kosmetika. Es geht darum, die Qualität und Wertigkeit des Produktes durch den entsprechenden wissenschaftlichen Nachweis, zum Beispiel in Form eines auftretenden Wissenschaftlers, Mediziners, oder durch Sequenzen, in denen der Zuschauer etwas über die Wirkungsweise der Mittel erfährt, glaubhaft zu kommunizieren. Beispiele hierfür sind die EUCERIN-Werbung oder Dr. Best-Zahnpasta. Auch hier möchte man sich von der gewohnten Werbesprache unterscheiden und dem Rezipienten ein seriöses und glaubhaftes Nutzenversprechen geben.

**Testimonial-Werbung**
Die Testimonial-Werbung legitimiert das Produkt durch »Zeugen«. Diese Produktbefürworter können entweder berühmte Personen sein oder unbekannte Menschen (»so wie du und ich«). Im ersten Fall hofft man, dass sich die Eigenschaften der bekannten Person auf das Produkt übertragen (Bully Herbigs Haribo-Werbung) bzw. sich generell eine Imageverbesserung ergibt. Im zweiten Fall geht es um die Authentizität des Zeugens (z. B. Werbung für Fielmann-Brillen). Studien belegen den positiven Einfluss prominenter Testimonials (z. B. Elberse, A./Verleun, J. 2012), zeigen aber auch die imageschädigende Wirkung bei negativen Schlagzeilen über den Prominenten (z. B. Thwaites, D./Lowe, B./Monkhouse, L. L./Barnes, B. R. 2012).

**Fokus Werbung**
Ausblick

## 1.11 Ausblick

*Heute wird die richtige Kundenansprache zunehmend schwierig.*

Werbung als ein wichtiger Bestandteil unternehmerischen Handelns ist darauf ausgerichtet, Marken und Produkte innerhalb der anvisierten Zielgruppen attraktiv darzustellen, die Produktvorteile aufzuzeigen und den Kunden letztlich zur Kaufentscheidung zu bewegen. Angesichts der mittlerweile unüberschaubaren Produktvielfalt und Informationskanäle wird es zunehmend schwieriger, den Kunden noch zum richtigen Zeitpunkt mit der richtigen Botschaft anzusprechen. Hinzu kommt noch, dass sich viele Verbraucher von der permanenten Versorgung mit werblicher Information überfordert oder sogar genervt fühlen und sich darum bemühen, Werbung, so gut es geht, aus dem Wege zu gehen. Die Werber sind dadurch gezwungen, immer neue Wege zu erkunden und zu benutzen, um den (potenziellen) Kunden dennoch zu erreichen. Das macht es für die Werbeindustrie alles andere als einfach. Die richtigen Medien müssen mit den passenden Werbeformaten bestückt werden. Das wird zunehmend teuer und ist für kleinere und mittlere Unternehmen kaum zu leisten. Neben der quantitativen Ausweitung von Werbemaßnahmen geht es aber auch darum, die Werbung qualitativ zu optimieren. Es stellt sich die Frage, wie die Verbraucher optimal angesprochen werden können, um mit möglichst geringem Aufwand das beste Kommunikationsergebnis zu erzielen. In der Kundenkenntnis wird ein wichtiger Schlüssel zum Erfolg gesehen.

> **MERKE**
>
> Je besser und genauer ich die Bedürfnisse, Wünsche, Ziele, Emotionen und Verhaltensweisen meiner Zielgruppe kenne, umso besser kann ich durch entsprechende Werbemaßnahmen mit ihr kommunizieren.

Es liegt daher nahe, sich mit dem Mensch »Kunde« näher auseinanderzusetzen. Was treibt ihn an? Wie denkt und fühlt er? Wie muss ich mit ihm kommunizieren, damit er die Botschaft auch versteht? Welche Faktoren beeinflussen seine Meinung und was überzeugt ihn? Welche psychischen Prozesse werden durch Werbung ausgelöst? Aus einer anderen Perspektive ergeben sich allerdings ganz andere Fragen. Wie können wir uns eigentlich noch vor der Informationsflut schützen? Wie können wir uns gegen die Versuche zur Wehr setzen, uns zum Kauf mehr oder weniger unnötiger Produkte zu veranlassen? Wie können wir den Beeinflussungsversuchen in der Werbung aus dem Weg gehen und weiterhin selbstbestimmt entscheiden, was wir konsumieren möchten und was nicht? So oder so, alles sind typisch psychologische Fragen. Wichtige psychologische Konzepte und Theorien werden in den nun folgenden Kapiteln im Fokus stehen. Sie sollen uns ein grundlegendes Verständnis von Wahrnehmung, Erleben und Verhalten im Zusammenhang mit Werbung vermitteln.

## Ausblick 1.11

**REFLEXIONSFRAGEN**

1. Was ist Werbung eigentlich?
2. Was ist der Unterschied zwischen Konsumgüter-, Investitionsgüter- und Dienstleistungswerbung?
3. Was versteht man unter dem Buying Center und warum ist die Kenntnis der Entscheidungswege im Unternehmen für den Werbeerfolg so bedeutsam?
4. Was besagen die AIDA- und die PPPP-Formel?
5. Worin unterscheiden sich USP und UAP?
6. Was sind die Vor- und Nachteile der Massenkommunikation bzw. Individualkommunikation?
7. Was versteht man unter Above-the-line- bzw. Below-the-line-Kommunikation?
8. Was ist der Unterschied zwischen Grund- und Zusatznutzen?
9. Welche Werbeformen gibt es und wie unterscheiden sie sich?
10. Welche Werbetechniken gibt es und für welche Produkte eignen sich welche Techniken besonders?

**SCHLÜSSELBEGRIFFE KAPITEL 1**

- Werbeziele
- AIDA-Formel
- PPPP-Formel
- USP
- UAP
- Grundnutzen
- Zusatznutzen
- Konsumgüterwerbung
- Investitionsgüterwerbung
- Non-Profit-Werbung
- Dienstleistungswerbung
- Buying-Center
- Collaborative Marketing
- Influencer-Marketing
- Keyword-Advertising
- Massenkommunikation
- Individualkommunikation
- Below-the-line
- Above-the-line
- Virales Marketing
- Guerilla-Marketing
- Sponsoring
- Product Placement
- Public Relations
- Multisensorisches Marketing
- Slice-of-Life
- Storytelling
- Suchmaschinenmarketing
- Transformationelle Werbung
- Testimonialwerbung

# 2 Fokus Konsument

Nachdem wir uns grundlegend mit dem Thema Werbung befasst haben, soll nun der Konsument im Fokus stehen. Welche Mechanismen und Prozesse lassen sich identifizieren, die Einfluss auf die Rezeption und Wirkung von werblicher Kommunikation haben? Zunächst können wir hier an kognitive Prozesse denken, also Prozesse der Speicherung, Verarbeitung und Wiedergabe von Informationen. Zum anderen ist das Konsumentenverhalten ohne Kenntnisse von Motiven, Zielen und Bedürfnissen nicht zu verstehen. Weiter lassen sich Handlungsmotive nur verstehen, wenn wir auch die emotionalen Komponenten unseres Erlebens dabei berücksichtigen. Kognitionen, Emotionen und Motivation sind also drei miteinander in Wechselwirkung stehende Facetten menschlichen Erlebens und Verhaltens. Ebenfalls bedeutsam ist die Frage, durch welche Faktoren unser Entscheidungsverhalten in Kaufsituationen beeinflusst wird. Darüber hinaus wollen wir uns mit dem Bereich der Einstellungen näher befassen, die für die langfristige Verhaltensprognose bedeutsam sind. Abschließend werden wir uns noch mit den Wechselwirkungen zwischen Individuum und Gruppe beschäftigen, denn unser Verhalten ist stets ein Verhalten im sozialen Kontext, ohne dessen Berücksichtigung keine angemessene Verhaltensbeschreibung und -vorhersage möglich ist. Und schließlich spielt die Persönlichkeit eine wichtige Rolle, wenn es darum geht, wie, welche werblichen Reize Beachtung finden oder nicht. Beginnen wir mit grundlegenden Prozessen der Informationsverarbeitung, die als Basis für alle weiteren Prozesse angesehen werden können.

*Kognitionen, Emotionen und Motivation beeinflussen sich wechselseitig.*

## 2.1 Wahrnehmung

Unserem Alltagsempfinden entsprechend meinen wir eigentlich, dass unsere Wahrnehmung ein großes Fenster nach draußen ist, in die Welt der Dinge, Menschen und der Natur. Dabei bezieht sich der weitaus größte Teil aller unserer Wahrnehmungsprozesse auf die Wahrnehmung innerer Vorgänge. Unser Gehirn wird daher auch als »ein kognitiv in sich abgeschlossenes System« (Roth, G. 1987) verstanden, »das nach eigenentwickelten Kriterien neuronale Signale deutet und bewertet, von deren wahrer Herkunft und Bedeutung es nichts absolut Verlässliches weiß« (Roth, G. 1987). Mit der äußeren Welt kommen wir also erst durch den Filter der neuronalen Signalverarbeitung in Kontakt. Was wir mit den Daten von »draußen« machen, hängt zwar auch von der Beschaffenheit der Daten ab, besser jedoch lässt sich dieser Erkenntnisprozess beschreiben als ein in Bezugbringen von bereits bestehenden Wissensbeständen zu den Informationen, die uns unsere höheren

*Unser Gehirn ist kognitiv geschlossen.*

**2.1 Fokus Konsument**
Wahrnehmung

Verarbeitungszentren aus den Daten unserer Sinnesorgane liefern. Die Sinnesorgane versorgen uns dabei mit ganz unterschiedlichen Informationsquantitäten und Informationsqualitäten.

### 2.1.1 Die fünf Sinnesorgane

> **MERKE**
>
> **Sinne**
> Unsere fünf Sinne (Berührungs-, Geruchs-, Geschmacks, Seh- und Hörsinn) übersetzen quasi die für unseren Organismus bedeutsamen Reize der Außen- und Innenwelt in ein Format, welches dann durch spezialisierte Verarbeitungsstrukturen und -prozesse im Gehirn zu bedeutungsvoller Information transformiert wird.

Man unterscheidet folgende fünf Sinne: Berührungssinn, Geschmackssinn, Geruchssinn, Hörsinn und Sehsinn. Unsere Sinne reagieren auf Veränderungen in der inneren und äußeren Umwelt und geben dies als Informationen für die weitere Verarbeitung an unser Gehirn weiter. Dieser Prozess, bei dem mechanische oder thermische (Berührungssinn), chemische (Geruch, Geschmack), optische (Sehsinn) oder physikalische (Hörsinn) Reizungen in elektrische Ladung umgewandelt werden, nennt man auch Transduktion. Generell gilt, dass unsere Sinne stets zusammenarbeiten und uns mit ganzheitlichen Informationen versorgen. Je mehr Sinne angesprochen werden, umso eindeutiger können Objekte wahrgenommen und identifiziert werden. Diese Erkenntnis macht man sich auch beim multisensorischen Marketing zunutze.

Wichtig ist auch zu wissen, dass die Leistung unserer Sinnesorgane nicht über die gesamte Lebensspanne konstant ist, sondern sich nach der Geburt erst vollständig ausbildet und dann mit dem Alter sukzessive wieder abnimmt. Ältere Menschen verzeichnen also insgesamt Einbußen bei der Signalverarbeitung. Dies muss auch bei der Konzeption der werblichen Kommunikation entsprechend berücksichtigt werden, indem beispielsweise auf die Verstärkung von Kontrasten geachtet wird.

**Berührungssinn**
Der Berührungssinn versorgt uns mit Druck-, Berührungsinformationen sowie mit Informationen zu Vibrationen, Temperatur oder Schmerz. Die Berührungsempfindlichkeit variiert dabei stark von Körperregion zu Körperregion. Die erogenen Zonen sind z. B. sehr berührungsempfindlich, andere Bereiche dagegen weniger. Der Berührungssinn unterstützt uns auch in der Kommunikation: Durch Berührung zeigen und empfinden wir z. B. Geborgenheit, Unterstützung, Wärme und Zuneigung. Interessant ist, dass Menschen sich darin unterscheiden, wie stark ihr Bedürfnis nach Berührung in kaufrelevanten Situationen ist. Anhand der *Need-for-Touch*-Skala lassen sich dabei ein *instrumentelles Berührungsbedürfnis*, z. B. um die Stoffqualität einer Hose zu prüfen und ein *autotelisches Berührungsbedürfnis*, was so viel meint wie »Berühren aus Lust«, unterscheiden (Peck, J./Childers, T. L. 2003). Wie wichtig

Berühren beim Einkauf sein kann, zeigen die Studien von Brasel und Gips (Brasel, S. A./Gips, J. 2014). Sie konnten z. B. zeigen, dass das medial vermittelte Berühren von Produkten via Touchscreen den Besitztumseffekt (*endowment*; vgl. Kap. 2.8.5) vergrößert, man also bereits das Gefühl hat, das Produkt gehöre einem, was den Kaufprozess beeinflussen kann.

**Geschmackssinn**
Wirklich schmecken tun wir viel weniger, als wir meinen. Die Geschmacksrezeptoren auf der Zunge schmecken nämlich nur, ob etwas süß, sauer, bitter oder salzig ist. Neuerdings wird auch noch der Geschmack umami genannt, mit dem wir Glutamat schmecken können (z. B. Chaudhari, N./Pereira, E./Roper, S. D. 2009). Viele Geschmacksrichtungen schmecken wir nicht, wir riechen sie vielmehr. Geruchs- und Geschmackssinn wirken also zusammen, was wir einfach nachvollziehen können, wenn wir verschnupft sind, die Nase also zu ist. Dann schmecken wir auch kaum etwas. Gerade für das Schmecken sind daher Vorwissen und Erfahrungen sehr bedeutsam.

**Geruchssinn**
Der Geruchssinn liefert uns ganz komplexe und differenzierte Informationen, die zum Beispiel notwendig sind, um noch essbare Nahrungsmittel zu erkennen. Auch sind durch Lernprozesse vielfältige Gefühle mit bestimmten Düften assoziert. Darüber hinaus riechen wir sogar unbewusst bestimmte Duftstoffe (*Pheromone*), die eine bedeutende Rolle bei unserer Fortpflanzung bzw. der Partnerwahl spielen. Der Geruch ist zudem wichtig für unseren Geschmack.

**Hörsinn**
Wir hören Töne, weil es Schallwellen gibt, die sich mit 343 Metern pro Sekunde in Form von Sinuswellen ausdehnen und die uns umgebenden Luftmoleküle in Schwingung bringen. Ohne Luft gibt es auch keine Töne. Die Frequenz der Schwingungen bestimmt die Tonhöhe von tief (niedrige Frequenz) bis hoch (hohe Frequenz). Das Hören ermöglicht uns nicht nur den Musikgenuss und das Erlernen von Sprache, es ist auch für die Lokalisation von Objekten essenziell. Zudem ist Musikgenuss mit starken emotionalen Empfindungen verbunden, weswegen Musik auch gerne und häufig in der Werbung und allgemein in den Medien (Spiele, Filme) zur Emotionalisierung genutzt wird.

**Sehsinn**
Das Sehen gilt generell als der komplexeste bzw. am besten ausgebildete menschliche Sinn. In unseren Augen wird Licht durch die Sinneszellen auf der Retina verarbeitet. Über die sogenannten Stäbchen wird die Helligkeit der Umgebung registriert, die Zapfen sind für das Farbsehen zuständig. An unsere Sehfähigkeit sind zahlreiche weitere Funktionskomplexe gebunden, etwa die Orientierung im Raum und motorische Funktionen wie das Greifen oder Werfen. Im Erwachsenenalter ist Sehen unser dominanter Sinn.

**Fokus Konsument**
Wahrnehmung

### 2.1.2 Informationsverarbeitung

Top-down- und Bottom-up-Prozesse

Unsere Wahrnehmung ist ein komplizierter Konstruktionsprozess, der sich aus unterschiedlichen Quellen speist. Auf der einen Seite haben wir die Objekte der inneren und äußeren Umwelt, die sogenannten distalen Reize, die eine Reihe von Eigenschaften z. B. Größe, Form oder Farbigkeit besitzen und in unseren Sinnesorganen zu entsprechenden Empfindungen führen (proximaler Reiz). Damit aus diesen Empfindungen eine Wahrnehmung eines bestimmten Objektes wird, müssen sich zu den reinen Daten auch noch Erfahrungen und Wissen hinzugesellen, die aus einer bestimmten Reizkonfiguration ein identifiziertes Objekt machen. Wir sprechen in diesem Zusammenhang auch von sogenannten *Bottom-up-Prozessen*, wenn es darum geht, zu beschreiben, was der Reiz an sich uns nahelegt. Mit *Top-down-Prozessen* meinen wir dagegen jene Prozesse, die die Daten mit unserem Vorwissen in Verbindung bringen und somit die eigentliche Reizerkennung bestimmen (siehe Abb. 2.1). Anders formuliert:

> **MERKE**
>
> Die Menge an Einzelinformationen, die ein Reiz zur Verfügung stellt und die wir sinnlich empfinden, reicht nicht aus, um daraus eine bedeutungsvolle Einheit zu machen, es bedarf einer sinnvollen Organisation dieser Einzelinformationen, die dann die Identifikation des gesamten Reizes erlaubt.

Gut kann man die Wirkung von Bottom-up- und Top-down-Prozessen anhand der visuellen Informationsverarbeitung verdeutlichen. Den visuellen Input verarbeiten wir nämlich nach bestimmten Gesetzmäßigkeiten, wie sie die *Gestaltgesetze* (z. B. das Gesetz der Nähe oder das Gesetz der Geschlossenheit; vgl. Abb. 2.2) beschreiben. Was wir nämlich wahrnehmen, sind nicht einzelne Punkte oder Striche, son-

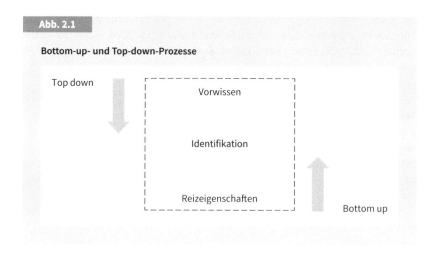

Abb. 2.1
Bottom-up- und Top-down-Prozesse

## 2.1 Wahrnehmung

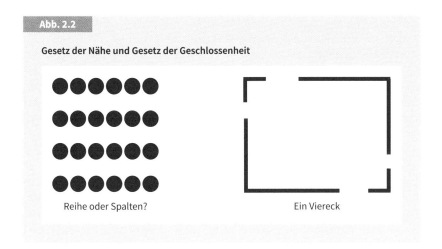

**Abb. 2.2**

**Gesetz der Nähe und Gesetz der Geschlossenheit**

Reihe oder Spalten? — Ein Viereck

dern ganze Objekte, genau so, wie es auch der Leitspruch der Gestaltpsychologen formuliert, wonach das Ganze stets mehr als die Summe seiner Einzelteile ist. In unserem Alltag finden sich zahlreiche Anwendungen dieser Gestaltprinzipien, z. B. in Architektur, Produktdesign oder auch bei der Gestaltung von Werbeanzeigen. Viele Reizkonfigurationen sind darüber hinaus aufgrund ihrer Datenlage mehrdeutig, lassen also mehrere Interpretationen zu. Ein Beispiel dafür sind die bekannten Kippfiguren, in denen man je nach Erwartung ganz unterschiedliche Sachen oder Personen erkennen kann (vgl. Abb. 2.3). Je nachdem, welches Vorwissen gerade verfügbar ist, kann sich also unsere Wahrnehmung verändern. Diesen Umstand nutzt man auch ganz gezielt, um unsere Wahrnehmung entsprechend zu beeinflussen. So kann ein und dieselbe Sinnesempfindung so oder ganz anders wahrgenommen werden, je nachdem, welche Wissensvorräte aktiviert werden. Ob sich meine

*Wahrnehmung nach Gestaltgesetzen*

**Abb. 2.3**

**Sogenannte Kippfiguren**

Vase oder Gesicht? — Junge Frau oder Hexe?

## 2.1 Fokus Konsument
### Wahrnehmung

Haut etwa gespannt oder eher straff anfühlt, kann z. B. bereits durch den Produkthinweis »hautstraffende Wirkung« beeinflusst werden.

*Zusammenhang von Sprache und Denken*

Wie Erfahrungswissen und *Top-down-Prozesse* zusammenhängen, kann auch anhand der Sapir-Whorf-Hypothese (Whorf, B. 1956) illustriert werden. Die Sapir-Whorf-Hypothese erläutert den Zusammenhang zwischen Sprache und Denken. Eine Teilhypothese besagt, dass wir die außersprachliche Wirklichkeit nicht alle in gleicher Weise auffassen, sondern dass unsere sprachlichen Konzepte von unseren Lebensumständen beeinflusst werden. So haben Eskimos möglicherweise eine weitaus differenziertere Wahrnehmung verschiedener Schneesorten als die Südspanier, für die diese Differenzierung aufgrund der geringen Bedeutung des Schnees in ihrem Alltag keinen Sinn machen würde. Ein und derselbe Schnee wird dann von Eskimo und Spanier ganz anders wahrgenommen. Das spiegelt sich dann auch in der Sprache wieder: Eskimos besitzen sehr viele Wörter für unterschiedliche Schneearten. Auch wenn die Sapir-Whorf-Hypothese nicht unumstritten ist, können wir hier festhalten, dass die Reizwahrnehmung ganz wesentlich von der Bedeutung abhängt, die wir dem Reiz geben. Die Bedeutung, die wir den Dingen geben, hängt auch von unserer aktuellen Interessen- und Bedürfnislage ab. So werden wir, wenn wir gerade sehr hungrig sind, mit größerer Wahrscheinlichkeit in den uns umgebenden Reizen Essbares wahrnehmen und erkennen, als wenn wir gerade keinen Hunger haben. Man kann sogar noch weiter gehen und sagen, dass unsere gesamte Wahrnehmung unserer Alltagswirklichkeit nicht immer die gleiche ist, sondern sich in Abhängigkeit von unserer Verfassung, unseren Zielen und dem aktuellen Kontext verändert. Was gerade relevant oder irrelevant, angenehm oder unangenehm ist, ist kein fester Bestandteil einer Sache, einer Person oder Situation, sondern ein veränderliches Kriterium (ausführlich dazu siehe Bak, P. 2015). Das kann man nutzen, um die Wahrnehmung bzw. unser momentanes Wirklichkeitserleben zu beeinflussen oder dazu passende Werbung zu präsentieren. Das weiter vorne beschriebene *Narrow Casting* ist ein Beispiel dafür.

*Narrow Casting*

Wenn sich eine Person gerade mit einer Thematik befasst, so ist sie unter Umständen für themenbezogene Reize offener, als wenn sie sich gerade mit einem anderen Thema befasst. Es macht daher Sinn, z. B. im Fernsehen solche Werbung zu präsentieren, die zum Inhalt der Sendungen passen. Im Printbereich versucht man ebenfalls, Werbeanzeigen und den redaktionellen Teil aufeinander abzustimmen. Nach der gleichen Logik ist dann auch das *Keyword Advertising* im Bereich des Online Marketings zu verstehen. Suchen wir nach einer bestimmten Information, dann kann das als Hinweis darauf gewertet werden, woran wir gerade interessiert sind. Das wiederum lässt sich nutzen, um relevante Werbeangebote zu präsentieren.

Welche Information am Ende für die weitere Verarbeitung ausgewählt wird, ist dann eine Frage der Aufmerksamkeitssteuerung. Denn nur da, wohin unsere Aufmerksamkeit fällt, können wir detailliert und bewusst Informationen aufnehmen.

## 2.1 Wahrnehmung

### 2.1.3 Aufmerksamkeit

> **MERKE**
>
> **Aufmerksamkeit**
> Mit Aufmerksamkeit wird im Allgemeinen der Prozess der bevorzugten Verarbeitung bestimmter Reize beschrieben (selektive Aufmerksamkeit).

Offenbar verfügen wir Menschen nur über eine endliche Menge an Aufmerksamkeitsressourcen, weswegen wir sie selektiv einsetzen müssen. Und genau das tun wir, indem wir insbesondere auf solche Reize aufmerksam achten, die wir als bedeutsam, wichtig und neuartig einstufen. Von dieser *endogenen*, also willentlichen Aufmerksamkeitssteuerung unterscheidet man die *exogene Aufmerksamkeitssteuerung*, wie sie etwa durch ein lautes Geräusch, Veränderungen im visuellen Umfeld oder auch durch Schlüsselreize ausgelöst wird. Der Aufmerksamkeit kommt dabei eine wichtige Aufgabe zu, indem sie unser Erleben lenkt und steuert. Denn nur da, wo sich unsere Aufmerksamkeit befindet, erleben wir bewusst auch etwas. Die nicht mit Aufmerksamkeit bedachten Dinge klammern wir aus unserer aktuellen Welterfahrung aus. So haben vermutlich die wenigsten Leser in diesem Moment an ihren rechten Fuß gedacht, die Aufmerksamkeit war eben durch das Lesen an anderer Stelle gebunden. Der rechte Fuß spielte erlebensmäßig also keine Rolle, bis zu dem Zeitpunkt, an dem wir an ihn gedacht haben. Das bedeutet, dass sich unsere Alltagswirklichkeit immer nur dort manifestiert, wo sich unsere Aufmerksamkeit befindet. Der größte Teil unserer Informationsverarbeitung kommt allerdings ohne Aufmerksamkeit aus, bestimmt aber trotzdem mit, was wir denken, fühlen und wie wir handeln. Körpersignale und externe Reize werden anstrengungslos und ohne dass wir Notiz davon nehmen in funktionaler Weise verarbeitet und weitergeleitet. Ganz offensichtlich lassen sich demnach Prozesse, die Aufmerksamkeit benötigen von solchen unterscheiden, die ohne Aufmerksamkeit auskommen.

*Unsere Aufmerksamkeitsressourcen sind begrenzt.*

#### 2.1.3.1 Automatische und kontrollierte Prozesse

Bei unseren Handlungen können wir zwischen solchen unterscheiden, die wir nur dann befriedigend ausführen können, wenn wir mit voller Aufmerksamkeit dabei sind, während es andere Tätigkeiten gibt, die keine Aufmerksamkeit bedürfen, bei denen eine bewusste Aufmerksamkeitszuwendung sogar stören kann. In der Kognitionspsychologie unterscheidet man zwischen *automatischen Prozessen*, die, wie zum Beispiel das Autofahren bei einem geübten Fahrer, beinahe völlig ohne bewusste Aufmerksamkeit ablaufen können, und *kontrollierten Prozessen* (vgl. Schneider, W./Shiffrin, R. W. 1977a, 1977b), zum Beispiel das Erlernen des Autofahrens, wenn wir uns genau und mit viel Konzentration überlegen müssen, wie wir Hände, Füße und Blick koordinieren müssen. Allgemein gesprochen, benötigen wir für Tätigkeiten, die wir gut können und bereits häufig ausgeführt haben kaum oder gar keine Aufmerksamkeit mehr. Und vieles, was wir tun, haben wir jahrelang gelernt.

*Unaufmerksamkeitsblindheit*

## 2.1 Fokus Konsument
Wahrnehmung

Wir erkennen und identifizieren unzählige Objekte ganz nebenbei, können Farben oder Gesichter sofort richtig einordnen und lesen Wörter ohne jede Anstrengung und bewusste Aufmerksamkeitszuweisung. Die Aufmerksamkeit bleibt, da sie eine kostbare Ressource ist, ganz bestimmten Verarbeitungsprozessen vorbehalten. Insbesondere neuartige Reize rücken in den Aufmerksamkeitsfokus. Je größer die Aufmerksamkeitszuwendung ist, desto genauer und detailreicher ist die Verarbeitung. Reize, die keine Aufmerksamkeit erfahren, werden dementsprechend kaum oder nur oberflächlich verarbeitet. Dies kann man in Situationen bemerken, in denen man sich auf bestimmte Umgebungsreize konzentrieren muss. Dann kann es vorkommen, dass man andere Dinge, die sich unmittelbar vor den eigenen Augen abspielen, nicht bemerkt, weil die Aufmerksamkeit komplett durch die Suche nach der relevanten Reizinformation absorbiert ist. Man spricht in diesen Fällen von Unaufmerksamkeitsblindheit (*Inattentional Blindness*; Mack, A./Rock, I. 1998).

**BEISPIEL** **Der Gorilla in unsere Mitte**

▶▶▶ Beeindruckend sind die Experimente von Simons und Chabris (Simons, D. J./Chabris, C. F. 1999), die auf spektakuläre Weise das Phänomen der Unaufmerksamkeitsblindheit demonstrieren. In einem Experiment wurden den Versuchspersonen kurze Videofilme präsentiert, in denen zwei Basketball-Teams gegeneinander spielen. Ein Team trägt dabei weiße T-Shirts, das andere Team schwarze T-Shirts. Die Aufgabe der Versuchspersonen besteht nun darin, die Anzahl der Ballkontakte des weißen Teams zu zählen. Etwa in der Mitte des Films läuft eine als schwarzer Gorilla verkleidete Person durch die Szene, bleibt kurz stehen und geht dann aus dem Bildausschnitt heraus. Nach Ende des Films sollen die Versuchspersonen angeben, wie viele Ballkontakte sie gezählt haben und ob ihnen womöglich noch etwas anderes im Film aufgefallen ist. Verblüffenderweise wird der Gorilla von weniger als der Hälfte der Teilnehmer bewusst wahrgenommen. Dies wurde dadurch verhindert, dass die Aufmerksamkeit zum größten Teil zur Erledigung der aufgetragenen Aufgabe verwendet wurde. ◀◀◀

### 2.1.3.2 Aufmerksamkeitstheorien

*Filter-Modell der Aufmerksamkeit*

Was genau Aufmerksamkeit ist und wie sie funktioniert, darüber gab und gibt es ganz unterschiedliche Meinungen und Theorien. Um Aufmerksamkeitsprozesse genauer zu untersuchen, wurden viele Studien mittels des Paradigma des dichotischen Hörens durchgeführt. Dabei erhalten die Versuchspersonen über Kopfhörer unterschiedliche Informationen auf dem linken und rechten Ohr. Nun gilt es, nur auf die Nachrichten eines Kanals, eines Ohres zu achten. Typischerweise findet man dann, dass tatsächlich die Informationen des nicht beachteten Ohres nicht reproduziert werden können, offensichtlich also nicht beachtet wurden. Höchstens wurde festgestellt, wenn sich beispielsweise die Tonhöhe auf dem nicht beachteten Kanal veränderte, wenn es also zu einem Sprecherwechsel, von weiblich zu männlich kam. Aufgrund solcher Ergebnisse entwickelt Donald Broadbent (1958) sein *Filter-Modell der Aufmerksamkeit*, bei dem die Aufmerksamkeitsselektion aufgrund

# Wahrnehmung 2.1

kapazitätsbegrenzter Verarbeitungsmöglichkeiten zu einem sehr frühen Zeitpunkt (*early selection*) der Informationsverarbeitung stattfindet. Aufmerksamkeit funktioniert hier wie ein Alles-oder-Nichts-Filter, der relevante Reize anhand von Oberflächenmerkmalen wie Helligkeit, Lautstärke, Form oder Farbe für die Verarbeitung auswählt und irrelevante Reize ausschließt.

Andere Befunde sprechen gegen eine frühe Selektion. So konnte in anderen Studien zum dichotischen Hören gezeigt werden, dass der eigene Name erkannt wurde, wenn er im nicht beachteten Kanal erwähnt wurde (z. B. Moray, N. 1959), ein Befund, den wir aus dem Alltag kennen und der als *Cocktailparty-Phänomen* bekannt ist. Stellen wir uns zur Illustration kurz vor, wir wären auf einer Party mit vielen Menschen und würden uns gerade mit zwei Bekannten unterhalten. Während wir uns auf das Gespräch konzentrieren, nehmen wir von den Gesprächen der anderen Personen kaum Notiz, sondern nehmen diese, zusammen mit Gelächter und Gläsergeklimper, nur als ein Hintergrundrauschen wahr. Das ändert sich jedoch, wenn uns jemand plötzlich beim Namen ruft. In vielen Fällen hören wir das dann und drehen uns unwillkürlich in die Richtung, in der wir den Rufer vermuten. Solche Beobachtungen sind nicht mit einem Alles-oder-Nichts-Filter vereinbar, sondern zeigen, dass auch die gerade nicht beachteten Reize, zumindest teilweise, semantisch verarbeitet werden. Die *Attenuationstheorie* (»Abschwächung«) der Aufmerksamkeit von Anne Treisman (1964) versucht, diese widersprüchlichen Befunde zu integrieren, indem angenommen wird, dass auch die nicht beachtete Information zumindest abgeschwächt weiterverarbeitet wird und der Selektionszeitpunkt flexibel ist. Statt eines Alles-oder-Nichts-Prinzips gilt hier ein Mehr-oder-weniger-Prinzip. Noch weiter gingen Deutsch und Deutsch (1963). Sie nahmen an, dass der Selektionsprozess spät (*late selection*), also nahe am Reaktionszeitpunkt, erfolgt und alle eingehenden Reize zunächst vollständig analysiert werden.

Attenuationstheorie

Mittlerweile hat sich eher eine Sowohl-als-auch-Annahme durchgesetzt, der Zeitpunkt der Informationsselektion ist also flexibel und hängt von den Aufgabenanforderungen und den zur Verfügung stehenden Ressourcen ab (vgl. Johnston/Heinz 1978). Grundlegend ist dabei die Annahme, dass Aufmerksamkeit insbesondere der Handlungssteuerung (*selection for action*; Allport 1987, Neumann 1987) dient. Da wir nämlich nicht in der Lage sind, viele Handlungen gleichzeitig auszuführen, muss es Prozesse geben, die die Informationen, die der gegenwärtigen Handlung dienen, bei der Informationsverarbeitung bevorzugen (*Selektion*) und Informationen für Handlungsalternativen von der Verarbeitung ausschließen (*Inhibition*).

Selection-for-action

Für den werblichen Zusammenhang ergeben sich daraus interessante Perspektiven. Damit die Werbebotschaft nämlich beim Empfänger ankommt, ist es entscheidend, dass die Botschaft zu dem passt, was der Empfänger gerade tut, denn nur dafür ist er sensibel. Informationen, die für andere Ziele und Bedürfnisse relevant sind, werden mit geringerer Wahrscheinlichkeit aufmerksam wahrgenommen, wenn nicht sogar vor der weiteren Verarbeitung ausgeschlossen (inhibiert). Dies erklärt auch die Wirksamkeit des Online-Targetings, denn hier können in Abhängigkeit vom Handeln des Nutzers solche Informationen dargeboten werden, die situativ passen und für die der Nutzer empfänglich ist.

**Fokus Konsument**
Wahrnehmung

### 2.1.3.3 Aufmerksamkeit im Alter

Die verfügbaren Aufmerksamkeitsressourcen sind nicht nur endlich, sie nehmen im höheren Alter auch noch ab (z. B. Salthouse, T. 1988). Dies führt dann zur Beeinträchtigung der selektiven Fähigkeiten. Hinzu kommt, dass gleichzeitig irrelevante Informationen ins Arbeitsgedächtnis drängen, weil hemmende Prozesse, die dafür sorgen, dass gerade irrelevante Informationen ausgeblendet werden und die damit ein wichtiger Baustein der selektiven Aufmerksamkeitssteuerung sind, ebenfalls im Alter ineffizienter werden (Hasher, L./Stolzfus, E. R./Zacks, R. T./Rypma, B. 1991; siehe auch Hasher, L./Lustig, C./Zacks, R. 2007; Collette et al., 2009). Sowohl der Verlust an Aufmerksamkeitsressourcen als auch die verminderte Inhibitionsleistung führen zu Einschränkungen bei der Informationsverarbeitung. Diese Alterseffekte sind auch für die Werbung von Bedeutung. Werbung für ältere Menschen muss hinsichtlich der Informationsdichte und -aufbereitung angepasst werden. Zu viele Informationen sind störend und können nicht mehr ausreichend analysiert werden (vgl. Bieri/Florack/Scarabis 2006).

Allerdings verarbeiten wir auch Reize außerhalb unseres Aufmerksamkeitsfokus. Dies gilt zum Beispiel für diejenigen Reize, die wir völlig automatisch verarbeiten. Und auch deren Verarbeitung hat starken Einfluss auf unser Erleben und Verhalten, wie die Studien zur sogenannten subliminalen Informationsverarbeitung (siehe weiter unten) belegen.

### 2.1.4 Subliminale Informationsverarbeitung

*James Vicarys Fake-Experiment stellt sich als richtig heraus.*

Unter subliminaler (unterschwelliger) Wahrnehmung versteht man eine Wahrnehmung, die nicht die Schwelle des Bewusstseins erreicht, d. h. wir nehmen zwar etwas wahr, merken es aber nicht. Dies kann z. B. daran liegen, dass die Reizdarbietung nur sehr kurz ist, oder dass unsere Aufmerksamkeit gerade woanders hin fokussiert ist. Und faktisch gesehen, verarbeiten wir permanent die Informationen um uns herum, die wir nicht beachten, die aber dennoch unser Erleben und Verhalten stark beeinflussen. Bekannt wurde das Thema der subliminalen Verarbeitung vor allem durch James Vicary, der in den 1950er Jahren angeblich Kinobesucher durch subliminal im Film eingeblendete Botschaften dazu bringen konnte, Popcorn oder Cola zu konsumieren. Zwar stellte sich diese Studie später als Täuschung heraus, sie hatte nie stattgefunden, doch gleichzeitig erwiesen sich die grundlegenden Annahmen *Vicarys* als richtig. Heute steht außer Frage, dass wir subliminal Informationen verarbeiten und dass diese Informationen sehr wirkungsvoll sein können. Dies kann durch Studien zum sogenannten *subliminalen Priming* eindrucksvoll demonstriert werden. Typischerweise sehen diese Untersuchungen so aus, dass die Versuchspersonen zunächst gebeten werden, auf einen Computermonitor zu schauen, und auf dort präsentierte Reize mit einer vorher definierten Antwort so schnell wie möglich zu reagieren. Zum Beispiel sollen sie entscheiden, ob ein Reiz, den sie bewusst nur als Lichtblitz wahrnehmen, in der linken oder rechten Monitorhälfte eingeblendet wurde. Nach einigen Durchgängen wird dann scheinbar eine unzusammenhängende zweite Aufgabe vorgegeben, zum Beispiel, Produkte und Marken zu

## 2.1 Wahrnehmung

bewerten. Was die Versuchspersonen nicht ahnen ist, dass die »Lichtblitze« im ersten Durchgang in Wirklichkeit z. B. Markennamen waren, die nur aufgrund der sehr kurzen Darbietung (z. B. 23 Millisekunden) bewusst nicht zu erkennen waren. Häufig kann man auf diese Weise zeigen, dass die unbewusste Verarbeitung in der ersten Aufgabe die Reaktion, Entscheidung oder Markenpräferenz in der zweiten Aufgabe beeinflussen kann (Karremans, J. C./Stroebe, W./Claus, J. 2006). Allerdings müssen bestimmte Voraussetzungen erfüllt sein, damit wir durch subliminale Reize beeinflusst werden (siehe dazu Florack, A./Ineichen, S. 2008):

1. Nur positiv bewertetes Verhalten kann aktiviert werden: Subliminal können nur solche Verhaltensweisen angestoßen werden, gegen die die Person keine Einwände hat. Wenn man z. B. danach gefragt wird, welche Automarke man präferiert, dann wird nur dann auf die zuvor subliminal dargebotene Marke mit größerer Wahrscheinlichkeit zurückgegriffen, wenn gegen diese Marke prinzipiell kein Einwand besteht.
2. Es darf kein Widerstand (Reaktanz) entstehen: Es ist zu vermuten, dass es nur schwer möglich ist, bei Personen Präferenzen subliminal zu beeinflussen, die im Allgemeinen »allergisch« auf Beeinflussungsversuche der Werbung reagieren oder für diese wenig empfänglich sind.
3. Der Beeinflussungsversuch muss unerkannt bleiben: Es ist davon auszugehen, dass eine subliminale Beeinflussung größere Chancen hat, wenn die Person keinen Anlass dazu sieht, einen solchen Beeinflussungsversuch anzunehmen.
4. Insbesondere Verhalten, das automatisch und ohne viel bewusste Verhaltenskontrolle auskommt, kann subliminal beeinflusst werden. Dies gilt zum Beispiel, wenn wir keine Zeit zum Nachdenken haben, wenn wir müde und unmotiviert sind oder wenn wir etwas als wenig bedeutsam erleben.
5. Nur bestehende Bedürfnisse können aktiviert werden: Subliminale Reize können in der Regel nur bereits bestehende Bedürfnisse anstoßen. Wenn ich beispielsweise gerade keinen Durst habe, wird es schwer, mich unbemerkt zum Trinken zu verleiten (Strahan, E. J./Spencer, S. J./Zanna, M. P. 2002). Allerdings mag es

**INFORMATION 3**

### Reaktanz
Unter Reaktanz wird allgemein eine Abwehrreaktion verstanden, die durch äußeren Druck oder Einschränkungen in der Handlungs- und Entscheidungsfreiheit ausgelöst wird, mit dem Ziel, die eingeschränkt wahrgenommene Freiheit wieder zurückzuerlangen (siehe ausführlich dazu Brehm, J. W. 1966; Wicklund, R. A. 1974). Reaktanz zeigt sich in vielen Situationen. So sorgen beispielsweise Verbote dafür, dass gerade das Verbotene besonders interessant wird. Auch im Marketingzusammenhang ist die Reaktanz ein interessanter Prozess. So steigt beispielsweise der subjektive Wert einer ausverkauften Ware an. Es mag daher unter Umständen bereits reichen, die Konsumenten durch die Aussage, dass ein Produkt oder ein Preis nur für kurze Zeit verfügbar sein wird, dazu zu bringen, das Produkt möglichst schnell kaufen zu wollen.

## 2.1 Fokus Konsument
### Wahrnehmung

unter Umständen auch gelingen, trotz befriedigter Bedürfnisse diese unterschwellig zu aktivieren (Veltkamp, M./Custers, R./Aarts, H. 2011).

*Mere-Exposure-Effekt*

Unser Verhalten kann aber nicht nur durch subliminal dargebotene Reize beeinflusst werden, auch Umgebungsreize, die gerade nicht im Fokus unserer Aufmerksamkeit liegen, die wir also nicht bemerken, ändern und regulieren unser Erleben und Verhalten beiläufig. Duft und Musik können zum Beispiel, unbemerkt von uns, Einfluss auf Erlebnisse und Entscheidungen nehmen. Oder denken wir an den sogenannten *Mere-Exposure-Effekt* (siehe Information 4). Dieser Effekt beschreibt den Zusammenhang zwischen der Darbietungshäufigkeit eines Reizes und dessen Gefallen (affektiver Valenz). So kann in Experimenten immer wieder gezeigt werden, dass Reize, die häufiger dargeboten werden, anschließend positiver bewertet werden, und zwar ohne dass die Versuchspersonen bewusst die unterschiedlichen Darbietungshäufigkeiten bemerken (Zajonc, R. B. 1968). Es lassen sich noch zahlreiche andere experimentelle Belege dafür anführen, wie wir durch Informationen, die nicht im Zentrum unserer Aufmerksamkeit stehen, zu Verhaltensweisen veranlasst werden können, ohne den eigentlichen Grund dafür wahrzunehmen. Zum Beispiel kann uns Fernsehwerbung für Snacks dazu bringen, mehr Snacks zu uns zu nehmen (Harris, J. L./Bargh, J. A./Brownell, K. D. 2009), und Getränkewerbung veranlasst uns dazu, mehr zu trinken (Bak, P. 2010a). Wir verarbeiten selbst dann Informationen sinnvoll oder bewerten sie, wenn wir bewusst gerade mit einer anderen Aufgabe beschäftigt sind, wie folgende Studie beispielhaft zeigt.

**BEISPIEL** **Ich mag's, aber weiß nicht warum!**

▶▶▶ In einem Experiment von Betsch, Plessner, Schwieren und Gütig (2001) bekamen die Teilnehmer Werbespots mit eingeblendeten Börsendaten zu sehen. So wie wir das von den Programmen der Nachrichtensender kennen. Die Börsendaten sollten zwar laut mitgelesen werden, als eigentliche Aufgabe sollten die Versuchspersonen aber die Werbung genau ansehen. Und tatsächlich konnten die Versuchspersonen sich später auch an keine Börsenwerte erinnern. Sollten die Versuchsteilnehmer dagegen die zuvor eingeblendeten Aktien danach bewerten, ob sie gut oder schlecht sind, dann zeigte sich ein Einfluss der vorher gelesenen Börsenwerte. ◀◀◀

Entscheidend ist also, dass eine Verarbeitung der Reize stattgefunden hat, ganz gleich, ob bewusst oder unbewusst. Denn durch die Reizverarbeitung werden andere Gedächtnisinhalte ebenfalls aktiviert, was dann schließlich Auswirkungen im Erleben oder im sichtbaren Verhalten hat.

## 2.1 Wahrnehmung

### 2.1.5 Ausblick

Unsere Wahrnehmung ist einer der zentralen Mechanismen und Prozesse, die uns ein Interagieren mit der Umwelt ermöglichen. Unsere fünf Sinne beliefern uns mit relevanten Informationen, die durch mentale Prozesse ergänzt, sinnvolle Bedeutung für uns erhalten.

*Wahrnehmung als Informationstransformation*

> **MERKE**
>
> Unsere Wahrnehmung ist dabei keinesfalls ein objektives Fenster in die Welt, sondern ein höchst funktional angepasster, selektiver und konstruktiver Prozess.

Eigentlich beschreibt daher der Begriff der *Informationstransformation* den Wahrnehmungsvorgang besser. Zentral ist neben den Sinnesorganen die Aufmerksamkeit, die reguliert, welche Informationen in welcher Intensität und Auflösung verarbeitet (transformiert) werden. Wohin die Aufmerksamkeit fällt, dort findet Erleben statt und dort verarbeiten wir Informationen im Detail. Reize, die keine Aufmerksamkeit erhalten, werden entsprechend vor der Verarbeitung durch höhere mentale Prozesse ausgeschlossen. Allerdings zeigen die Studien zur subliminalen Wahrnehmung, dass es unter Umständen bestimmten, nicht beachteten Reizen doch gelingen mag, eine bestimmte, handlungsbeeinflussende Verarbeitungsstufe zu erreichen.

Da Werbung stets auch Informationsübermittlung ist, sind auch alle Prozesse der Informationsverarbeitung im werblichen Kontext wichtig. Wie nehmen wir was wahr? Welche Bedingungen müssen dafür erfüllt sein? Wie viele Informationen können wir in einem Zeitabschnitt verarbeiten? Ändern sich grundlegende Prozesse der Informationsverarbeitung mit dem Alter? Von der Beantwortung dieser Fragen hängt der Erfolg von Werbemaßnahmen ganz wesentlich ab. Auch Fragen nach der Steuerung von Aufmerksamkeitsprozessen ist für die Werbung ein wichtiges Thema, wenn es darum geht, dass wir bestimmte Werbebotschaften bewusst und intensiv verarbeiten sollen. Prozesse der Speicherung und der Assoziationsbildung sind z. B. daran gebunden. Aufmerksamkeit ist zudem dann nötig, wenn es echte Verkaufsargumente oder Neuigkeiten gibt. Diese müssen verstanden werden, damit sie die Kaufentscheidung beeinflussen können. In anderen Situationen mag es dagegen eher darum gehen, die Aufmerksamkeit von problematischen Informationen abzuziehen, z. B., wenn ein Produkt eigentlich austauschbar ist. Dann könnte es ein Ziel sein, den Rezipienten von dieser Erkenntnis dadurch abzulenken, indem ich seine Aufmerksamkeit auf andere, am besten angenehme Dinge lenke, z. B. durch schöne Bilder. Aber nicht nur die bewusste Aufmerksamkeit ist in der Werbung von Interesse. Häufig nehmen wir Werbung nur am Rande wahr, weil wir keine Zeit, keine Lust, kein Interesse oder keine verfügbaren Ressourcen haben, uns mit der Werbung zu beschäftigen. Und dennoch ist es vor dem Hintergrund der Befunde zur subliminalen bzw. beiläufigen Informationsverarbeitung möglich, uns auch in diesen Fällen werblich zu erreichen. So wird uns die Häufigkeit einer Werbebotschaft womöglich dazu veranlassen, die Werbung oder das Produkt eher zu mögen. An-

## 2.2 Fokus Konsument
Gedächtnis

dere Faktoren, etwa Farbe oder Musik, können unbemerkt Assoziationen bei uns auslösen, uns Lernerfahrungen vermitteln, die sich erst später, vielleicht am Point-of-Sale bemerkbar machen können.

### REFLEXIONSFRAGEN

1. Welche Bedeutung hat die Kenntnis der Funktionsweise unserer Sinnesorgane auf die Werbeplanung und die konkrete Gestaltung von Werbeanzeigen?
2. Was versteht man unter Bottom-up- und Top-down-Prozessen innerhalb der Informationsverarbeitung?
3. Welche Rolle spielt die Aufmerksamkeit bei der Informationsverarbeitung?
4. Wenn wir Aufmerksamkeit zur Handlungssteuerung benötigen, was bedeutet das dann für die Empfänglichkeit gegenüber werblicher Information?
5. Was sind automatische und kontrollierte Aufmerksamkeitsprozesse?
6. Wie kann man die Kenntnis automatischer und kontrollierter Aufmerksamkeitsprozesse in der Werbung nutzen?
7. Wie verändert sich die Aufmerksamkeit im Alter und wie müsste man das bei der Konzeption von Werbemaßnahmen berücksichtigen?
8. Was versteht man unter subliminaler Informationsverarbeitung und welche Bedingungen müssen für eine subliminale Beeinflussung erfüllt sein?

**SCHLÜSSELBEGRIFFE KAPITEL 2.1**

- Gestaltgesetze
- Sapir-Whorf-Hypothese
- Top-down
- Bottom-up
- Filtertheorie
- Attenuationtheorie
- Automatische Prozesse
- Kontrollierte Prozesse
- Selektive Aufmerksamkeit
- Selection-for-action
- Inhibitionsverlust
- Subliminale Wahrnehmung
- Unaufmerksamkeitsblindheit

## 2.2 Gedächtnis

Damit Umweltreize einen Einfluss auf unsere Einstellungen, unser Erleben und Verhalten haben können, müssen sie, nachdem sie wahrgenommen wurden, auch – zumindest kurzfristig – gespeichert werden. Überdies, wie wir eben schon im Zusammenhang mit den Top-down-Prozessen erwähnt haben, ist das Vorwissen entscheidend für die Reizidentifikation. Und Vorwissen meint ja nichts anderes als das Wissen, das wir in unserem Gedächtnis gespeichert haben. Aus dieser Perspektive ist Wahrnehmen vor allem ein Gedächtnisvorgang. Von Art und Inhalt des gespeicherten Wissens hängt es also ab, welche Bedeutung wir den Umweltreizen geben bzw. wie gut es uns später gelingt, uns später daran zu erinnern.

## 2.2 Gedächtnis

### 2.2.1 Gedächtnisstrukturen und -prozesse

> **MERKE**
>
> Generell kann man zwischen dem sensorischem Gedächtnis, dem Kurzzeit- bzw. Arbeitsgedächtnis und dem Langzeitgedächtnis unterscheiden.

Das sensorische Gedächtnis (auch Ultrakurzzeitgedächtnis genannt) behält die eingehenden Informationen (Bilder, Töne) nur einige Millisekunden, also gerade so lange, bis durch Aufmerksamkeitsprozesse bestimmte Reize für die weitere Verarbeitung im Kurzzeitgedächtnis selektiert und ausgelesen werden können. Die Speicherkapazität dieses ersten flüchtigen Speichers ist riesig. Die des Kurzzeitgedächtnisses dagegen ist begrenzt. Nur etwa sieben Informationseinheiten können behalten werden (Miller, G. A. 1956). Und auch dieser Speicher behält die Informationen nur kurz, so lange, bis sie mit bereits im Langzeitgedächtnis gespeicherten Informationen abgeglichen oder integriert werden. Statt Kurzzeitgedächtnis wird auch häufig von *Arbeitsgedächtnis* gesprochen, um damit zu verdeutlichen, dass es sich bei diesem Speicher mehr um prozesshaft miteinander verbundene Subsysteme handelt, die für die Verknüpfung zu bereits gespeicherten Wissens- und Erfahrungsschätzen verantwortlich sind (z. B. Baddeley, A. D. 2009). Im Langzeitgedächtnis werden schließlich alle Erfahrungen, Informationen, Emotionen, Einstellungen, Handlungen dauerhaft abgelegt. Je häufiger wir auf Inhalte dieses Gedächtnisses zugreifen, je mehr Assoziationen sich zwischen den Inhalten bilden, desto besser können wir sie abrufen. Und je intensiver wir uns mit den Inhalten des Kurzzeitgedächtnisses auseinandersetzen, je tiefer wir diese verarbeiten und mit bereits bestehenden Wissensbeständen im Langzeitgedächtnis verknüpfen, desto besser ist später die Erinnerung daran. Verarbeitungstiefe meint dabei die Anzahl an kognitiven Operationen, an kognitivem Aufwand, den wir für das Lernen neuer Informationen anwenden und in dessen Folge neue Assoziationen zwischen neuen und alten Gedächtnisinhalten geknüpft werden (vgl. Craik, F. I. M./Lockhart, R. S. 1972). Allerdings speichern wir mehr Informationen, als man vielleicht denken mag, und zwar nicht nur solche, die wir aufmerksam beachten, sondern sogar jene, die wir gerade nicht beachten. Das gilt zumindest für visuelle Reize (siehe dazu Kuhbandner/Rosas-Corona/Spachtholz 2017).

*Mentaler Aufwand entscheidet über Erinnerungsleistung.*

    Es gibt noch zahlreiche weitere Gedächtnisklassifikationen. So unterscheidet man z. B. das *deklarative Gedächtnis* (Wissensgedächtnis) vom *prozeduralen Gedächtnis* (Gedächtnis für Handlungen). Das *autobiografische Gedächtnis* wiederum speichert Informationen über die eigene Geschichte. Wichtiger für den vorliegenden Zusammenhang ist aber die Unterscheidung zwischen implizitem und explizitem Gedächtnis. Das *explizite Gedächtnis* bezeichnet unser bewusst zugängliches Wissensgedächtnis, das sowohl Faktenwissen (*semantisches Gedächtnis*) wie auch Erfahrungswissen (*episodisches Gedächtnis*) beinhaltet. Wir greifen z. B. darauf zurück, wenn wir uns an etwas willentlich erinnern wollen. Daneben gibt es das *implizite Gedächtnis*, das Erfahrungen, Erlebnisse, aber auch Einstellungen und Fakten

*Implizites und explizites Gedächtnis*

## 2.2 Fokus Konsument
### Gedächtnis

beinhaltet, die nicht direkt, bewusst und willentlich abrufbar sind, die aber dennoch handlungsleitend sein können. »Sichtbar« wird das implizite Gedächtnis z. B. beim sogenannten *Priming*, wenn durch die Verarbeitung eines Reizes implizit vorliegende Gedächtnisinhalte aktiviert werden, die dann wiederum die Verarbeitung nachfolgender Reize vereinfachen können oder beim *Mere-Exposure-Effekt* (siehe Information 4). Das implizite Gedächtnis spielt auch bei der Wiedererkennung eine bedeutende Rolle. Während wir explizit nicht in der Lage sind, an vorhandene Gedächtnisinhalte zu gelangen, gelingt uns das durchaus, wenn wir mit bestimmten Reizkonfigurationen konfrontiert werden und dadurch implizite Inhalte aktiviert werden. Deutlich wird dies z. B. bei Erinnerungen an Gesichter. Wir können uns nur an wenige Gesichter explizit erinnern. Sehen wir jedoch eine Person, so können wir meistens blitzschnell feststellen, ob wir diese Person schon einmal gesehen haben oder nicht, sogar dann, wenn wir die Person nur einmal zuvor getroffen haben. Unser Wissen um Gesichter ist demnach im impliziten Gedächtnis. Die Fähigkeit Gesichter wiederzuerkennen ist so wichtig für uns und unser Überleben, dass sie zum großen Teil vererbt wird (Wilmer, J. B. et al., 2010). Und bei manchen Menschen funktioniert das Gesichtserkennungssystem so gut, dass sie als *Super-Recognizer* bezeichnet werden (vgl. Russell, R./Duchaine, B./Nakayama, K. 2009). Eine Fähigkeit, die beispielsweise von der Polizei genutzt wird.

---

**INFORMATION 4**

### Mere-Exposure-Effekt

Der *Mere-Exposure*-Effekt (Effekt der Darbietungshäufigkeit) wurde von Robert Zajonc 1968 dokumentiert. Zajonc hatte seinen Versuchspersonen damals chinesische Schriftzeichen zur Beurteilung vorgegeben. Manche Schriftzeichen kamen dabei mehrmals vor. Da die Personen aufgrund mangelnder Chinesischkenntnisse nicht in der Lage waren, die Schriftzeichen zu identifizieren, konnten sie auch nicht erkennen, ob und welche Zeichen sie mehrfach gesehen hatten. Dennoch hatte die Mehrfachdarbietung Folgen. In einer anschließenden Befragung sollten die Versuchspersonen nämlich angeben, wie positiv sie die Zeichen fanden. Jetzt zeigte sich, dass mit der Darbietungshäufigkeit auch die Positivität der Zeichen stieg. Die Versuchspersonen hatten also offensichtlich etwas gelernt, ohne es zu merken, weswegen der Mere-Exposure-Effekt auch ein Beleg für das implizite Gedächtnis ist. Diesen Effekt nutzt man auch in Werbung und Marketing. So präferieren wir beispielsweise ganz unbewusst Produkte, die wir zuvor bereits gesehen haben (z. B. Shapiro, S. 1999). Metanalytische Befunde sprechen allerdings dafür, dass der Zusammenhang zwischen Darbietungshäufigkeiten und Einstellung eher die Form eines umgekehrten U‹s hat, d. h. zunächst steigt die Beliebtheit und fällt dann anschließend wieder ab (siehe dazu Schmidt, S./Eisend, M. 2015). Übrigens, ist Ihnen schon einmal aufgefallen, dass Ihnen bestimmte Lieder im Radio irgendwann ganz gut gefallen, auch wenn das am Anfang gar nicht so war?

## 2.2 Gedächtnis

### 2.2.2 Assoziative Netze

Wir haben eben schon von Assoziationen gesprochen, die sich im Langzeitgedächtnis zwischen verschiedenen Gedächtnisinhalten bilden. Wie aber ist unser Wissen überhaupt im Langzeitgedächtnis abgebildet? Eine gängige Modellvorstellung ist, dass unser Wissen in Form von assoziativen Netzwerken repräsentiert ist (Collins, A. M./Loftus, E. F. 1975). Es wird angenommen, dass die im Langzeitgedächtnis gespeicherten Informationen (Konzepte) miteinander vernetzt sind. Die Qualität dieser Vernetzung, wie gut also die Verbindung zwischen zwei Informationseinheiten ist, hängt davon ab, wie häufig und wie lange beide Einheiten zugleich aktiviert wurden bzw. wie viel mentaler Aufwand darauf verwandt wurde, die beiden Konzepte miteinander zu verbinden (*Verarbeitungstiefe*). Es wird ferner angenommen, dass nur jene Informationen in unser Arbeitsgedächtnis und somit in unser Bewusstsein gelangen, die in irgendeiner Art und Weise aktiviert wurden. Überschreitet die Aktivation eines Konzeptes einen bestimmten kritischen Schwellenwert, dann fällt es uns ein. Da die Informationseinheiten in unserem Gedächtnis jedoch miteinander verbunden sind, werden durch die Aktivation einer Einheit stets auch die damit assoziierten Einheiten aktiviert. Zwar reicht diese Aktivation der vernetzten Einheiten oft nicht aus, damit diese ebenfalls die Aktivierungsschwelle erreichen, es bedarf aber andererseits auch nur noch wenig mehr zusätzlicher Aktivierung, damit dies geschieht. Diese Voraktivierung eines Konzeptes durch eine damit verbundene Informationseinheit nennt man allgemein auch *Priming* (Bahnung).

*Aktivierung von Wissensbeständen*

### 2.2.3 Priming

Streng genommen wird mit dem Begriff Priming sowohl der Prozess der Aktivierung verstanden wie auch eine bestimmte Methode zur Aktivierung. Am besten lässt sich das Priming anhand einer lexikalischen Entscheidungsaufgabe erläutern.

**Lexikalische Entscheidungsaufgabe**

Das Prinzip dieser Aufgabe ist einfach. Die Versuchspersonen werden instruiert, auf einen Computermonitor zu sehen. Es wird ihnen erklärt, dass sie im Folgenden jeweils zwei Begriffe kurz hintereinander in der Bildschirmmitte präsentiert bekommen. Den ersten Begriff (*Prime*) sollen sie nur betrachten, beim zweiten Begriff (*Target*) sollen sie jedoch so schnell und korrekt wie möglich mittels Tastendruck entscheiden, ob es sich dabei um einen Begriff der deutschen Sprache handelt (z. B. Butter) oder ob es sich um eine sinnlose Buchstabenkombination handelt (z. B. Huftatet). Typischerweise zeigt sich nun, dass diese Wortentscheidungsaufgabe schneller getroffen wird, wenn der Prime und das Target semantisch miteinander assoziiert sind, wie beispielsweise Brot und Butter oder Auto und Straße. Diese Aufgabe heißt deswegen auch lexikalische Entscheidungsaufgabe, weil sie Assoziationen im mentalen semantischen Begriffs-Lexikon überprüft.

Neben dem *semantischen Priming*, bei dem also die semantische Nähe zwischen zwei Begriffen für die Stärke des Priming-Effekts verantwortlich ist, lassen sich auch in anderen Kontexten und aufgrund anderer Assoziationen zwischen Prime und Tar-

## 2.2 Fokus Konsument
### Gedächtnis

get Bahnungseffekte nachweisen (siehe dazu z. B. Bargh, J. A. 2006). Bahnungseffekte zeigen sich z. B. zwischen Informationseinheiten, die durch ihr zeitgleiches Auftreten miteinander assoziiert sind (episodisches Gedächtnis), oder wenn Prime und Target der gleichen Kategorie angehören (z. B. Löwe, Tiger = Wildtiere). Auch kann man nachweisen, dass es zwischen Begriffen bzw. Konzepten, die die gleiche Valenz besitzen (positiv vs. negativ), zu Priming-Effekten kommt. In dem Fall sprechen wir von *affektivem Priming* (Hermans, D./De Houwer, J. /Eelen, P. 1994).

> **MERKE**
>
> Allgemein gesprochen finden sich assoziative Bahnungseffekte immer da, wo sich durch bestimmte Umstände Assoziationen zwischen zwei Informationseinheiten gebildet haben, sogar modalitätsübergreifend (von einem Sinn, z. B. Hören, zu einem anderen Sinn, z. B. Sehen).

*Priming erleichtert die Informationsverarbeitung.*

Erstaunlicherweise lassen sich die meisten Priming-Effekte sogar subliminal nachweisen, also selbst dann, wenn die Versuchspersonen den Prime bewusst überhaupt nicht wahrnehmen. Alle diese Priming-Effekte sind sehr funktional. Sie erleichtern die Informationsverarbeitung ungemein, wie man an folgender Analogie verdeutlichen kann. Bei unseren Internetbrowsern hat man quasi eine Priming-Funktion implementiert (*Link-prefetching*). Sie ermöglichen es, die verlinkten Seiten einer aufgerufenen Webseite im Hintergrund vorzuladen, sodass sie im Fall des Zugriffs schneller verfügbar sind.

### Fächerungseffekt

Der Priming-Effekt belegt, dass die Verarbeitung eines Reizes andere, mit ihm assoziierte Gedächtniskonzepte aktivieren kann. Wir haben auch festgestellt, dass die Güte der Assoziation für das Ausmaß der Aktivierung entscheidend ist. Gibt es hinsichtlich der Aktivationsausbreitung eine Grenze? Werden alle mit einem verarbeiteten Reiz verbundenen Konzepte mit aktiviert oder nur einige? Dazu hat Anderson (1974; siehe auch Anderson, J. R./Reder, L. M. 1999) eine interessante Studie durchgeführt. Er ließ seine Versuchspersonen Sätze folgender Art lernen: Eine Person ist an einem Ort, also z. B.:
- Ein Hippie ist im Park.
- Ein Hippie ist in der Kirche.
- Ein Polizist ist im Park.
- Ein Matrose ist im Park.

Personen und Orte konnten also mit einer unterschiedlichen Anzahl von Orten bzw. Personen assoziiert sein. Anschließend gab Anderson seinen Versuchspersonen in einem Wiedererkennungstest erneut Sätze vor, wobei so schnell wie möglich zu entscheiden war, ob die Sätze bereits gelernt wurden, oder ob es sich um neue Sätze handelte. Dabei wurden auch neue Kombinationen von Personen und Orten vorgegeben. Gemessen wurde die Zeit, die die Versuchspersonen benötigten, um die korrekte Entscheidung zu treffen. Was sich nun zeigte war, dass die Reaktionszeit umso länger war, je mehr Orte mit einer Person bzw. je mehr Personen mit einem Ort assoziiert waren. Die Ergebnisse dieser Studie werden als Indiz für eine begrenzte Kapazität der Aktivationsausbreitung angesehen. Denn, je mehr Konzepte mit dem aktivierten Reiz verbunden sind, umso weniger Aktivation erhält jedes einzelne Konzept. Dieser Effekt wird als *Fächerungseffekt* bezeichnet, um damit auszudrücken, dass die Reaktionszeiten mit der Größe des »Fächers« an Fakten zusammenhängen, die von einem aktivierten Konzept ausgehen.

**Verhaltenspriming**

Auch Verhaltensweisen lassen sich durch die Verarbeitung bestimmter Informationseinheiten primen. So konnte man zeigen, dass Versuchspersonen, die mit dem Begriff »unhöflich« geprimed wurden, anschließend ein Gespräch zwischen den Versuchsleitern eher unterbrachen, sich also unfreundlicher verhielten, als Personen, die mit dem Begriff »freundlich« geprimed wurden (Bargh, J. A./Chen, M./Burrows, L. 1996). In einem weiteren Experiment benötigten die jungen Teilnehmer die zuvor mit dem Altersstereotyp geprimed wurden, stereotypgemäß anschließend mehr Zeit, um vom Experimentierraum zu einem entfernt gelegenen Aufzug zu gelangen, als Personen aus der Kontrollgruppe (Bargh, J. A./Chen, M./Burrows, L. 1996). Erstaunlich sind auch die Befunde von Subra et al. (2010). Ausgehend von der allgemeinen Überlegung, dass Alkoholkonsum häufig mit aggressivem Verhalten assoziiert ist, testeten die Autoren in einem ersten Experiment die Hypothese, dass die bloße Darbietung von Fotos mit alkoholischen Getränken bzw. Waffen zu einer erhöhten Zugänglichkeit aggressiver Gedanken führen sollte. Und in der Tat zeigten sich starke Primingeffekte für aggressive Wörter. In einem zweiten Experiment konnte ferner und noch beeindruckender gezeigt werden, dass sogar die subliminale Darbietung alkoholbezogener bzw. aggressionsbezogener Primes zu einem aggressiveren Verhalten gegenüber dem Versuchsleiter führten. In einer anderen, marketingrelevanten Studie konnte man zeigen, dass Personen, die mit dem Apple-Logo geprimed wurden, sich in einer anschließenden Kreativitätsaufgabe kreativer zeigten als Personen, die man mit dem IBM-Logo geprimed hatte (Fitzsimons, G. M./Chartrand, T. L./Fitzsimons, G. J. 2008). Dies geschah, nicht weil die Gruppen sich in ihrer tatsächlichen Kreativität unterschieden, sondern weil die Marke Apple mit Kreativität assoziiert wird, wodurch die damit konfrontierten Versuchspersonen ihr kreatives Potenzial eher aktivierten. Auch Aggarwal und McGill (2012) konnten zeigen, dass die gedankliche Auseinandersetzung mit einer Marke zu markenkonformen Verhaltensweisen animiert, vorausgesetzt die Marke wird anthropomorphisiert, also als Person wahrgenommen.

Apple macht kreativ.

> **BEISPIEL** **Wie Alkoholwörter Frauen sexy machen**
>
> ▶▶▶ Ronald Friedman und Kollegen (Friedman, R. et al. 2005) baten ihre Versuchspersonen im ersten Teil ihres Experiments darum, jeweils per Tastendruck anzugeben, auf welcher Seite eines Computermonitors sie einen Lichtblitz erkennen: rechts oder links. Anschließend sollten die Versuchspersonen noch bei einer zwei-

**Fokus Konsument**
Gedächtnis

ten Studie mitarbeiten. Diesmal ging es darum, Frauenportraits hinsichtlich Attraktivität zu beurteilen. Was die Versuchspersonen nicht ahnten, war, dass beide Aufgaben miteinander zu tun hatten. In der ersten Aufgabe wurden den Teilnehmern nämlich nicht einfach nur Lichtblitze gezeigt, sondern in Wirklichkeit in einer Gruppe Alkoholwörter wie z. B. Schnaps oder Bier, in der Kontrollgruppe nicht alkoholische Begriffe. Da die Präsentation dieser Wörter jedoch subliminal stattfand, waren die Teilnehmer nicht in der Lage, diese Primes zu identifizieren, sondern sahen lediglich Lichtblitze. Was die Forscher nun interessanterweise fanden, war, dass in der Bedingung mit den Alkohol-Primes Frauen attraktiver bewertet wurden. Dies traf aber nur für Männer zu, die Alkohol eine aphrodisierende Wirkung zuschrieben. ◄◄◄

### 2.2.4 Embodiment

*Sind Gedächtnisinhalte amodal oder modal abgespeichert?*

Interessant ist die Frage, in welcher Form Erfahrungen in unserem Gedächtnis abgelegt werden. Werden die sinnlichen Erfahrungen, die Wahrnehmungen und Verhaltensweisen eher amodal, abstrakt (Bedeutung) oder konkret (sinnlich) und modal vernetzt im Langzeitgedächtnis gespeichert? Ging man lange von Ersterem aus, hat sich in den letzten Jahren zunehmend eine alternative Vorstellung entwickelt. Unter dem Stichwort der *Embodied Cognition* (oder kurz *Embodiment*) lassen sich theoretische Konzepte zusammenfassen, die die Wechselwirkungen zwischen kognitiven, sensorischen und motorischen Prozessen erklären können. So wird angenommen, dass die sinnlichen Erfahrungen nicht als abstraktes Konzept, sondern stets auch in diesen drei Modalitäten mental repräsentiert werden, und dass im Fall einer Reaktivierung (Erinnerung) die modalitätsspezifischen Erfahrungen zugänglich sind (siehe z. B. Barsalou, L. W. 2008; Dijksterhuis, A./Bargh, J. A. 2001). Unter dieser Perspektive werden auch modalitätsübergreifende Priming-Effekte plausibel. So kann man zeigen, dass physische, körperliche Prozesse mentale, psychische Prozesse beeinflussen. Die Sozialpsychologen Williams und Bargh (Williams, L. E./Bargh, J. A. 2008) zeigten beispielsweise, dass die Temperatur eines Kaffeebechers die Personenbewertung beeinflussen kann. In ihrer Studie bekam eine Versuchspersonengruppe eine warme Tasse Kaffee, die Kontrollgruppe dagegen ein kaltes Getränk in die Hand. Währenddessen sollten die Probanden eine Aufgabe zur Personenbewertung bearbeiten, mit erstaunlichem Ergebnis: Versuchspersonen mit warmen Kaffee beurteilten Personen als warmherziger als die Kontrollgruppe. Die Erklärung ist einfach: Der sensorische Input (warm) ist mit anderen Gedächtnisinhalten assoziiert, die aufgrund anderer Erfahrungen mit dem Konzept »warm« verbunden sind. Mit anderen Worten: die Aktivierung einer Modalität primed Assoziationen in anderen Modalitäten. In einer anderen Studie konnte Mussweiler (2006) demonstrieren, dass Personen, die dazu aufgefordert wurden, auf einem Fitnessrad langsam zu treten, anschließend in einer anderen Aufgabe eher altersstereotype Begriffe assoziierten als Personen, die zuvor schnell getreten hatten. Man kann aber auch den umgekehrten Fall zeigen, nämlich dass mentale, psychische Prozesse physische, körperliche Prozesse beeinflussen. Die eben bereits geschilderte Studie zur Wirkung von Altersstereotypen von Bargh und Kollegen (Bargh, J. A./Chen, M./Burrows, L. 1996) ist hier als eindrucksvoller Beleg anzuführen. Mittlerweile gibt es zahlreiche Studien, die diese modalitätsübergreifenden Priming-Effekte belegen (zum Überblick siehe Dijksterhuis, A./Chartrand, T. L./Aarts, H. 2007). Man kann sogar kurzfristig die Leistung in Intelligenztests verbessern, wie das folgende Beispiel zeigt.

**BEISPIEL** **So einfach wird man klüger**

▶▶▶ Sogar das intellektuelle Leistungsvermögen kann man durch entsprechende Priming-Prozeduren kurzfristig verändern. Diesen Schluss lässt zumindest eine Studie von Dijksterhuis und van Knippenberg (1998) zu. Die Forscher baten einige Versuchspersonen zunächst, sich einen typischen College Professor vorzustellen und alles, was ihnen dazu einfällt, aufzuschreiben. Andere Versuchspersonen sollten sich niemand Besonderes vorstellen. In einer anschließenden Aufgabe mussten Fragen aus dem Spiel »Trivial Pursuit« beantwortet werden. Erstaunlicherweise beantworten die Personen aus der »Professoren«-Gruppe mehr Antworten richtig als die anderen. Wurden die Personen wie in einem weiteren Experiment dagegen gebeten, sich einen typischen Hooligan vorzustellen, verschlechterte sich deren Leistung sogar gegenüber einer neutralen Bedingung. Faszinierende Ergebnisse, die jedoch auch mit Vorsicht zu betrachten sind und auch kritisch betrachtet werden müssen. Zum einen wegen relativ kleiner Effekte und zum anderen, weil sich Replikationen dieser Befunde als schwierig erwiesen haben (siehe etwa Meigan, S. R. et al. 1998; Shanks, D. R. et al. 2013). ◀◀◀

Die Befunde zum Embodiment sind auch im Marketingzusammenhang und hier vor allem in Bezug auf das multisensorische Marketing (z. B. Kilian, K. 2007; zum Überblick siehe Krishna/Schwarz 2014; siehe auch Bak, P. 2013) interessant, wie ein Experiment zeigt, welches die Ergebnisse der eben geschilderten Studie von Williams und Bargh repliziert, allerdings nicht für die Bewertung einer Person, sondern eines Markenlogos. Personen, der »Kaffee-Gruppe« beurteilen anschließend ein ihnen unbekanntes Logo als warmherziger und freundlicher (Majcher, R. 2012). Solche Übertragungseffekte kennen wir auch aus anderen Zusammenhängen. Befunde zum sogenannten »Irradiationsphänomen« (Spiegel, B.1970) zeigen beispielsweise, dass die Stärke der Rückholfeder des Gaspedals eines Autos uns etwas über dessen Beschleunigungsvermögen zurückmeldet (Bänsch, A. 2002) oder dass die Farbe eines Lebensmittels Auswirkungen auf unsere Geschmackswahrnehmung besitzt (Maga, J. A.1974). Auch die Studien von Elder und Krishna (2010) sind für den Werbekontext interessant. Sie konnten nämlich zeigen, dass ihren Probanden Lebensmittel dann besser schmeckten, wenn diese zuvor werbliche Textbotschaften gelesen hatten, die mehrere Sinne angesprochen hatten im Vergleich zu einer Versuchspersonengruppe, bei denen nur ein Sinn aktiviert wurde. Und Brasel und Gips (2014) zeigen, dass physische Interaktion über einen Touchscreen den Besitztumseffekt (*Endowment-Effekt*) verstärkt, also das Gefühl vermittelt, das Produkt gehöre einem schon.

**2.2 Fokus Konsument**
Gedächtnis

### 2.2.5 Kognitive Schemata

> **MERKE**
>
> Unser Wissen über die Welt liegt in zusammenhängender Form vor und ist in Schemata gespeichert.

*Schemata entlasten unser kognitives System.*

Eine gängige und heuristisch fruchtbare Vorstellung ist, dass unser Wissen in Form von Schemata gespeichert ist. Schemata können als generalisierte Konzepte von Objekten, Situationen, Ereignissen oder Handlungen angesehen werden (Rumelhart, D./Ortony, A. 1976; Rumelhart, D. 1984). Wir haben beispielsweise Schemata von konkreten Dingen, von einer Küche, einem Auto, einem Hund, einer Party, erkennen sofort einen Stuhl, auch in der verrücktesten Variante. Daneben besitzen wir auch abstrakte Schemata, zum Beispiel über Freiheit, Unabhängigkeit und Menschenwürde. Sogar über uns selbst verfügen wir über schematische Informationen, die es uns erlauben, darüber zu urteilen, ob ein Verhalten, ein Merkmal oder sogar ein Produkt zu uns passt oder nicht. Schemata sind aber nicht nur nützlich für die Verarbeitung aktueller Informationen, auch unsere Erinnerungen werden durch Schemata beeinflusst. So »erinnern« wir uns teilweise an Sachverhalte, die wir faktisch gar nicht erlebt oder wahrgenommen haben, die aber zum Schema passen. In der kriminologischen Praxis stellt dies bei Zeugenaussagen ein großes Problem dar, wenn die Zeugen meinen, etwas gesehen zu haben, was faktisch nicht da war, aber zu ihrem Schema eines »typischen Täters« passt.

*Spezifische Schemata*

Es lassen sich einige spezifische Schemata unterscheiden:
- *Rollenschemata:* umfassendes Wissen über angemessenes Verhalten in bestimmten Situationen und Positionen.
- *Personenschemata:* unser (naives) Wissen über das Wesen von Personen, über den Zusammenhang von Einstellungen und Persönlichkeitsmerkmalen und Verhalten.
- *Selbstschemata:* unser Wissen über uns selbst, was zu uns »passt«.
- *Inhaltsfreie Schemata:* unser Wissen über allgemeine Zusammenhänge, z. B. über den Zusammenhang von Ursache und Wirkung.

*Skripte* bilden einen Spezialfall von Schemata, da es sich bei ihnen um Handlungswissen handelt (prozedurales Gedächtnis), also zum Beispiel, wie wir uns zu verhalten haben, wenn wir in einem Restaurant essen wollen oder einem Theaterstück beiwohnen möchten.

*Attention-Elaboration-Hypothese*

Schemata sind allgemein Teil unseres impliziten Gedächtnisses und werden oft unbewusst und völlig automatisch aktiviert. Sie ermöglichen es uns, uns in vielen Situationen ohne Mühe einfach und passend zurechtzufinden. Während der Informationsverarbeitung erlauben sie es, neue Information mit bereits bestehenden Wissensinhalten zu kombinieren und zu integrieren. Sie geben uns den Kontext vor, vor dessen Hintergrund wir neue Informationen zu verstehen haben. Das zeigt sich beispielsweise in den Studien von Bransford und Johnson (1972). Sie gaben Ihren

Probanden einen Text vor, der die Prozedur beim Wäsche waschen auf sehr technische Weise beschrieb. Eine Versuchspersonengruppe erhielt den Text ohne Überschrift, eine andere mit Überschrift. In einem anschließenden spontanen Erinnerungstest zeigten sich deutliche Verständnis- und Erinnerungsvorteile bei Personen, die den Text durch die Überschrift einordnen konnten. Die anderen Personen hatten dagegen Schwierigkeiten, den Text zu verstehen. Schemata entlasten also unser kognitives System, indem sie uns zur Situation oder zum Reiz passende Wissensbestände verfügbar machen. Das beschleunigt für uns die Einschätzung von Situationen und die Bewertung und Einordnung von Informationen. Allerdings zeigen andere Studien wiederum, dass vor allem schemainkongruente Informationen besonders beachtet werden (Hastie, R./Kumar, P. A. 1979). Dafür scheinen Aufmerksamkeitsprozesse verantwortlich zu sein. Nach der *Attention-Elaboration-Hypothese* (siehe dazu z. B. Erdfelder, E./Bredenkamp, J. 1998) orientiert sich unsere Informationsverarbeitung nach ökonomischen Kriterien. Das bedeutet, dass aktuelle Informationen, die bereits durch das Schema vorgegeben werden, keiner weiteren Beachtung bedürfen, beispielsweise um sie entsprechend tief zu verarbeiten und in unserem Gedächtnis zu speichern, denn diese Information kann jederzeit durch das Schema regeneriert werden. Stattdessen richtet sich unsere Aufmerksamkeit auf neuartige, inkonsistente Informationen, was dann letztlich zu einer tieferen Verarbeitung und infolgedessen auch verbesserten Erinnerungsleistung für schemainkonsistente Informationen führt. Für den vorliegenden Zusammenhang bedeuten die Befunde folgendes. Zum einen bieten sich Schemata immer dann an, wenn man in kurzer Zeit und auf ökonomische Art möglichst viele Informationen transportieren möchte. Ein Wort, eine Überschrift, ein Bild mag da schon ausreichen, um die damit verbundenen Schemata zu aktivieren. Zum anderen lässt sich durch ein gezieltes Durchbrechen schematischer Erwartungen, Aufmerksamkeit bewusst auf bestimmte Informationen und Aspekte eines Ereignisses lenken und dafür sorgen, dass inkonsistente Merkmale besonders gut verarbeitet und behalten werden. Beides kann in werblichen Zusammenhängen von großer Bedeutung sein, denn meistens haben wir nur wenig Zeit, um mit dem Empfänger der Botschaft zu kommunizieren und/oder viele Reize konkurrieren um dessen Aufmerksamkeit.

Eng mit den kognitiven Schemata verwandt sind *Stereotype* und *Frames*.

**MERKE**

Stereotype sind allgemeine Annahmen über die Eigenschaften von Kategorien, insbesondere Personen (Personenschemata).

So haben wir zum Beispiel ziemlich genaue Vorstellungen vom Verhalten und Auftreten von Personen aus verschiedenen Ländern (»Die Deutschen sind humorlos und trinken viel Bier«, »Die Italiener essen Pizza und pfeifen den Frauen hinterher«, »Die Franzosen trinken Wein und genießen das Leben«) oder von den Eigenschaften von Männern und Frauen oder von bestimmten Berufsgruppen. Diese Annahmen beruhen zum Teil auf gemachten Erfahrungen, zum Teil aus gelerntem »Wissen«,

*Pygmalion-Effekt*

## 2.2 Fokus Konsument
Gedächtnis

zum Teil sind sie das Ergebnis bestimmter Schlussfolgerungsprozesse. Diese sozialen Schemata beeinflussen unsere Wahrnehmung und unsere Erwartungen an soziale Interaktionen und Personen. Besonders deutlich wird dies in den Studien zum sogenannten *Rosenthal-* oder *Pygmalion-Effekt*, die zeigen, wie unsere Erwartungen das Verhalten des anderen beeinflussen können (Selbsterfüllende Prophezeiung). In einer Studie wurden Kinder, die ihrem Lehrer als besonders intelligent vorgestellt wurden, anschließend tatsächlich »intelligenter«, weil sie anders behandelt wurden als die angeblich weniger intelligenten Kinder (Rosenthal, R./Jacobson, L. 1968). In einer anderen Studie gelang es psychisch gesunden Probanden, die jedoch als psychisch krank diagnostiziert wurden, nicht, die Verantwortlichen von ihrem tatsächlichen Gesundheitszustand zu überzeugen. Alle Argumente, die sie für ihre Gesundheit anführten, wurden stets als Argument für die zugeschriebenen Diagnosen interpretiert (Rosenhan, D. L. 1973).

Frames

*Frames* wiederum sind Interpretationsschemata, die es uns ermöglichen, Reize und Vorkommnisse einzuordnen und zu interpretieren. So können wir ein und dieselbe Situation so oder ganz anders bewerten. Das bekannte Beispiel mit dem halb leeren bzw. halb vollen Glas illustriert diesen Sachverhalt. Zur interpretativen Einordnung einzelner Ereignisse oder Daten tragen dann unsere aktuelle Verfassung und Stimmungslage, unsere Motive und Ziele, die gerade verfügbaren Kognitionen, aber auch die Umgebungsreize, also der Kontext bei. Wie sehr Schemata unser soziales Verhalten und den Umgang miteinander beeinflussen können, lässt sich auch gut an einer interessanten Studie zum Zusammenhang von Vornamen und Schulleistungen an Grundschulen demonstrieren.

**BEISPIEL** **Wie der falsche Name zu schlechten Noten führt**

▶▶▶ In einer Untersuchung mit Grundschullehrerinnen und -lehrern (Kaiser, A. 2009) zeigte sich, dass die meisten Lehrerinnen und Lehrer mit den Vornamen ihrer Schüler auch bereits bestimmte Annahmen zu deren Fähigkeiten und Verhalten besitzen. So werden bestimmte Namen eher negativ, andere dagegen positiv wahrgenommen. Das kann dann zu bestimmten Erwartungshaltungen führen, die sich dann unter Umständen nach den Prinzipien der selbst erfüllenden Prophezeiung entsprechend positiv oder negativ auf den Schüler und seine Leistungen auswirken. Wurden die Lehrerinnen beispielsweise danach gefragt, Vornamen anzugeben, die bei ihnen Assoziationen zu »verhaltensauffällig« hervorrufen, gaben sie diese Antworten: Kevin (54,4 %), Justin (21,0 %), Dennis (10,6 %), Marvin (10,0 %), Jacqueline (9,2 %) und Chantal (8,6 %). Wehe also, man hat den falschen Namen! ◀◀◀

### 2.2.6 Ausblick

Das Gedächtnis ist unser Zugang zur Welt. Wir können nur solche Dinge wahrnehmen und erkennen, die in unserem Gedächtnis abgespeichert sind. Unser Gedächtnis ist die Arbeitsgrundlage für uns. Hier werden alle wichtigen Informationen abgelegt und verarbeitet, die uns ein Zurechtfinden in der Welt erst ermöglichen. Schemata versorgen uns mit Verarbeitungsschablonen, die eine schnelle Einordnung von Situationen, Ereignissen und Personen ermöglichen. Durch Prozesse der Bahnung (Priming) werden relevante Informationen schneller verfügbar gemacht. Die Kenntnis dieser Gedächtnisprozesse ist auch im werblichen Umfeld von großer Bedeutung. Zum einen muss sichergestellt werden, dass die z. B. in Anzeigen und Spots zur Verfügung gestellte Information nicht zu einer Überlastung des Arbeitsgedächtnisses führt. Dies gilt es umso mehr zu berücksichtigen, bedenkt man, dass gerade das Arbeitsgedächtnis mit zunehmendem Alter schlechter funktioniert, d. h. nur noch wenige neue Informationen behalten und mit Inhalten des Langzeitgedächtnisses verknüpfen kann. Ältere Menschen sind daher oftmals angesichts der Reizüberflutung überfordert (siehe auch Bieri, R./Florack, A./Scarabis, M. 2006). Zum anderen ist es das Ziel der Werbung, uns mit den richtigen Informationen zu den gewünschten Gedanken, Gefühlen und Verhaltensweisen zu bewegen. Wir müssen die werblichen Botschaften verstehen, sie mit bereits bestehenden Gedächtnisinhalten verknüpfen und sie zum gewünschten Zeitpunkt abrufen. Das kann ganz bewusst und explizit geschehen, z. B. wenn ich darüber nachdenke, welches Produkt ich kaufen möchte, oder eher indirekt, wenn ich eine Kaufentscheidung treffe. Hier ist also die Unterscheidung zwischen expliziten und impliziten Gedächtnisinhalten bedeutsam. Zum einen weil die Werbewirkungsmessung häufig allein auf die explizite Erinnerungsleistung fokussiert oder kein Unterschied zwischen expliziten und impliziten Gedächtnismaßen gemacht wird (vgl. dazu auch Bak, P. 2002). Die Leistung in expliziten Gedächtnistests (z. B. *free recall*) ist aber nur bedingt ein Hinweis darauf, welche Informationen behalten werden. Es gilt daher auch, implizite Verfahren einzusetzen (z. B. Rekognition, Wortstammergänzung; vgl. Roediger, H. L. 1990). Zum anderen ist es für die Werbewirkung nicht unbedingt erforderlich, dass die Werbeinhalte explizit erinnert werden. Am *Point of Sale* reicht es schon aus, wenn implizite Erinnerungen vorhanden sind, um die Kaufentscheidung zugunsten des erinnerten Produkts zu beeinflussen.

Um die Bedeutung des *Primings* und der kognitiven Schemata für die Werbung nochmals zu verdeutlichen, muss man sich klar machen, dass Werbebotschaften nur sehr kurz, wenn überhaupt, aufmerksam beachtet werden. Das Problem aus Werbersicht besteht also darin, dem Rezipienten in kurzer Zeit viele Informationen zu geben. Sehr ökonomisch ist es daher, solche Reize auszusuchen, die schnell übermittelt werden können, deren Wirkung sich aber nicht allein auf den kurzen Kontaktzeitpunkt mit dem Kunden beschränkt, sondern die durch die Aktivierung von bereits bestehenden Gedächtnisinhalten eine sehr viel größere Informationsmenge und die damit assoziierten Emotionen übermitteln können, selbst wenn der Rezipient sich schon längst abgewendet hat. Je »klischeehafter« die Werbegeschichten sind, desto schneller können sie dann auch, selbst bei nur vorübergehender Betrachtung, verstanden werden und zudem noch einen Bedeutungshof im Gedächtnis des Empfängers aktivieren, zu dessen direkter Aktivierung man weder Zeit noch Mittel hat.

## 2.3 Fokus Konsument
Lernen

### REFLEXIONSFRAGEN

1. Wie arbeiten die verschiedenen Gedächtnisstrukturen und -prozesse (Sensorischer Speicher, Kurzzeitgedächtnis bzw. Arbeitsgedächtnis und Langzeitgedächtnis) zusammen?
2. Was ist der Mere-Exposure-Effekt und wie nutzt man diesen Effekt in der Werbung aus?
3. Was versteht man unter einem Assoziativen Netzwerk und wie bildet sich ein solches Netzwerk aus?
4. Wozu könnte das Modell eines Assoziativen Netzwerkes bei der Konzeption und Gestaltung einer Werbemaßnahme einen sinnvollen Beitrag leisten?
5. Was versteht man unter Priming und wie könnte man dies im werblichen Zusammenhang nutzbar machen?
6. Was ist Verhaltens-Priming?
7. Was sind kognitive Schemata? Kennen Sie eine Werbung, die bei Ihnen ganz bestimmte Schemata anspricht? Wie wird das bewerkstelligt?
8. Was besagt die Attention-Elaboration-Hypothese und wie kann man sich deren Schlussfolgerungen in der Werbung zunutze machen?
9. Was versteht man unter Embodiment und wie erklärt man sich die Befunde dazu?
10. Warum ist das Wissen um Gedächtnisstrukturen und -prozesse für die Gestaltung von erfolgreicher Werbung so wichtig?

**SCHLÜSSELBEGRIFFE KAPITEL 2.2**

- Sensorisches Gedächtnis
- Kurzzeitgedächtnis
- Langzeitgedächtnis
- Arbeitsgedächtnis
- Deklaratives Gedächtnis
- Prozedurales Gedächtnis
- Semantisches Gedächtnis
- Mere-Exposure-Effekt
- Assoziative Netze
- Verarbeitungstiefe
- Priming
- Fächerungseffekt
- Lexikalische Entscheidungsaufgabe
- Verhaltenspriming
- Embodiment
- Kognitive Schemata
- Attention-Elaboration-Hypothese
- Vorurteile
- Stereotype

## 2.3 Lernen

**MERKE**

> Unter Lernen versteht man allgemein den Erwerb von geistigen, körperlichen und sozialen Fertigkeiten, Fähigkeiten und Kenntnissen. Dies kann willentlich und absichtlich geschehen (intentionales Lernen), aber auch unabsichtlich und beiläufig (inzidentelles Lernen).

Die Grundlage des Lernens ist häufig die Assoziationsbildung, bei der zwei Ereignisse miteinander verknüpft werden. So können zwei Reize miteinander verbunden werden oder ein Reiz mit einer bestimmten Reaktion. Die zwei bekanntesten Formen des assoziativen Lernens sind die klassische Konditionierung und die operante Konditionierung.

# 2.3 Lernen

## 2.3.1 Klassische Konditionierung

Als klassische Konditionierung beschreibt man das Phänomen, dass wir durch das zeitlich gemeinsame Auftreten von zwei Ereignissen diese beiden voneinander unabhängigen Ereignisse als zueinander gehörig wahrnehmen. Wiederholt sich dieses Zusammentreffen mehrfach, dann lernen wir allmählich, dass der zeitlich erste Reiz den nachfolgenden ankündigt. Die Assoziation des ersten Reizes mit dem nachfolgenden kann dabei so stark sein, dass der erste Reiz in der Lage ist, durch bloße »Ankündigung« Reaktionen bei uns auszulösen, die eigentlich erst durch den zweiten Reiz ausgelöst werden.

> **MERKE**
> Die klassische Konditionierung beschreibt das Lernen einer »Wenn-dann«-Regel.

Als erster beschrieben hat diesen Lernprozess der russische Physiologe Iwan Pavlov (1849–1936). Die Grundidee seines berühmten Experiments (Pavlov, I. 1927) ist einfach: Pavlov hatte bei Hunden beobachtet, dass deren Speichelfluss, der für die Verdauung der Nahrung wichtig ist, nicht erst beim Essen auftrat, sondern bereits vorher, schon beim Anblick des Essens. Diese Beobachtung führte Pavlov in seinen Experimenten weiter. So klingelte er, bevor er seinen Hunden Futter gab, mit einer Glocke. Normalerweise reagiert ein Hund auf das Glockenklingeln nicht mit Speichelfluss. Hatte er das einige Male so gemacht, konnte er feststellen, dass auch der Glockenton alleine ausreiche, um den Speichelfluss zu erzeugen. Ganz offenbar hatten die Hunde eine einfache Regel »gelernt«: Wenn's klingelt, dann gibt's Essen. Wurde ein neutraler Reiz auf diese Weise mit Bedeutung aufgeladen, so kann es im Nachgang auch zu *Generalisierung* kommen. Der Hund von Pavlov würde dann nicht nur bei einer bestimmten Glocke Speichelfluss zeigen, sondern bei allen möglichen glockenähnlichen Dingen. Solche Generalisierungseffekte kennen wir auch aus dem Werbekontext. Wenn wir beispielsweise gelernt haben, dass eine bestimmte Marke ein gutes Smartphone produziert, dann generalisieren wir, wenn wir auch davon ausgehen, dass die gleiche Marke einen guten Laptop herstellt.

Viele Ängste, Vorlieben und Abneigungen haben wir im Laufe unseres Lebens durch Konditionierungsprozesse gelernt. Manche davon haben wir auch wieder vergessen bzw. verlernt. Der Prozess des Verlernens folgt dem gleichen Prinzip wie der Lernprozess selbst.

*Das berühmte Hunde-Experiment Pavlovs*

> **MERKE**
> Eigentlich ist Verlernen daher besser als »Lernen von etwas anderem« zu bezeichnen, nämlich, dass ein bestimmter Reiz, der eigentlich einen nachfolgenden Reiz zuverlässig vorhersagen konnte, dies neuerdings nicht mehr tut.

Für die Herstellung dauerhafter Assoziationen bedeutet das, dass man darauf achten muss, dass die gelernte Assoziation immer wieder aufs Neue erfahren und er-

## 2.3 Fokus Konsument
Lernen

lebt werden muss, sonst besteht die Gefahr, dass man eine andere Reaktion lernt. Umgekehrt kann es sich mitunter als sehr schwierig herausstellen, gelernte Assoziationen durch neue zu ersetzen. Wenn wir etwas gelernt haben, dann kann dieses Wissen sehr änderungsresistent sein bzw. dann dauert es unter Umständen sehr lange, bis sich dieses Wissen in neues Wissen transformieren lässt, wir also etwas anderes lernen. Beispiel hierfür ist etwa die Umbenennung des Schokoriegels Raider in Twix im Jahr 1991. Viele, die den Riegel als Raider kennengelernt hatten, verwenden auch heute noch, 25 Jahre nach der Umbenennung, den alten Namen.

### 2.3.2 Evaluative Konditionierung

> **MERKE**
>
> Bei der klassischen Konditionierung geht es darum, einen bisher unbedeutenden Reiz mit einer bestimmten Bedeutung (Achtung, Essen kommt!) aufzuladen. Hingegen geht es bei der evaluativen Konditionierung darum, einen Begriff, einen Gegenstand mit einer positiven bzw. negativen Bedeutung zu assoziieren.

*Neutrale Produkte werden durch schöne Modelle positiv.*

Das gelingt ganz einfach, indem man zum Beispiel ein neutrales Wort mehrmals gemeinsam mit einem positiven oder negativen Wort oder einem anderen valenten Reiz wie beispielsweise einem Bild oder Musik darbietet. Nach einigen Durchgängen überträgt sich die Valenz (positiv oder negativ) auf den zuvor neutralen Reiz (Staats, C. K./Staats, A. W. 1958). In der Werbung macht man sich dieses Wissen schon lange zunutze. So werden uns in Anzeigen und Fernsehspots häufig Produkte in einem positiven Umfeld gezeigt, mit schönen Models etwa. Und wenn wir etwas Schönes sehen, reagiert unser Belohnungszentrum im Gehirn sofort (Kenning, P./Plassmann, H. K. P./Schwindt, W./Pieper, A./Deppe, M. 2007). Es will mehr davon. Wenn wir nun dieses Zusammentreffen von Produkt und Schönheit häufiger wahrnehmen, dann kann es später ausreichen, dass allein schon das Betrachten des Produkts bei uns positive Emotionen auslöst, die eigentlich und ursprünglich erst durch den Anblick des Models ausgelöst wurden.

### 2.3.3 Operante Konditionierung

> **MERKE**
>
> Unter operanter Konditionierung versteht man das Lernen durch Belohnung.

Insbesondere der Behaviorist Burrhus F. Skinner (1904–1990) untersuchte diese Form der Lernprozesse systematisch. Er konnte in Experimenten mit Ratten zeigen, dass man Verhaltensweisen durch die damit verbundenen angenehmen (appetitiven) bzw. unangenehmen (aversiven) Folgen beeinflussen kann. Ein bestimmtes

Verhalten wird so lange gezeigt, wie entsprechend positive Konsequenzen folgen bzw. negative Konsequenzen ausbleiben.

Ein Großteil unseres Konsumverhaltens kann mit den Prozessen des operativen Konditionierens erklärt werden. So kaufen wir uns in der Regel nur die Dinge, die uns Freude bereiten, deren Verwendung also als positiver Verstärker funktioniert. Bleibt diese Verstärkung aus, wenden wir uns anderen Produkten zu. Auch (Konsum-)Suchtverhalten kann mittels dieser Verstärkungsprozesse erklärt werden. Daneben lernen wir auch, indem wir unangenehmen Folgen aus dem Weg gehen, die Belohnung sozusagen im Nichteintreten negativer Ereignisse besteht. Dies gilt im sozialen Zusammenhang ebenso wie im Marketingumfeld. Bei Risikoprodukten besteht beispielsweise die Gefahr, am Ende enttäuscht zu werden (negative Folgen), was man durch das Abschließen von Zusatzversicherungen zu vermeiden sucht, und zwar umso mehr, je eher man schon einmal schlechte Erfahrungen gemacht hat.

## 2.3.4 Modelllernen und Sozialisation

Wir lernen auch durch Vorbilder, durch das Beobachten anderer Menschen (vgl. Bandura, A. 1977). Dabei übernehmen wir insbesondere solche Verhaltensweisen, die bei dem Model zum Erfolg führen. Es spielt allerdings keine Rolle, ob wir ein reales Model beobachten oder ein medial vermitteltes Model. Dieser Umstand macht das Modelllernen interessant, um mediale Effekte zu analysieren, zum Beispiel den Zusammenhang zwischen aggressivem bzw. prosozialem Verhalten und TV-Konsum (z. B. die Skript-Theorie von Huesmann, L. R. 1988) oder auch Befunden zur *Kultivierungshypothese* (z. B. Gerbner, G./Gross, L. 1976). Letztere betrachtet vor allem das Fernsehen als Sozialisationsinstanz, die uns mit Weltbildern, Einstellungen und Stereotypen versorgt, was gerade bei Vielsehern, die also mehrere Stunden pro Tag fernsehen, zu einer verzerrten Realitätswahrnehmung führen kann. Zum Beispiel erhöht sich bei Personen, die viele Kriminalfilme ansehen, die wahrgenommene Wahrscheinlichkeit, selbst Opfer einer Straftat zu werden.

Beim Modelllernen müssen wir noch unterscheiden zwischen dem Erwerb eines Handlungsskriptes, einer Handlungspotenzialität und der Ausführung. Nicht alle Handlungen, die wir durch Beobachtung lernen, werden auch tatsächlich gezeigt. Das hängt beispielsweise von der Ähnlichkeit zwischen der Lern- und der Abrufsituation ab, aber auch von dem Ausmaß der Selbstkontrolle und unseren sozialen Normen. Das Modelllernen ist auch ein wichtiger Bestandteil der *sozial-kognitiven Lerntheorie* (Bandura, A. 1977), die menschliches Verhalten nicht allein durch Faktoren innerhalb der Person erklärt, sondern die reziproke (wechselseitige) Interaktion zwischen Persönlichkeitsfaktoren und Umwelteinflüssen berücksichtigt, die wichtige Faktoren der Sozialisation darstellen.

> Wir lernen durch Beobachtung.

## 2.3 Fokus Konsument
Lernen

> **MERKE**
>
> **Sozialisation**
>
> Sozialisation kann als länger anhaltender Lern- und Anpassungsprozess an die gesellschaftlich (oder von einer relevanten Gruppe) vorgegebenen Denk-, Gefühls- und Verhaltensmuster verstanden werden.

Man unterscheidet hier zwischen *primärer Sozialisation*, in der im Elternhaus die grundlegenden Erfahrungen von Bindung, Vertrauen, Normen und Werten gemacht werden und die mit der Herausbildung einer eigenen Identität abschließen, und der *sekundären Sozialisation* in Schule, Ausbildung oder in anderen Kontexten, in der Selbstgestaltungskompetenzen in einer durch Regeln, Vorschriften und Normen gekennzeichneten facettenreichen sozialen Welt erlernt werden. Reale und mediale Vorbilder spielen dabei in beiden Fällen eine große Rolle.

### 2.3.5 Ausblick

*Lernen macht uns auch einzigartig.*

Lernen ist eine grundlegende Kompetenz, die es uns erlaubt, uns an die vielfältigen Umweltbedingungen und eigenen Veränderungen anzupassen. Wir lernen dabei auf ganz unterschiedliche Art und Weise. Durch Beobachtung, durch Nachdenken und Einsicht oder durch Assoziationsbildung. Was wir gelernt haben, wird zu Wissen, das uns leitet, an dem wir uns orientieren und nach dem wir handeln. Lernen, da es stets ein nachhaltiges In-Bezug-Bringen des Individuums zu seiner äußeren wie inneren Welt bedeutet, macht uns so zu einzigartigen Geschöpfen. Wir lernen Fakten ebenso wie bestimmte, kontextangepasste Verhaltensweisen und Regeln und knüpfen zwischen unseren Erfahrungen Assoziationen. Wir lernen, was wir essen können, wie wir unseren Tag gestalten, wie wir mit anderen umgehen sollen, welche Werkzeuge für welchen Zweck zu gebrauchen sind, wie ein Instrument zu spielen ist, wie wir ein Auto fahren können und unzählige Fakten. Auch lernen wir, welche Produkte gut, schlecht, beliebt, hochwertig, »in« und »out« sind, welche Marken von wem getragen werden oder für was welche Marke steht. Die Werbung zielt gerade darauf ab, durch ihre Präsenz Lerneffekte beim Konsumenten zu erzielen. Kurzfristige und einmalige Aktionen machen daher in der Regel selten Sinn, da Lernen ein meist zeit- und ressourcenaufwändiger Prozess ist. Menschliche Lernprozesse sind aber auch noch aus anderen Gründen für die Werbung interessant. Zum einen lassen sich zum Beispiel durch die Anwendung der Prinzipien der klassischen, der evaluativen oder operanten Konditionierung Werbekampagnen und -schaltungen planen und konzipieren. Produkte und Marken, die zunächst bedeutungslos sind und eher neutral wahrgenommen werden, werden auf diese Weise zu begehrten Objekten mit positiver Valenz. Zum anderen sind die Erkenntnisse zum Modelllernen bedeutsam, um Transfereffekte, zum Beispiel von einem Modell oder Testimonial auf den Rezipienten, zu steuern und zu erklären.

### REFLEXIONSFRAGEN

1. Was sind die Grundprinzipien der klassischen, der evaluativen und der operanten Konditionierung?
2. Wie müsste eine Werbekampagne aufgebaut sein, um dem Prinzip der klassischen Konditionierung zu entsprechen? Kennen Sie eine solche Werbung?
3. Beschreiben Sie eine Situation, in der Sie in Ihrem Alltag durch Prozesse der operanten Konditionierung bei der Produktverwendung belohnt werden.
4. Was versteht man unter dem Modelllernen und welche Beispiele aus Ihrem eigenen Leben können Sie dafür bringen?
5. Wie kann man sich die Erkenntnisse zum Modelllernen in der Werbung nutzbar machen?
6. In welchem Zusammenhang spielen Sozialisationsprozesse im werblichen Umfeld eine Rolle? Kennen Sie Beispiele dafür?

**SCHLÜSSELBEGRIFFE KAPITEL 2.3**

- Klassische Konditionierung
- Evaluative Konditionierung
- Operante Konditionierung
- Skript-Theorie
- Modelllernen
- Kultivierungshypothese
- Primäre Sozialisation
- Sekundäre Sozialisation

## 2.4 Motivation

> **MERKE**
>
> **Motivation**
> Mit Motivation umschreiben wir allgemein unser zielgerichtetes Streben und unsere Ausdauer bei der Ausführung von Tätigkeiten. Motivation ist die Triebkraft, warum wir dies tun und jenes unterlassen.

Unsere Motivation hängt von Faktoren innerhalb der Person ab, unseren aktuellen Bedürfnissen und den von uns verfolgten Zielen, aber auch von kontextuellen Faktoren, z. B. der Anreizwirkung der uns umgebenden Reize (ein leckerer Kuchen, eine sympathische Person, ein einladendes Schaufenster) wie auch von sozialen Faktoren (sozialer Druck, Belohnung etc.). Motivation beeinflusst unser Verhalten sowohl in seiner *Intensität* als auch in seiner *Richtung*. Motive haben eine *aktivierende Komponente* (affektive) und eine *kognitive Komponente*, die das Ziel repräsentiert. Man unterscheidet gewöhnlich zwischen biologisch-physiologisch bedingten Motiven wie Hunger, Durst, Schlaf und Sex, die zur Aufrechterhaltung und zum Funktionieren des Organismus notwendig sind (*primäre Motive*), und Motiven, die wir während unserer Sozialisation erlernt haben wie z. B. Leistungsmotivation oder pro- bzw. antisoziales Verhalten (*soziogene* oder *sekundäre Motive*). Primäre Motive kann man auch als *Triebe* klassifizieren, die bei einer Unterversorgung den Organismus aktivieren. Als *Instinkt* bezeichnet man dazu ergänzend eine »vorprogrammierte« Verhaltenstendenz, die wie die Triebe aus biologischer Notwendigkeit zu erklären sind.

*Primäre und Sekundäre Motive*

## 2.4 Fokus Konsument
Motivation

So reagieren wir instinktiv zum Beispiel auf bestimmte *Schlüsselreize*, die für die Funktionstüchtigkeit des Organismus Bedeutung haben, z. B. auf sexuelle Reize oder das »Kindchenschema«.

> **MERKE**
>
> **Motivation**
> Motivation impliziert immer eine bestimmte Diskrepanz zwischen der Einschätzung und Bewertung der aktuellen und einer gewünschten Situation und Befindlichkeit.

Wenn keine Diskrepanz erlebt wird, gibt es auch keinen Grund, etwas zu tun. Das Aufzeigen von positiv konnotierten Zuständen, die aber noch nicht erreicht sind, für deren Erfüllung aber die nötigen Kompetenzen und Ressourcen zur Verfügung stehen, ist aus dieser Sicht eine hervorragende Möglichkeit zur Motivation. Und genau das macht zum Beispiel auch die Werbung, indem sie hoch erwünschte Zustände zeigt, die beim Konsumenten zwar aktuell noch in gewisser Entfernung liegen, die aber durch die Verwendung bestimmter Produkte erreicht werden können. Betrachten wir im Folgenden einige wichtige Konzepte und Motivationstheorien etwas näher. Auf die tiefenpsychologischen Theorien (z. B. Freud, Adler) wird aus Platzgründen und aufgrund des insgesamt geringen Stellenwerts dieser Theorien im werblichen Kontext verzichtet.

### 2.4.1 Triebtheorien der Motivation

*Drive und Habits*

Die frühen Theorien zum motivierten Verhalten lassen sich als Triebtheorien bezeichnen. Motivation entsteht danach aus unbefriedigten biologischen Grundbedürfnissen. Langsam baut sich dabei Triebenergie auf, die dann nach Befriedigung sucht, genau so, wie sich bei einem Dampfkessel langsam Druck aufbaut, der dann den Deckel nach oben drückt. Eine sehr einflussreiche Theorie zur triebgesteuerten Motivation wurde von Clark Hull (z. B. 1952) entwickelt. Danach wird Verhalten zum einen durch die Triebstärke (*drive*), zum anderen durch den sogenannten *habit* (Gewohnheit) gesteuert. Die Triebstärke baut sich dabei mit zunehmender Deprivation auf, ist jedoch lediglich als unspezifische Verhaltensenergie anzusehen. Welches konkrete Verhalten also ausgeführt wird, das hängt davon ab, welche Verhaltensweise in der Vergangenheit verstärkt wurde. Ein Tier-Experiment von Webb (1949) illustriert diesen Punkt sehr schön. Webb trainierte seine Versuchstiere zunächst darauf, durch das Drücken eines Hebels an Futter zu gelangen. Hatten die Tiere dieses Verhalten gelernt, gab er ihnen im Anschluss genug zu essen, aber nichts mehr zu trinken, was zu einem Anstieg der unspezifischen Triebenergie führte. Und welches Verhalten zeigten nun die Tiere? Eben jenes, was sich in der Vergangenheit als erfolgreich herausgestellt hatte. Sie drückten den Futterhebel, diesmal jedoch ohne Erfolg.

*Macht der Gewohnheit*

Die Triebtheorie Hulls wurde in der Folgezeit ständig erweitert und auch kritisiert. Dennoch stellt sie eine gute Ausgangsbasis zum Verständnis verschiedener

Verhaltensweisen dar, z. B. auch zur »Macht der Gewohnheit«, die sich bei uns in ganz unterschiedlichen Bereichen und Kontexten immer wieder beobachten lässt, u. a. auch in dem für unseren Kontext relevanten Bereich, nämlich der Produktverwendung. Führt ein Produkt zur Bedürfnisbefriedigung, so lässt sich nach Hull daraus ableiten, dass die Wahrscheinlichkeit ebenfalls steigt, dass bei ansteigender Triebspannung erneut auf das Produkt zurückgegriffen wird. Dies schließt dann auch ungesunde Verhaltensweisen wie z. B. den übermäßigen Alkoholkonsum mit ein.

### 2.4.2 Feldtheorie

Die Feldtheorie, eine Metatheorie, die wir Kurt Lewin (1890-1947) und seinen SchülerInnen zu verdanken haben, geht einen ganz anderen Weg als die Triebtheorien zur Erklärung motivierten Verhaltens (vgl. dazu Lewin, K. 1951/2012).

> **MERKE**
>
> **Verhalten**
> Lewin sieht Verhalten grundsätzlich als von Faktoren innerhalb der Person und Faktoren außerhalb der Person begründet.

Die Person wird dabei als ein System angesehen, das viele Bedürfnisbereiche besitzt, wobei ähnliche Bereiche nahe beieinander liegen. Außerdem lassen sich zentrale und periphere Bereiche unterscheiden. Im Inneren der Person sind identitätsrelevante Bereiche verortet, an der Peripherie dagegen konkrete, motorische Bereiche, die direkt mit der Umwelt in Kontakt stehen. Sind Bedürfnisse nicht befriedigt, setzen sie den Bedürfnisbereich unter Spannung. Zentrale Bedürfnisbereiche lassen sich kaum direkt durch eine einzige Handlung oder ein Verhalten befriedigen, z. B. das Bedürfnis ein guter Ehemann zu sein. Vielmehr übertragen sich Bedürfnisspannungen in diesen Bereichen auf benachbarte und randständige Bereiche. Spannungen lassen sich nur in den peripheren Bereichen durch konkrete Handlungsweisen reduzieren. Im Fall des guten Ehemannes z. B. dadurch, dass er seiner Ehefrau einen Strauß Blumen kauft oder den Tisch abräumt. Ist also ein zentrales Bedürfnis unbefriedigt, lässt sich die entsprechende Spannung durch verschiedene (periphere) Handlungen abbauen. Werden Spannungen allerdings nicht gelöst, bleiben sie uns als »unerledigte Aufgaben« erhalten, binden also Aufmerksamkeit und Energie, die uns dann an anderer Stelle fehlt, ein Phänomen, das auch als *Zeigarnik*-Effekt (Zeigarnik, B. 1927) bekannt ist. Anders als bei den Triebtheorien ist die Motivation bei Lewin also nicht unspezifisch, sondern im Gegenteil sehr spezifisch auf den unter Spannung stehenden Bereich zugeschnitten. Ein spannungsgeladener Bereich führt gleichzeitig dazu, dass auch unser Denken und Fühlen entsprechend beeinflusst wird, sich also die Wahrnehmung der Umwelt ändert. So fallen uns vielleicht Dinge auf, die Bedürfnisbefriedigung versprechen, die wir sonst nicht bemerken würden, oder anders formuliert, die Valenz von Umweltobjekten

*Zeigarnik-Effekt*

## 2.4 Fokus Konsument
Motivation

und -kontexten ändert sich je nach Bedürfnisspannung. Ein Briefkasten, der mir in der Regel nicht auffällt und herzlich egal ist, wird für mich zu einem positiv konnotierten Objekt, wenn ich einen Brief in der Hand halte und ihn verschicken möchte. Das Beispiel verdeutlicht gleichzeitig, dass die Umwelt einen großen Einfluss auf unser Verhalten besitzt. In dieser Umwelt wirken Anziehungs- und Abstoßungskräfte. Objekte, die unsere aktuellen Bedürfnisse stillen können sind demnach positiv und anziehend, Objekte, die uns an der Bedürfnisbefriedigung hindern sind dann negativ bzw. abstoßend. Die anziehende bzw. abstoßende Kraft der Umweltobjekte hängt aber nicht nur von der Valenz, sondern auch von der (psychologischen) Distanz der Objekte ab.

**INFORMATION 5**

### Zeigarnik-Effekt

Bluma Zeigarnik war eine Schülerin Lewins. Sie beschäftigte sich mit den Folgen unerledigter Aufgaben. In ihren Studien gab sie ihren Versuchspersonen eine Anzahl verschiedene Aufgaben vor, z. B. ein Gedicht aufschreiben, ein Tier kneten, eine Vase mit Blumen malen, den eigenen Namen in Druckbuchstaben schreiben, den Plan eines Berliner Straßenviertels zeichnen. Allerdings durften die Teilnehmer der Studien nicht alle Aufgaben erledigen, sondern wurden dabei unterbrochen. Anschließend wurde ein nicht angekündigter Gedächtnistest durchgeführt. Es zeigte sich nun ganz im Einklang mit der Feldtheorie, dass die Versuchspersonen sich mehr an die unerledigten Aufgaben erinnerten, als an die gelösten Aufgaben (Zeigarnik, B. 1927). Der Effekt verschwindet übrigens, wenn man die Teilnehmer bei der Aufgabenbearbeitung zwar unterbricht, aber gleichzeitig mitteilt, dass der Versuchsleiter mit der Bearbeitung schon zufrieden ist, die Aufgabe also ausreichend gelöst wurde (Marrow, A. J. 1938).

Verhaltenskonflikte

Generell gilt: *Kraft = Valenz x Distanz*. Das bedeutet, dass nicht nur mit zunehmender Valenz, sondern auch mit zunehmender Nähe die Anziehungs- bzw. Abstoßungskraft steigt. Aus diesen Überlegungen ergeben sich auch drei prototypische Konflikte, nämlich dann, wenn mehrere Kräfte wetteifern. Zunächst der *Annäherungs-Annäherungskonflikt*, der immer dann entsteht, wenn zwei gleich positiv bewertete Alternativen in gleicher Distanz gleiche Anziehungskraft auf uns ausüben, z. B. wenn ich zwischen Marmorkuchen und Nusskuchen entscheiden muss. Dieser Konflikt löst sich häufig dadurch auf, dass ein Objekt (zufällig) verfügbarer, einfacher zu erreichen ist, m. a. W., wenn sich die Distanz zu einem Objekt verringert. Dann nämlich übersteigt auch die Anziehungskraft dieses Objekts die des anderen. Der zweite Konflikt ist der *Vermeidungs-Vermeidungskonflikt*, der den umgekehrten Fall beschreibt, die Wahl zwischen zwei Übeln, also etwa Hausaufgaben zu machen oder das Zimmer aufzuräumen. Dieser Konflikt ist schwieriger zu lösen, da eine (zufällige) Annäherung an eine Alternative deren Abstoßungskräfte sofort vergrößert. Man bleibt damit solange in der Mitte gefangen, bis es gelingt, die Wahrnehmung soweit zu ändern, dass man am Ende doch Unterschiede feststellt, sich also die Valenz eines Objekts ändert. Der dritte Konflikt ist der *Annäherungs-Vermeidungskonflikt*, der dann entsteht, wenn ein

Objekt sowohl negative als auch positive Merkmale aufweist. So kann die gewünschte sportliche Aktivität, etwa einen Halbmarathon zu bestreiten, mit zunehmender Nähe zum Event immer unangenehmer werden.

Die Abhängigkeit der Kraft von Valenz und Distanz ist auch für den Präferenzwechsel verantwortlich. Stellen wir uns zu Illustrationszwecken vor, wir gehen mit dem Ziel in die Stadt, uns etwas für das Mittagessen zu besorgen, genau genommen möchten wir in das Thai-Restaurant in der Nähe des Bahnhofs. Der Weg dorthin dauert zwar ein bisschen, dafür aber ist das Essen umso leckerer. Unterwegs kommen wir nun auch an anderen Restaurants und Imbissbuden vorbei. Je hungriger wir sind, desto verlockender werden plötzlich die Angebote, an denen wir vorbeischlendern. Das kann so weit gehen, dass wir uns am Ende für einen Schnellimbiss entscheiden, nicht weil dieser etwa leckerer wäre als unser präferiertes Thai-Restaurant, sondern weil wir hier schneller zur Bedürfnisbefriedigung kommen. Erinnern wir uns, die Anziehungskraft ist ein Produkt aus Valenz (»Leckerheit«) und Distanz. Das bedeutet, das unter Umständen die geringere Distanz die geringere Valenz kompensieren kann. Schon dieses Beispiel zeigt, wie gut sich die Feldtheorie Lewins zur Erklärung werbepsychologischer Effekte eignet. So lässt sich daraus etwa ableiten, dass nur angespannte Bereiche für werbliche Informationen anfällig sind bzw. dass durch die Veränderung von Valenz oder Distanz die Attraktivität von Angeboten verändert werden kann, um nur zwei Beispiele zu nennen.

*Präferenzwechsel*

### 2.4.3 Intrinsische und extrinsische Motivation

Die Frage, warum wir ein Verhalten zeigen bzw. es belassen, kann, wie wir gerade bei Lewins Feldtheorie gesehen haben, unterschiedlichen motivationalen Quellen entspringen. So können wir handeln, weil wir uns dadurch eine Belohnung von außen, von anderen erwarten (*extrinsische Motivation*) oder weil wir einen inneren Antrieb dazu empfinden, uns quasi selbst für das Handeln belohnen, weil wir es gut, richtig, angemessen, nützlich, unterhaltend, sinnvoll etc. empfinden (*intrinsische Motivation*). Extrinsische und intrinsische Motivation besitzen unterschiedliche Intensitäten bzw. unterscheiden sich hinsichtlich ihrer Modifizierbarkeit.

**MERKE**

> Verhalten, das intrinsisch motiviert ist, wird länger – auch gegen Widerstände – aufrechterhalten und es wird spontan ohne äußere Anreize ausgeführt. Extrinsisch motiviertes Verhalten lässt sich demgegenüber schneller und einfacher durch entsprechende Anreize verändern.

Belohnung ist aus diesem Grund eine effiziente Möglichkeit zur Verhaltensmodifikation, die aber ihre Schattenseiten hat. Wurde nämlich das Verhalten zuvor auch ohne externe Verstärkung gezeigt, eben aus Gründen intrinsischer Motivation, dann führt die Belohnung dazu, dass sich die intrinsische Motivation in eine extrinsische

*Belohnung verringert intrinsische Motivation.*

## 2.4 Fokus Konsument
## Motivation

Motivation verwandelt, mit dem negativen Effekt, dass beim Ausbleiben der Belohnung auch das ursprüngliche Verhalten nicht mehr gezeigt wird (vgl. dazu Lepper, M. R./Greene, D. 1975). Dies ist ein Grund dafür, warum man Eltern immer wieder rät, ihre Kinder, wenn sie denn gute Noten mit nach Hause bringen, nicht dafür zu belohnen, da man sonst das Zusammenspiel zwischen innerer Triebfeder und Leistung unterbricht. Ein weiteres Problem besteht darin, dass die Höhe der Belohnung möglicherweise zur dauerhaften Verhaltensänderung permanent nach oben angepasst werden muss, da sich Gewöhnungseffekte bemerkbar machen, d. h. die Belohnung wirkt nicht mehr so recht.

### 2.4.4 Grundmotive menschlichen Verhaltens

> **MERKE**
>
> Stellt die Motivation die Kraft dar, mit der wir uns verhalten, geben uns Motive eher die Richtung unseres Verhaltens vor.

Gründe für unser Verhalten lassen sich viele nennen. Warum essen wir beispielsweise einen Apfel? Der eine mag antworten, »weil ich gerade hungrig war und Lust auf einen Apfel hatte«. Ein anderer wird vielleicht sagen, »weil Äpfel gesund sind«. Gründe können, wie dieses kleine Beispiel zeigt, auf ganz unterschiedlichen Verhaltensebenen angesiedelt sein. Es gibt übergeordnete Gründe, z. B. »gesund sein«, und konkrete Gründe, »hungrig sein«. Was aber sind die wirklichen Gründe? Zahlreiche Forscher haben versucht, Ordnung in die Gründe unseres Verhaltens zu bringen und haben Motiv-Taxonomien erstellt.

#### 2.4.4.1 Die Bedürfnispyramide von Maslow

*Macht, Leistung, sozialer Anschluss*

Eine der wohl bekanntesten Vorstellungen zur Motivation hat Abraham Maslow bereits in den 1940er Jahren entwickelt (Maslow, A. 1943).

> **MERKE**
>
> **Bedürfnispyramide**
> Bei der Bedürfnispyramide der Motive handelt es sich um eine hierarchische Ordnung verschiedener Motive, wobei das jeweils höhere Motiv stets an die Erfüllung und Befriedigung des in der Hierarchie tieferstehenden Motivs gebunden ist, die Übergänge sind allerdings fließend.

*Selbstverwirklichung als höchstes Ziel*

In der Bedürfnispyramide ganz unten und damit grundlegend für alle anderen Motive sind die arterhaltenden Grundbedürfnisse wie Essen, Trinken und Schlafen. Sind diese erfüllt, rücken Sicherheitsbedürfnisse in den Fokus, also zum Beispiel Bedürfnisse nach materieller und finanzieller Absicherung. Danach erst treten soziale Bedürfnisse wie das Bedürfnis nach Freundschaft, Liebe und Zugehörigkeit zu einer Gruppe auf den Plan. Sind auch diese erfüllt, stellen sich Bedürfnisse nach individueller Freiheit, Stärke, Erfolg und der Wunsch nach Ansehen und Wertschätzung ein. Die Bedürfnisspitze schließlich bildet das Motiv der Selbstverwirklichung, später noch ergänzt um das Motiv der Transzendenz.

Das Modell von Maslow wurde häufig wegen der vorgenommenen Hierarchisierung kritisiert, ist dennoch aufgrund seiner Einfachheit und Plausibilität ein nach wie vor häufig verwendeter Beschreibungsansatz für motivationale Prozesse.

### 2.4.4.2 Drei Hauptmotive: Macht, Leistung, sozialer Anschluss

Von vielen geteilt wird heute die Sichtweise McClellands (z. B. 1987), dass sich unser Verhalten vor allem durch drei grundlegende Motive beschreiben lässt, denen alle anderen Motive zugeordnet werden können, und zwar das Motiv nach *Macht*, nach *Leistung* und nach *sozialem Anschluss*.

Hinsichtlich des Machtmotivs lassen sich zwei Machtformen unterscheiden. Das *personalisierte Machtmotiv* beschreibt den Wunsch, sich selbst zu eigenem Nutzen stark und mächtig zu fühlen, andere zu beeinflussen und Kontrolle zu besitzen. Das *sozialisierte Machtmotiv* entspricht dagegen eher dem Bedürfnis, Verantwortung und Kontrolle zum Wohlergehen des Kollektiv zu übernehmen. Ein stark ausgeprägtes Machtmotiv ist ein guter Prädiktor für beruflichen Erfolg, stellt jedoch auch ein Gesundheitsrisiko dar, weil Machtausübung häufig z. B. mit Stress verbunden ist. Das Leistungsmotiv wiederum beschreibt die Tendenz, sein eigenes Verhalten zu optimieren, d. h. anhand von akzeptierten und messbaren Kriterien zu bewerten und dahingehend zu verbessern. Ein stark ausgebildetes Leistungsmotiv geht mit Ehrgeiz und hohem Leistungsvermögen einher. Das Motiv nach sozialem Anschluss lässt sich wiederum differenzieren, je nachdem, ob damit eher der breite Anschluss an die soziale Gruppe gemeint ist oder der tiefe und intime Kontakt mit einer bestimmten Person (*Intimitätsmotiv*). Generell lässt sich nun festhalten, dass Menschen unterschiedliche Motivstrukturen besitzen, d. h. es gibt Menschen, die eine starke Machtorientierung haben während andere vielleicht eher bindungsmotiviert sind. Gleichzeitig lassen sich die unterschiedlichen Motive aber auch situativ ansprechen. So mag bei einer Person beispielsweise das Motiv nach sozialem Anschluss v.a. dann in den Vordergrund treten, wenn sie mit großer Einsamkeit konfrontiert ist. Man könnte hier auch davon sprechen, dass sich Motive durch entsprechende Reize *primen* lassen.

Noch allgemeiner formuliert unterscheiden wir heute zwischen impliziten und expliziten Motiven (siehe ausführlich dazu Heckhausen, J./Heckhausen, H. 2010). Implizite Motive beschreiben dabei eher Motivdispositionen, also Eigenschaften hinsichtlich derer sich Individuen unterscheiden und die häufig unbewusst sind, also von der Person auf Befragen hin gar nicht explizit genannt werden können. Mit expliziten Motiven beschreiben wir dagegen prinzipiell bewusstseinsfähige Zielsetzungen, die eine Person in einer bestimmten Situation hat. Implizite und explizite Motive können, müssen aber nicht kongruent sein, d. h. wir können zwar häufig angeben, warum wir dies und jenes tun, die eigentlichen Beweggründe bleiben uns

*Implizite und explizite Motive*

**2.4 Fokus Konsument**
Motivation

allerdings verborgen. Idealerweise sind implizite und explizite Motive kongruent, stehen sich also nicht gegenseitig im Wege.

Für unseren Zusammenhang sind die Motive deswegen so bedeutsam, weil Werbung einerseits gezielt Motive anspricht und andererseits wie ein Motiv-Priming wirken kann. Das kann zur Optimierung der werblichen Ansprache genutzt werden, insbesondere wenn man bedenkt, dass sich anhand der Motivstrukturen Zielgruppen differenziert ansprechen lassen. Das lässt sich gut an Geschlechtsunterschieden verdeutlichen, von denen berichtet wird. So gibt es Belege dafür, dass Frauen ein stärkeres Intimitätsmotiv besitzen als Männer (z. B. McAdams et al. 1988) während sich bei Männern schon in sehr frühen Jahren ein ausgeprägteres Leistungsmotiv vorfinden lässt (z. B. Meece, J. L./Glienke, B. B./Burg, S. 2006). Dementsprechend könnte man die werbliche Ansprache für beide Geschlechter entsprechend mit unterschiedlichen motivthematischen Inhalten versehen, d. h. z. B. Sportschuhe für Männer mit dem Hinweis auf die bessere Leistung bewerben, für Frauen dagegen mit einem Motiv, das die Trägerin im Kontext ihrer Bekannten oder Freundinnen zeigt.

### 2.4.5 Erwartungs-x-Wert-Modelle

Innerhalb der Erwartungs-x-Wert-Modelle wird das Handeln einer Person dadurch erklärt, dass diese in Bezug auf die Konsequenzen ihres Handelns zunächst bestimmte Erwartungen hat, zum Beispiel, dass sie dadurch ein bestimmtes Ziel erreichen kann und dass sie diesen Handlungsfolgen (die Zielerreichung) einen bestimmten Wert beimisst.

> **MERKE**
>
> **Motivation (M)**
> Motivation (M) ergibt sich aus dem Produkt von Handlungserwartung (E) und Folgenbewertung (W): $M = E \times W$.

Anhand dieses Modells wird z. B. deutlich, warum sich Personen anstrengen, selbst wenn die Erfolgsaussichten gering sind. Dies ist nämlich dann der Fall, wenn das Ziel als sehr wichtig angesehen wird. Allgemein gesprochen, können geringe Erfolgsaussichten durch große Bedeutsamkeit des Ziels und umgekehrt kann eine geringe Wichtigkeit durch eine hohe Erfolgsaussicht kompensiert werden und die Person zum Handeln motivieren. Unter dem »Wert« kann aber nicht nur die Wichtigkeit des Handlungsziels verstanden werden, sondern auch persönliches Interesse, die Freude am Tun (vgl. Involvement, Kap. 6.4) oder mögliche Kosten (auch Opportunitätskosten). Um Personen nach diesem Modell zum Handeln zu bewegen, kann ich also entweder den Wert des Ziels anheben oder die Einfachheit des Erreichens herausstellen, wie es der Slogan z. B. des Shopping-Portals 24mal24.de suggeriert: »Shopping kann so einfach sein!«.

Motivation 2.4

Neben diesem einfachen Erwartungs-x-Wert-Modell finden sich allerdings auch komplexere Vorstellungen. Sehr differenziert ist etwa das Modell von Heckhausen (z. B. Heckhausen, J./Heckhausen, H. 2010; vgl. Abb. 2.5).

Erweitertes E-x-W-Modell

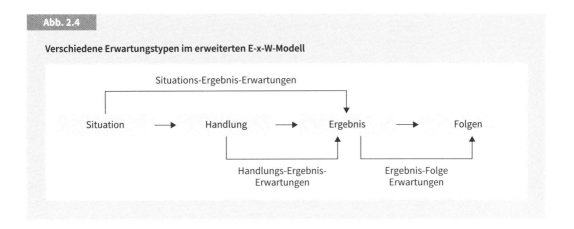

Abb. 2.4

Verschiedene Erwartungstypen im erweiterten E-x-W-Modell

Danach ist es für das Handeln einer Person zunächst von Bedeutung, welche *Situations-Ergebnis-Erwartungen* sie besitzt. Hat die Person nämlich die Erwartung, dass die Situation, in der sie sich gerade befindet, auch ohne ihr Zutun zu einem (gewünschten) Ergebnis führt, dann erübrigt sich ein Eingreifen. Ist dies nicht der Fall, dann können *Handlungs-Ergebnis-Erwartungen*, also Erwartungen, welche (eigenen) Handlungen zu welchem Ergebnis führen, dann zum aktiven Handeln führen, wenn die entsprechenden Folgen des Eingriffs auch noch positiv bewertet werden (*Ergebnis-Folge-Erwartungen*). Betrachten wir diese unterschiedlichen Erwartungen und deren Konsequenzen im werblichen Kontext an einem Beispiel. Um eine Person davon zu überzeugen, ein bestimmtes Produkt zu kaufen oder allgemein formuliert, eine bestimmte Handlung auszuführen, muss als erstes die Erwartung der Person vorliegen, dass sich ihre gegenwärtige Situation ohne Handeln in unerwünschte Richtung verändert (negativ Situations-Ergebnis-Erwartung). Im Bereich der dekorativen Kosmetik könnte eine solche Erwartung beispielsweise durch den Hinweis, dass wir alle älter werden, erzeugt werden. Das allein reicht aber nicht aus. Damit die Person tatsächlich handelt und sich z. B. eine Feuchtigkeitscreme kauft, muss sie auch noch die Erwartung haben, durch ihr Handeln diesem Schicksal zu entkommen, zumindest ein wenig. Das könnte dadurch erreicht werden, dass wir ihr einen realisierbaren Lösungsvorschlag geben: »Kauf Dir doch die Ultraskin Feuchtigkeitslotion, die überall erhältlich ist. Sie wird den Alterungsprozess aufhalten!« (positive Handlungs-Ergebnis-Erwartung). Wenn die angesprochene Person schließlich auch noch davon überzeugt ist, dass ihre Handlung, also der Kauf und die Verwendung der »Ultraskin« den erwünschten Erfolg bei ihr haben wird (positive Ergebnis-Folge-Erwartung), dann wird es mit großer Wahrscheinlichkeit zur Handlung kommen.

## 2.4 Fokus Konsument
Motivation

### 2.4.6 Das Rubikon-Modell der Handlungsphasen

Unterschiedliche Bewusstseinslagen begleiten die Handlungsphasen.

Das Rubikon-Modell der Handlungsphasen (siehe dazu z. B. Heckhausen, J./Heckhausen, H. 2010 und Gollwitzer, P. M. 1990) kann als übergeordnetes Modell der Erwartungs-x-Wert-Modelle aufgefasst werden. Denn streng genommen reichen die eben geschilderten Erwartungen noch nicht völlig aus, damit es auch zum Handeln kommt, es können z. B. alternative Optionen vorliegen. Damit tatsächlich aus einer Motivationstendenz eine konkrete Handlung resultiert, muss das Individuum die entsprechende *Intention*, Absicht ausbilden. Eine übergeordnete Instanz muss sicherstellen, wann wir was auf welche Art und Weise tun und dieses Tun auch gegen alternative Handlungsmöglichkeiten abschirmen. In dem Rubikon-Modell wird dieser Regulationsprozess *Volition* genannt. Das Modell beschreibt vier verschiedene und aufeinanderfolgende Phasen des Handelns. In der ersten Phase (*prädezisionale Phase*) wählt das Individuum aus der großen Zahl möglicher Wünsche und Ziele jene aus, die es in der aktuellen Situation verfolgen möchte. Unsere begrenzten Handlungsressourcen und die spezifischen Umstände machen diesen Schritt notwendig, da sich nicht alle Wünsche zu jedem Zeitpunkt erfolgreich realisieren lassen. Die Intentionsbildung kann hier, wie bei den Erwartungs-x-Wert-Modellen skizziert, durch das Abwägen von Handlungserwartungen und Zielbewertungen erfolgen. Ist dieser Schritt der Zielbildung vollzogen (sinnbildlich der Rubikon überschritten), schließt sich die volitionale Planungsphase (*präaktionale Phase*) an, in der nun entschieden wird, wie, wann und unter welchen Umständen das Ziel erreicht werden soll. Es folgt die eigentliche Handlungsphase (*aktionale Phase*), bei der es vor allem darum geht, das ganze Handeln auf die Zielerreichung zu fokussieren und störende Gedanken oder Impulse zu unterdrücken. Gleichzeitig muss sich das Handeln flexibel auf die Gegebenheiten einstellen, gegebenenfalls muss mehr Anstrengung aufgewendet werden oder müssen Hindernisse aus dem Weg geräumt werden. Auch hier kommt der Volition die Rolle als Handlungsregulativ zu. Anschließend bzw. die Handlungsausführung begleitend, wird das Handlungsergebnis danach bewertet, ob das Ziel erreicht wurde, und ob eventuell noch weitere Handlungsschritte notwendig sind (*postaktionale Phase*). Wurde das Ziel befriedigend erreicht, kommt es zur Deaktivierung der ursprünglichen Zielbildung und es wird ein neues Ziel ausgewählt (prädezisionale Phase). Einhergehend mit den verschiedenen Phasen des Modells werden noch die entsprechenden Bewusstseinslagen (*Mental Sets*) postuliert. So sind wir in der prädezisionalen Phase einerseits realistisch bei der Zielauswahl (Realitätsorientierung), andererseits aber auch offener für neue Informationen, Eindrücke und Erfahrungen als in der präaktionalen oder aktionalen Phase, in der es vor allem darum geht, das Ziel nicht mehr aus den Augen zu verlieren und die Zielerreichung gegenüber störenden Motiven, möglicher Skepsis und äußeren Faktoren abzuschirmen, d. h. es werden vor allem (förderliche) zielbezogene Informationen beachtet (Realisierungsorientierung).

Das Rubikon-Modell der Handlungsphasen ist aus werbepsychologischer Sicht hochinteressant. So wird mit der Annahme der handlungsphasenspezifischen Bewusstseinslagen (Mental Sets) erklärbar, warum es beispielsweise Sinn macht, Werbung den kontextuellen und volitionalen bzw. motivationalen Bedingungen anzu-

**Abb. 2.5**

Das Modell der Handlungsphasen nach Heckhausen in vereinfacher Darstellung

passen, in denen sich der Werbeempfänger befindet. Beispielsweise kann davon ausgegangen werden, dass sich eine Person, die gerade einen Artikel über Zellulite liest oder sich dazu eine Fernsehsendung anschaut, aus einem Motiv heraus entschlossen, dies zu tun. Während die Sendung betrachtet wird bzw. der Artikel gelesen wird, kann man davon ausgehen, dass sich die Person in einer entsprechenden Bewusstseinslage (*mental set*) befindet, die die Verarbeitung dazu passender Informationen erleichtert, was dann auch für thematisch passende Werbung gilt (vgl. *Narrow Casting,* Kap. 1). Darüber hinaus ist das Konzept der Handlungsphasen auch im Hinblick auf mögliche Alterseffekte zu untersuchen. Wie wir festgehalten haben, ist die präaktionale bzw. aktionale Phase durch die Fokussierung auf die zielführenden Handlungen charakterisiert. Aufmerksamkeitsprozesse fokussieren die handlungs- und zielrelevanten Informationen und hemmen störende Gedanken und Informationen. Gleichzeitig wissen wir, dass genau diese Prozesse der selektiven Aufmerksamkeit und hier insbesondere die Inhibitionsmechanismen bei älteren Menschen Defizite aufweisen. Ältere Menschen sind schneller ablenkbar. Für die Werbung bedeutet dies dann vor allem, die Botschaften für ältere Menschen einfacher und weniger komplex zu gestalten.

## 2.4.7 Ausblick

Motivation ist unsere eingebaute Triebfeder. Sie führt dazu, dass das körperliche Gleichgewicht erhalten bleibt und wir als handelnde Wesen Ziele ergreifen und an deren Erfüllung arbeiten. Motivation ist damit eine wichtige Voraussetzung für Veränderungen und Anpassungen ganz allgemein. Motiviertes Verhalten setzt dabei stets eine Ist-Soll-Diskrepanz voraus, die durch Handeln reduziert werden soll. Ziele unterscheiden sich nun hinsichtlich ihrer Realisierbarkeit und Bedeutsamkeit für uns. Je nachdem, wie bedeutsam ein Ziel für uns ist, werden wir mehr oder weniger Anstrengungen zur Zielerreichung unternehmen. Motiviertes Handeln ist dabei stets mit affektiven und kognitiven Aspekten verbunden: Gewählte Ziele sind positiv konnotiert und bei der Zielverfolgung werden vor allem zielrelevante und zielführende Informationen verarbeitet. Dies hat Auswirkungen auf alternative Handlungen und Ziele, deren Verfügbarkeit dadurch unter Umständen reduziert ist.

## 2.4 Fokus Konsument
### Motivation

Für die Werbung sind motivationstheoretische Überlegungen aus mehreren Gründen interessant. Zum einen, weil Werbung uns zu bestimmten Verhaltensweisen motivieren möchte, was nur gelingt, wenn, etwa nach den Erwartungs-x-Wert-Modellen, hoch erwünschte Zustände beim Konsumenten angeregt werden und auch die Erwartungen bestehen, diese Zustände etwa durch die Verwendung des beworbenen Produkts erreichen zu können. Zum anderen sind die Auswirkungen motivationaler Zustände auf die Prozesse der Informationsverarbeitung bedeutsam. Es macht danach wenig Sinn, bestimmte Informationen, z. B. auch Werbung, in einem Moment zu platzieren, in dem die Person aufgrund ihrer Verfassung kaum oder nur wenig Motivation besitzt, diese Informationen überhaupt zu verarbeiten, da sie aktuell nicht zielführend sind, sondern eher ablenken. Besser ist dagegen, Informationen dann weiterzugeben, wenn sie zum aktuellen *Mind Set* der Person passen. Darüber hinaus lassen sich bestimmte Produkte auch dadurch attraktiv machen, indem man sie als Instrument zur Erreichung hierarchisch hochstehender Ziele darstellt. So wird aus einem Lippenstift nicht nur ein Mittel, um schön und gepflegt auszusehen, sondern vielmehr auch, um den Mann des Lebens kennenzulernen!

### REFLEXIONSFRAGEN

1. Was ist Motivation?
2. Was versteht man unter intrinsischer und extrinsischer Motivation und welchen Einfluss kann das Belohnen von Verhaltensweisen auf die beiden Motivationsarten nehmen? Welche praktischen Konsequenzen können Sie daraus für Ihren Arbeits- und Lebenskontext ziehen?
3. Was sind implizite und explizite Motive?
4. Welche Rolle können Motive bei der Werbegestaltung spielen?
5. Was sagen die Erwartungs-x-Wert-Modelle im Kern aus?
6. Wie lassen sich Situations-Ergebnis-Erwartungen, Handlungs-Ergebnis-Erwartungen und Ergebnis-Folge-Erwartungen unterscheiden? Welche Rolle spielen die unterschiedlichen Erwartungen z. B. beim Produktkauf?
7. Maslow unterstellt eine bestimmte Reihenfolge der Motive, von ganz grundlegenden Motiven zu immer komplexeren Motiven. Können Sie Beispiele aus Ihrer Lebenswelt nennen, die dieses Modell unterstützen?
8. Das Rubikon-Modell der Handlungsplanung beschreibt Handeln und die dazugehörige Motivation anhand verschiedener Phasen. Wie lassen sich diese Phasen beschreiben?
9. Was ist mit den Bewusstseinslagen innerhalb des Rubikon-Modells gemeint?
10. Inwieweit ist das Rubikon-Modell der Handlungsplanung für die Konzeption und Gestaltung von Werbung interessant?

### SCHLÜSSELBEGRIFFE KAPITEL 2.4

- Primäre Motive
- Sekundäre Motive
- Instinkt
- Trieb
- Schlüsselreiz
- Explizite Motive
- Implizite Motive
- Intrinsische Motivation
- Extrinsische Motivation
- Situations-Ergebnis-Erwartungen
- Handlungs-Ergebnis-Erwartungen
- Ergebnis-Folge-Erwartungen
- Prädezisionale Phase
- Präaktionale Phase
- Aktionale Phase
- Postaktionale Phase
- Mental Set

## 2.5 Emotionen

Unser ganzes bewusstes Erleben ist voller Emotionen und Gefühle. Wir freuen uns über dies, ärgern uns über jenes. Wir sind stolz, beschämt, wütend oder eifersüchtig. Emotionen sind das »Salz in der Suppe«, ohne sie wäre unser Leben mehr als eintönig. Aber nicht nur das, wir würden uns vermutlich auch nicht miteinander verständigen können und wären bei vielen wichtigen Entscheidungen viel zu langsam. So hilft uns beispielsweise das Angstgefühl blitzschnell, uns von gefährlichen Situationen fernzuhalten, ebenso wie die Freude auf etwas uns ohne langes Nachdenken aktivieren kann. So einfach wir Emotionen im Alltag einerseits erleben und erkennen, so vielschichtig sind andererseits die Konzepte und Modelle zur Beschreibung und Erklärung von Emotionen. Also, was sind eigentlich Emotionen?

*Emotionen sind das Salz in der Suppe!*

### 2.5.1 Begriffserklärungen

Emotionen, Affekte, Erregung, Gefühl, Stimmung, es gibt viele Begriffe, die unser emotionales Erleben beschreiben, und doch beschreiben sie nicht das Gleiche. Zunächst sind die Begriffe *Emotion* und *Gefühl* zu unterscheiden.

> **MERKE**
>
> **Emotion und Gefühl**
> Auch wenn Emotion und Gefühl in der Alltagssprache häufig synonym verwendet werden, so kann man Gefühl als die subjektive Ebene des emotionalen Erlebens kennzeichnen, während die Emotion eher für das komplexe Zusammenspiel zwischen physiologischen, kognitiven, bewertenden und erlebnismäßig zu fassenden Prozessen steht.

Darüber hinaus gibt es auch *nicht affektive Gefühle* (vgl. Mees, U. 2006), etwa das Ballgefühl, das Pflichtgefühl oder das Gefühl von Vertrautheit, aber keine nicht affektiven Emotionen. Mit *Affekt* wird dagegen eher ein impulsartiger Ausdruck einer emotionalen Erregung bezeichnet, der häufig nicht kontrollierbar ist. Man spricht ja auch davon, dass jemand »im Affekt« gehandelt hat, was gleichbedeutend damit ist, dass er keine Gewalt mehr über seine Handlungen hatte. Von Stimmung wird dann gesprochen, wenn es um zeitlich ausgedehnte, weniger konkrete emotionale Verfassungen geht. Im Gegensatz zu Stimmungen beziehen sich affektive Gefühle, also Emotionen stets auf ein Objekt. Wir sind stolz auf etwas, freuen uns über etwas, haben Furcht vor Spinnen.

*Emotionen als funktionale Komponenten zur Erlebnissteuerung*

Emotionen lassen sich am besten als ein komplexes Wechselspiel ganz verschiedener Prozesse beschreiben. Emotionen sind als funktionale Komponenten des Organismus anzusehen, die auch der Erlebnissteuerung dienen und die die permanente Anpassung an wechselnde Situationen, Möglichkeiten, Barrieren und Handlungen ermöglichen. Sie besitzen eine Erlebniskomponente, eine physiologische Ebene, eine Ausdrucksebene, eine Funktionsebene und eine kulturelle Ebene.

## 2.5 Fokus Konsument
### Emotionen

### Erlebniskomponente

*Basisemotionen und sekundäre Emotionen*

In unserem subjektiven Erleben lassen sich zahlreiche Emotionen differenzieren, die hinsichtlich ihrer Intensität stark variieren können. Freude fühlt sich anders an als Ekel, Angst anders als Stolz. Neben angeborenen *Basisemotionen* wie Freude, Furcht, Ärger, Traurigkeit, Ekel, Überraschung (Ekman, P. 1992), die durch relative interkulturelle Invarianz und einen universellen Ausdruck gekennzeichnet sind, lassen sich noch zahlreiche weitere, *sekundäre Emotionen* wie Stolz, Eifersucht, Scham, Schuld, Erniedrigung, Ehrfurcht etc. nennen, die als Kombination der Basisemotionen angesehen werden können (Plutchic, R.1980). Diese nehmen wir erst allmählich in unser Erlebensrepertoire auf, da sie von unseren kognitiven und interpretativen Prozessen, die wiederum kulturell überformt sind, geleitet werden, die sich im Laufe unserer Entwicklung verändern. Teilweise hängt das emotionale Erleben selbst von erlebten Emotionen ab, so können wir uns zum Beispiel über erlebte Schadenfreude gleichzeitig schämen.

### Physiologische Ebene

Emotionen gehen auf physiologischer Ebene mit zahlreichen Prozessen einher. So zum Beispiel mit Reaktionen des autonomen Nervensystems oder endokrinologischen Prozessen, die Veränderungen im Herz-Kreislaufsystem bewirken (z. B. Herzklopfen und Schwitzen bei Angst oder »Glücksgefühlen«) oder Einfluss auf die Atmung nehmen oder mit Reaktionen im motorischen System, etwa zu Steuerung der Ausdrucksbildung (z. B. Muskelreaktionen bei freudigem Lachen). Diese physiologischen Prozesse laufen automatisch ab und dienen der körperlichen Emotionsregulation.

### Ausdrucksebene

*Mimik drückt Emotionen aus.*

Emotionen lassen sich von außen gut über den spezifischen Ausdruck bestimmen. Dies trifft insbesondere für die Basisemotionen zu, deren Ausdruck auch in verschiedenen Kulturen sehr ähnlich ist. Zum emotionalen Ausdruck gehört insbesondere die *Mimik*, die für Außenstehende die primäre und zuverlässige Quelle der Emotionszuschreibung ist. Dies ist ein sehr wichtiger Aspekt des emotionalen Ausdrucks, da damit soziale Prozesse gesteuert werden, etwa, ob ich mich einer Person annähere oder ihr besser aus dem Weg gehe, oder ob ich mich um eine Person sorgen muss oder an ihrer Freude teilhaben kann. Daneben gehören zum Ausdruck auch Körperhaltung, Stimme und Atmung oder andere expressive und sichtbare Zeichen wie z. B. das Zittern. Es gibt jedoch auch Situationen, in denen wir ohne sichtbaren Ausdruck Emotionen erleben können. Der Ausdruck ist also zwar häufiger Begleiter emotionalen Erlebens, aber emotionales Erleben ist nicht notwendigerweise an ihn gebunden. Inwieweit der Emotionsausdruck angeboren ist bzw. durch kulturelle Regeln beeinflusst wird, ist nach wie vor nicht eindeutig geklärt.

### Funktionsebene

*Emotionen als Folge sozialer Interaktionen*

Wie bereits erwähnt, besitzen Emotionen eine adaptive Funktion für uns. Sie ermöglichen uns eine schnelle Einschätzung der Situation und signalisieren gleichzeitig anderen etwas über unseren Zustand. Emotionen lassen sich als ein Aspekt unseres regulativen Systems, bestehend aus kognitiven, motivationalen, affektiven und behavioralen Prozessen, verstehen. Ihnen kommt dabei eine Art Bewertungsrolle zu, d. h. ausgehend von der motivationalen Lage und der kognitiven Analyse der vorliegenden Reizumgebung im gegebenen Kontext wird eine emotionale Bewertung vorgenommen, die dann zu einem entsprechenden Handlungsimpuls führt. Somit dienen Emotionen als Bindeglied zwischen Wahrnehmungsprozessen und der Auslösung von zielbezogenen Handlungsbereitschaften (Motivation), die dann mit einem emotionalen Ausdruck versehen werden. Diese emotionalen Signale werden dann gegebenenfalls durch die uns umgebenden Menschen in deren regulativem System ebenfalls nach diesem Muster verarbeitet, wodurch sich emotionale (funktionale) Interdependenzen zwischen Personen ergeben: Wir fühlen uns in Abhängigkeit von den anderen und umgekehrt.

**Kulturelle Ebene**

Inwieweit Emotionen und Emotionsausdruck angeboren sind bzw. gelernt und kulturell überformt sind, ist nach wie vor Gegenstand der wissenschaftlichen Debatte. Es wird, wie so oft, wohl beides der Fall sein. So kommen Neugeborene bereits mit einem Repertoire an emotionalen Ausdrücken und Zuständen auf die Welt, andererseits lassen sich auch kulturelle Regeln finden, die sowohl den Anlass wie auch die Häufigkeit und den Ausdruck des emotionalen Erlebens normieren. So lassen sich zum Beispiel ganz unterschiedliche Trauerrituale und Trauerbekundungen aufzeigen. Auch die Frage, wann wer wie Freude zeigen darf, ist kulturell verschieden. In kollektivistischen Kulturen wie Costa Rica ist es offenbar im Vergleich zu individualistischen Kulturen wie den USA weniger angezeigt, negative Emotionen zu zeigen, während es bei positiven Emotionen keinen Unterschied zwischen individualistischen und kollektivistischen Kulturen zu geben scheint (vgl. Stephan, W. G./Stephan, C. W./Vargas, M. C. D. 1996).

## 2.5.2 Kognitive Emotionstheorien

Zahlreiche Emotionstheorien versuchen genauer zu erklären, was Emotionen sind, wann sie, wodurch, wie ausgelöst werden und welche Funktion sie besitzen. Vielen Theorien ist dabei eins gemein: Emotionen setzen neben den eben beschriebenen Aspekten einen Bewertungsprozess voraus. Schachter und Singer (Schachter, S./Singer, J. 1962) postulieren in ihrer *Zwei-Faktoren-Theorie der Emotion*, dass Emotionen die Folge eines Attributionsprozesses (Erklärungsprozesses) sind. Emotionen besitzen demnach einen physiologischen Faktor und einen kognitiven Faktor. Dieser kognitive Faktor wiederum ist nichts anderes als das Ergebnis einer Suche nach einer plausiblen Erklärung für die wahrgenommene Erregung. Was damit gemeint ist, lässt sich gut an einer berühmten Studie von Dutton und Aron (Dutton, D. G./Aron, A. P. 1974) illustrieren. Ein Teil der ausschließlich männlichen Versuchspersonen musste einen Flusscanyon über eine wackelige, enge, sehr unsicher wirkende Brücke überqueren. Eine andere Gruppe musste den Fluss auch überqueren, aber auf einer weniger gefährlicher wirkenden und zudem niedrigeren Brücke. Auf der Brücke stand eine Verbündete oder ein Verbündeter des Versuchsleiters: In der ei-

*Emotionen als Folge eines Attributionsprozesses*

## 2.5 Fokus Konsument
### Emotionen

nen Gruppe eine junge Frau, die angab, für ihr Examen eine Studie durchzuführen, mit der die Teilnehmer gemeinsam einen Fragebogen ausfüllen mussten, in der anderen Gruppe ein junger Mann. Für den Fall, dass im Nachhinein noch Fragen auftauchen würden, gab die Frau bzw. der Mann auch noch ihre bzw. seine Telefonnummer an die Teilnehmer weiter. Was untersucht wurde, war nun die Häufigkeit, mit der im Nachhinein Kontakt zur jungen Frau bzw. zum jungen Mann aufgenommen wurde. Interessanterweise wurde der junge Mann im Nachgang nur von wenigen kontaktiert. Die junge Frau dagegen wurde häufiger angesprochen, vor allem aber dann, wenn die männlichen Kandidaten zuvor den Fluss auf der »gefährlichen« Brücke überquert hatten. Die Erklärung, die Dutton und Aron geben, ist ganz einfach: Die schwankende Brücke verursachte einen physiologischen Erregungszustand, der unterschiedlich interpretiert (attribuiert) wurde. Begegneten die Teilnehmer der jungen Frau, so attribuierten sie die Erregung auf die Attraktivität der Frau (»Schmetterlinge im Bauch«), handelte es sich um einen Mann, dann wurde die Erregung auf andere verfügbare Erklärungen, z. B. die schwankende Brücke zurückgeführt. Auch wenn die Zwei-Faktoren-Theorie von Schachter und Singer nicht unwidersprochen blieb, so zeigen solche Studien, so wie viele andere Studien zum Attributionsverhalten, dass wir bis zu einem gewissen Grad durch Prozesse der Kontextualisierung (*Framing*) gehörigen Einfluss auf unser emotionales Erleben nehmen können. Auch andere kognitive Emotionstheorien (vgl. z. B. die Emotionstheorien von Lazarus, z. B. Smith, C. A./Lazarus, R. S. 1991 und Scherer, z. B. Scherer, K. R. 1984) nehmen ihren Ausgang in solchen Prozessen der (Um-)Bewertung von Kontextinformationen.

> **MERKE**
>
> **Emotionale Reaktionen**
> Je nachdem, wie wir eine Situation einschätzen und bewerten, folgen daraus ganz unterschiedliche emotionale Reaktionen.

So kann ein und die gleiche Situation entweder bedrohlich auf uns wirken oder als angenehm interpretiert werden. Je nach Interpretation werden dann auch unterschiedliche Emotionen bei uns ausgelöst (Angst vs. Freude). Interpretationen als Grundlage für Emotionen spielen auch in der Werbung eine große Rolle, wenn wir beispielsweise glückliche und zufriedene Produktverwender sehen, dann führen wir die beobachtete Emotion eben auf das Produkt zurück und erhalten damit eine Art »emotionaler Gebrauchsanweisung« für den Fall, dass wir das Produkt ebenfalls verwenden werden. Emotionen werden aber nicht nur durch kognitive Bewertungen ausgelöst, sie können umgekehrt auch kognitive Prozesse steuern, wenn sie uns als Informationsbasis für Bewertungen dienen.

## 2.5.3 Emotionen als Informationen

Müssen wir ein Urteil abgeben, zum Beispiel darüber, wie es uns gerade geht, wie sicher wir meinen etwas zu wissen, oder wie gut wir jemanden kennen, dann greifen wir häufig nicht auf gespeichertes Wissen zurück, sondern generieren das Urteil *ad hoc*. Um zu einem möglichst guten Urteil zu gelangen, suchen wir Indizien, die uns ein Urteil als das zutreffende identifizieren lassen. Und hier spielen auch Emotionen, wie andere Informationen auch, eine große Rolle. Die *Gefühl-als-Information-Theorie* (z. B. Schwarz, N. 2011) beschreibt diesen Einfluss, den Emotionen auf unsere Urteilsbildung besitzen, genauer. Die grundlegende Idee dahinter lässt sich gut an einem Experiment von Schwarz und Clore (Schwarz, N./Clore, G. L. 1983) illustrieren. Sie befragten ihre Versuchsteilnehmer entweder an sonnigen oder regnerischen Tagen nach ihrer Lebenszufriedenheit. In einer vorherigen Studie hatten sie bereits gezeigt, dass die aktuelle Stimmung die Antwort auf die Frage nach der Lebenszufriedenheit beeinflusst. Stimmung wird als Indiz für die Lebenszufriedenheit angesehen, d. h. positiv gestimmte Menschen geben eine höhere Lebenszufriedenheit an als negativ gestimmte Personen, obwohl Lebenszufriedenheit eigentlich wenig mit dem momentanen Erleben als vielmehr mit einer allgemeinen, situations- und zeitübergreifenden Einschätzung zu tun hat. Die Forscher fanden nun, dass es den Teilnehmern an sonnigen Tagen besser ging als an regnerischen. Ganz im Einklang mit der Theorie verschwand dieser Effekt allerdings, wurden die Teilnehmer vor der Frage nach ihrer Lebenszufriedenheit nach den aktuellen Wetterbedingungen an ihrem Aufenthaltsort befragt. In diesem Fall führten die Teilnehmer ganz offensichtlich ihre aktuelle Stimmung auf das Wetter zurück, wodurch die Stimmung kein Beleg mehr für eine mehr oder weniger große Lebenszufriedenheit sein konnte. Etwas ganz Ähnliches passiert uns auch, wenn wir zu Hause z. B. enttäuscht feststellen, dass der Wein, den wir aus unserem Urlaub mitgebracht haben, und der uns doch so gut geschmeckt hat, uns nun fad und alles andere als köstlich erscheint. In der Urlaubssituation waren wir entspannt und positiv gestimmt. Diese positive Grundhaltung war dann die Beurteilungsgrundlage für ganz unterschiedliche Dinge, angefangen davon, wie es uns vielleicht generell geht, wie schön doch das Leben sein kann, wie viel Spaß es macht, ins Museum zu gehen bis eben hin zum Wein, der uns so gut schmeckt. Fällt nun die positive Urlaubsstimmung weg, verändert sich dementsprechend auch die Beurteilungsgrundlage. Im tristen November schmeckt der Wein dann eben anders, vielleicht ebenso trist, wie der regengraue Himmel. Genau genommen könnte man in dem Fall auch von *affektivem Priming* sprechen (vgl. Kap. 2.2.3).

*Emotionen sind Indizien für unser Befinden.*

## 2.5.4 Emotionen und Informationsverarbeitung

> **MERKE**
>
> **Emotionen**
> Emotionen sind zum einen das Ergebnis von kognitiven Bewertungen, andererseits beeinflussen sie auch unser Erleben und damit umgekehrt unsere Kognitionen.

## 2.5 Fokus Konsument
### Emotionen

Stimmungsabhängigkeit der Informationsverarbeitung

Emotionen nehmen also großen Einfluss auf die Prozesse der Informationsverarbeitung. Für positive und negative Stimmungen bzw. affektive Zustände werden dabei unterschiedliche Effekte berichtet. Negative Stimmung wird häufig mit reduzierten kognitiven Ressourcen in Verbindung gebracht, die Personen sind abgelenkt, was z. B. die Leistungsfähigkeit beeinträchtigt. Positive Stimmung wird demgegenüber häufig mit einer besseren Aufgabenbearbeitung assoziiert. Studien zum *Elaboration-Likelihood-Modell* (vgl. Kap. 2.7.3) wiederum zeigen, dass positive Stimmung eher mit einer oberflächlichen, negativen Stimmung dagegen mit einer tieferen Informationsverarbeitung einhergeht.

> **MERKE**
>
> Allgemein kann man sagen, dass Emotionen sowohl Einfluss nehmen auf das, was wir wahrnehmen, wie wir es wahrnehmen, wie wir unsere Aufmerksamkeit verteilen, wie wir Informationen enkodieren und wieder abrufen und wie wir z. B. über Aufgaben und Probleme nachdenken.

So zeigt sich beispielsweise, dass wir stimmungskongruente Informationen bevorzugt wahrnehmen, verarbeiten und behalten (z. B. Bower, G. H. 1981). Aber auch unser *Denkstil* wird durch Emotionen und Stimmungen beeinflusst. In negativer Stimmung sind wir häufig fokussiert (auf das Problem), in positiver Stimmung weitet sich dagegen unser Denkhorizont, wir werden kreativer (Isen, A. M./Daubman, K. A./Nowicki, G. P. 1987).

### 2.5.5 Ausblick

Emotionen sind ein ganz wesentliches Merkmal unseres Erlebens. Sie steuern und unterstützen kognitive Prozesse bzw. interagieren mit diesen. Sie ermöglichen es uns, sehr schnell, ohne großes Nachdenken Situationen einzuschätzen und aktivieren damit wichtige Verhaltenstendenzen. Angesichts eines braunen, brüllenden Tieres, das gerade auf uns zukommt, sind kognitive Prozesse, an deren Ende die Feststellung »Hungriger Grizzlybär« steht, zu langsam fürs Überleben. Emotionen sind, wie dieses Beispiel zeigt, kognitiven Prozessen, was Geschwindigkeit, Bewertung und Handlungsinitiierung angeht, einen Schritt voraus. Sie sind schnell und können rasch die angemessenen Handlungsimpulse setzen. Das macht sie auch deshalb gerade im Bereich von Werbung und Verkaufen so bedeutsam, bedenkt man zudem, dass wir im Allgemeinen keine besondere Lust und Motivation verspüren, uns mit den werblichen Aussagen kognitiv intensiv zu beschäftigen, sondern uns mehr von unseren Gefühlen leiten lassen. Gelingt es also, beim Kunden oder Rezipienten positive Emotionen auszulösen, dann mögen damit schon die Voraussetzungen geschaffen sein, dass er zum gewünschten Produkt greift oder seine Einstellung zum Produkt in positiver Weise eingefärbt wird. Gerade bei austauschbaren Produkten ist der im Vorteil, dem es gelingt, positive Emotionen zu wecken. Im Übrigen haben wir bereits beim Thema Lernen gesehen, dass ursprünglich neutrale

Produkte durch positiv valente Reize im Sinne einer evaluativen Konditionierung positiv eingefärbt werden können. Das gilt natürlich auch, wenn ich ein Produkt mit einer positiven Emotion assoziiere: Mir geht es einfach gut, wenn ich diese Hautcreme verwende! Darüber hinaus spielen Emotionen auch im sozialen Kontext eine große Rolle. So ist beispielsweise der Emotionsausdruck einer anderen Person für uns ein Zeichen für deren Befinden. Dies hat dann beispielsweise Bedeutung, wenn es darum geht, die Authentizität unseres Gegenübers oder des Werbe-Modells einzuschätzen. Fühlt sich das Model beim Genuss der Schokolade wirklich gut oder spielt es uns das nur vor? Davon hängt nicht zuletzt die Glaubwürdigkeit der Werbebotschaft ab.

**REFLEXIONSFRAGEN**

1. Was ist der Unterschied zwischen Emotionen, Gefühlen und Stimmungen?
2. Welche Aspekte lassen sich bei Emotionen grundlegend unterscheiden?
3. Warum sind kulturelle Einflüsse beim Emotionserleben auch für die Werbung bedeutsam?
4. Wie lassen sich die Annahmen der kognitiven Emotionstheorien zusammenfassen?
5. Was sagt die Gefühl-als-Information-Theorie aus?
6. Welche Konsequenzen könnte man aus den kognitiven Theorien bzw. der Gefühl-als-Information-Theorie für die Konzeption von Werbung ziehen?
7. Wie beeinflussen Emotionen Prozesse der Informationsverarbeitung und wie lässt sich daraus für die Werbung ein Nutzen ziehen?

**SCHLÜSSELBEGRIFFE KAPITEL 2.5**

- Primäre Emotionen
- Sekundäre Emotionen
- Ausdrucksebene
- Kulturelle Ebene
- Physiologische Ebene
- Gefühle
- Affekte
- Nicht affektive Gefühle
- Zwei-Faktoren-Theorie
- Gefühl-als-Information-Theorie

## 2.6 Nonverbale Kommunikation und Verhalten

Es sind insbesondere Emotionen, die wir häufig unbewusst und auf nonverbale Art und Weise ausdrücken und womit wir unsere Verfassung anderen mitteilen und signalisieren. Die nonverbale Kommunikation existiert neben der verbalen Kommunikation als soziales Verständigungssystem. Dabei ist diese Form der Kommunikation weitaus weniger strukturiert und weniger gut bewusst steuerbar als die verbale Kommunikation.

*Vielfältige Funktionen nonverbaler Kommunikation*

## 2.6 Fokus Konsument
### Nonverbale Kommunikation und Verhalten

> **MERKE**
>
> **Nonverbale Kommunikation**
> Die nonverbale Kommunikation dient allgemein dazu, Inhalte der verbalen Kommunikation zu verdeutlichen, zu gewichten, zu betonen oder zu ergänzen.

Nonverbale Kommunikation kann jedoch zur verbalen Kommunikation entgegengesetzte Informationen transportieren, was zu Missverständnissen führen kann. Dies gilt im Übrigen auch für die visuelle Darstellung von Personen, da deren Körperhaltung und Mimik ja auch in diesem Fall Bedeutung besitzt. Die Kenntnis nonverbaler Kommunikationsmittel ist daher auch für die Bildgestaltung im werblichen Umfeld und bei der Schulung von Überzeugungskraft etwa bei Verkäufern so bedeutsam.

Nonverbale Codes dienen darüber hinaus dazu, das Gespräch zwischen zwei Menschen zu steuern. Wir nicken oder blicken den anderen an oder wir schauen weg, um Pausen zu bilden oder selbst an die Reihe zu kommen. Interessant ist, dass wir in Gesprächssituationen häufig anfangen, unser Gegenüber nonverbal zu imitieren. Nonverbale Kommunikation kann aber auch völlig für sich stehen, ohne Bezug zur verbalen Kommunikation (siehe dazu z. B. Ekman, P./Friesen, W. V. 1969). Betrachten wir im Folgenden einige wesentliche Bereiche der nonverbalen Kommunikation etwas näher.

### INFORMATION 6

### Chamäleon-Effekt

Wir kennen die Situation gut: Manchmal, wenn wir uns mit jemandem unterhalten, dann ahmen wir denjenigen ganz unbewusst nach. Am augenfälligsten ist das, wenn unser Gegenüber beispielsweise gähnt. Kurz danach überfällt uns selbst das Bedürfnis zu gähnen. Wir ahmen unser Gegenüber nach. Dies wird als Chamäleon-Effekt (Chartrand, T. L./Bargh, J. A. 1999) bezeichnet und zeigt sich in der Nachahmung von Manierismen (Chartrand, T. L./Bargh, J. A., 1999), beim Akzent (Giles, H./Powesland, P. F. 1975) und auch bei der Stimmung (Neumann, R./Strack, F. 2000). Durch diese Nachahmung wird soziale Nähe hergestellt, was zu erhöhter Empathie (vgl. Bak, P. 2015) und verstärkter Kooperationsbereitschaft oder Hilfestellung führt.

# 2.6 Nonverbale Kommunikation und Verhalten

## 2.6.1 Blickverhalten

»Ein Blick sagt mehr als tausend Worte«, »Wenn Blicke töten könnten«, bereits diese beiden Redensarten belegen, wie bedeutsam unser Blickverhalten im sozialen Umgang sind.

»Ein Blick sagt mehr als tausend Worte.«

> **MERKE**
>
> Der Blickkontakt macht das Gespräch lebhaft, wir geben dadurch unserem Gesprächspartner Rückmeldung, bekunden Interesse bzw. Desinteresse und schauen dem anderen tief in die Augen, wenn wir etwas Bedeutsames damit ausdrücken möchten.

Das verdeutlicht, dass der Blickkontakt wichtige soziale Funktionen besitzt. Er drückt Sympathie, Macht und Status aus. So werden Personen mit niedrigem sozialen Status seltener angeschaut als Personen mit hohem Status. In der Rolle als Zuhörer blicken Personen mit niedrigem Status den Sprecher häufiger an als in der Rolle des Sprechers (z. B. Hearn, G. 1957). Dominanz wird ebenfalls durch das Blickverhalten ausgedrückt (z. B. Strongman, K. T./Champness, B. G. 1968). Auch finden sich Geschlechtsunterschiede: Frauen suchen generell eher den Blickkontakt als Männer (z. B. Exline, R./Gray, D./Schuette, D. 1965). Auch situative Faktoren beeinflussen unser Blickverhalten. Zum Beispiel die Nähe zum Interaktionspartner: Je geringer der Abstand, desto weniger schaut man sich an (z. B. Argyle, M./Dean, J. 1965). Nach dem *Intimitätsgleichgewichtsmodell* (Argyle, M./Dean, J. 1965) wird nämlich die räumliche Nähe durch das Blickverhalten kompensiert. Auch bei affektbezogenen, intimen Gesprächsthemen schauen wir einander ungern in die Augen. Wir haben dabei das Empfinden, uns bloßzustellen, da der andere unsere Gefühle oder Gedanken anhand unseres Blickes erraten könnte. Zudem schauen wir, wenn wir uns konzentrieren müssen oder ein schwieriges Problem zu bewältigen haben, häufig in die Ferne oder die Luft, nicht aber in die Augen des Gesprächspartners.

Intimitätsgleichgewichtsmodell

## 2.6.2 Mimik

> **MERKE**
>
> Die Mimik, der Gesichtsausdruck ist das stärkste nonverbale Kommunikationsmittel. An ihr lässt sich sehr zuverlässig unsere emotionale Befindlichkeit (Freude, Trauer, Wut, Ekel etc.) ablesen.

Generell unterscheidet man bei der Mimik statische, dynamische und langsam sich verändernde Merkmale.

## 2.6 Fokus Konsument
### Nonverbale Kommunikation und Verhalten

**Statische Merkmale**
Darunter fallen Gesichtsmerkmale, die wir von Geburt an mitbringen und die sich nicht oder nur geringfügig im Laufe unseres Lebens ändern, die aber großen Einfluss zum Beispiel auf die Personenbewertung haben können. Personen mit dünnen Lippen werden beispielsweise als gewissenhaft wahrgenommen. Eine hohe Stirn wird mit Intelligenz in Verbindung gebracht. Personen mit großen, auseinanderstehenden Augen (Kindchenschema) wirken auf uns vertrauenswürdig, aber auch eher inkompetent. Personen mit eng stehenden Augen und einem kantigen Kinn wirken dagegen aggressiv. Eine bemerkenswerte Studie zeigt, dass sich sogar Wahlausgänge allein aufgrund der Gesichtswahrnehmung prognostizieren lassen. Dazu wurden den Studienteilnehmern jeweils zwei Personenfotos vorgegeben. Sie sollten angeben, welches der beiden Gesichter kompetenter, attraktiver, arglistig oder bedrohlich wirkt. Es zeigte sich nun, dass Personen, die bedrohlich wirkten, mit größerer Wahrscheinlichkeit bei den späteren Wahlen verloren (Mattes, K. et al. 2010).

**Langsam sich verändernde Merkmale**
Es gibt Gesichtsmerkmale, die sich im Laufe der Zeit verändern. So führt der physische Alterungsprozess etwa zu Veränderungen bestimmter Gesichtspartien, z. B. durch Faltenbildung. Auch hängende Wangen oder Tränensäcke bilden sich mit dem Alter aus. Diese sich verändernden Merkmale sind mit spezifischen Assoziationen wie Lebenserfahrung, Weisheit oder körperliche Beanspruchung verbunden und wirken auf diese Weise auf unser Sozialverhalten bzw. die Beurteilung von Personen.

*Facial Action Coding System*

**Dynamische Merkmale**
Zu den dynamischen Merkmalen zählen jene Gesichtsausdrücke, die unabhängig von der Gesichtsform und dem Alter sind und die sich durch die Bewegung der Gesichtsmuskeln ergeben. Der so entstehende Gesichtsausdruck kann sehr komplex sein und die verbale Kommunikation unterstützen. In der Regel verändern sich diese Merkmale ohne unseren willentlichen Einfluss, wie sich etwa beim Emotionsausdruck zeigt. Zur Erfassung der vielen mimischen Ausdrucksmöglichkeiten haben Ekman und Friesen das *Facial Action Coding System* (FACS) entwickelt (Ekman, P./ Friesen, W. V. 1978). Hier werden alle sichtbaren Bewegungen der mimischen Muskulatur einer sogenannten *Action Unit* zugeordnet, z. B. Kussmund, Nase rümpfen, Heben der Augenbrauen, Blinzeln. Mit Hilfe des FACS lassen sich nun durch Beobachtung zahlreiche Emotionen klassifizieren und auch nachstellen.

## 2.6.3 Gestik

> **MERKE**
>
> **Gestik**
> Mit Gestik meinen wir im Allgemeinen das Bewegungsverhalten von Händen, Armen und Kopf.

Einige Gesten sind von der verbalen Kommunikation unabhängig, andere direkt auf die verbale Sprache bezogen bzw. werden begleitend dazu eingesetzt. Man unterscheidet Embleme, Illustratoren, Adaptoren, Regulatoren und die Affektdarstellung (siehe dazu z. B. Ekman, P./Friesen, G. W. 1969).

**Embleme**
Bei Emblemen handelt es sich um verbal übersetzbare Gesten wie zum Beispiel der Händedruck bei der Begrüßung, das Ballen der Faust mit ausgestrecktem Daumen als Zeichen für »Alles ok« oder das Kopfschütteln zur Verneinung. Embleme werden oft ganz bewusst als Mitteilungszeichen eingesetzt, etwa, wenn die verbale Verständigung schwer möglich ist oder zur besonderen Betonung verbaler Äußerungen. Die verschiedenen Embleme haben wir im Verlauf unserer Sozialisation gelernt, sie sind also (sub-)kulturabhängig. Daher besitzen manche Gestiken in verschiedenen Kulturen auch ganz unterschiedliche Bedeutungen.

**Illustratoren**
Als Illustratoren werden Gesten bezeichnet, die die verbalen Äußerungen illustrieren, betonen oder ergänzen sollen, wie zum Beispiel das Deuten auf einen Gegenstand, das Anzeigen der Größe, das Klatschen oder Tippen auf den Tisch. In der Regel hängen sie eng mit den verbalen Äußerungen zusammen, können aber auch im Widerspruch zu verbalen Äußerungen stehen.

**Adaptoren**
Adaptoren, auch Manipulatoren genannt, sind nonverbale Verhaltensweisen wie zum Beispiel Kopfkratzen oder das Kratzen des Arms, das Lecken der Lippen oder Objektmanipulationen wie das Herumspielen mit dem Kugelschreiber. Sie laufen meistens unbewusst ab und müssen nicht direkt mit der verbalen Sprache zusammenhängen. Sie werden als Zeichen für Erregung angesehen, die sich auf diesem Wege entlädt.

**Regulatoren**
Regulatoren sind nonverbale Verhaltensweisen, die ein Gespräch aufrechterhalten und regulieren, wie das Kopfnicken, Blickkontakt, Distanzverhalten oder die Körperhaltung. Sie sind ebenfalls erlernt, werden aber selten bewusst eingesetzt.

## 2.6 Fokus Konsument
### Nonverbale Kommunikation und Verhalten

**Affektdarstellung**

Bei der Affektdarstellung handelt es sich um nonverbale Verhaltensweisen, die durch Emotionen ausgelöst werden. Dabei ist die Mimik, also das Gesicht, zwar das primäre Ausdrucksmedium, wir zeigen unsere Emotionen aber auch durch unser Gestikulieren oder unsere Körperhaltung. Affektäußerungen laufen in der Regel unbewusst ab, können aber auch bewusst gesteuert werden.

### 2.6.4 Distanzverhalten (Proxemik)

> **KENNUNG**
>
> Die Distanz, die zwei Interaktionspartner zueinander einnehmen oder die wir zu anderen uns umgebenden Menschen haben, prägt ganz wesentlich den Charakter der Kommunikation bzw. unser Erleben und Verhalten.

*Vier Distanzzonen*

Es gibt »Wohlfühldistanzen und unangenehme Distanzen, angemessene und unangemessene Distanzen. Welche Distanz wir einnehmen, hängt von Persönlichkeitsmerkmalen, sozialen Situationen und kulturellen Besonderheiten ab. Frauen beispielsweise halten häufig geringere Distanzen ein als Männer. Gleiches gilt für Gleichaltrige im Vergleich zu Personen unterschiedlichen Alters. Allgemein werden vier Distanzzonen unterschieden (Hall, E. T. 1968):

- Öffentliche Distanz: Damit ist ein Abstand von mehr als 3,60 Meter bezeichnet, den wir typischerweise in der Öffentlichkeit, etwa bei dem Besuch einer Veranstaltung, einem Vortrag in der Rolle des Zuhörers/Zuschauers wählen.
- Soziale Distanz: Sie umfasst den Abstand von 1,20 bis 3,60 Meter, den wir gegenüber Fremden einnehmen, wenn wir mit ihnen interagieren.
- Persönliche Distanz: Diese Distanz (zwischen 0,4 und 1,20 Meter) gestatten wir guten Freunden und Bekannten. Es ist die Distanz, die wir beim Händedruck einnehmen.
- Intime Distanz: Diese Distanz (bis 0,4 Meter) erlauben wir ausschließlich unseren engsten Freunden, der Familie oder unserem Partner. Wird diese Distanz verletzt, so erleben wir das als unangenehm und versuchen, diese Intimität zu umgehen. Im Aufzug beispielsweise kommen wir häufig Menschen näher, denen wir unter anderen Umständen diese Distanz nicht zubilligen würden. Eine Möglichkeit, dieser Nähe auszuweichen, besteht darin, dass wir uns nicht ansehen (vgl. Intimitätsgleichgewichtsmodell).

Distanz zu anderen Menschen gibt uns auch Auskunft darüber, wie wir zu diesen Menschen stehen, insbesondere, wenn wir die Distanz selbst gewählt haben. Und das hat dann sogar Einfluss auf unsere Konsumentscheidungen, wie Xu, Shen und Wyer (2012) zeigten. In ihrer Studie wählten Personen, die ihre physische Nähe zu anderen als selbst gewählt wahrnahmen, ähnliche Produkte aus wie diese. Nahmen die Personen dagegen ihre physische Nähe zu anderen als nicht selbst gewählt wahr, dann wählten sie andere Produkte aus. Als mögliche Erklärung für diesen Be-

## 2.6 Nonverbale Kommunikation und Verhalten

fund wird angegeben, dass mit Hilfe der Produktwahl entweder Ähnlichkeit demonstriert werden sollte, wenn die Nähe frei gewählt war, bzw. Differenzierung hergestellt wurde, wenn die Nähe nicht selbst gewählt war.

### 2.6.5 Berührung

**MERKE**

> Berührungen gehören zu den wichtigsten und elementarsten nonverbalen Verhaltensweisen.

Wer uns nahe kommt, der kann uns berühren. Zu Beginn unseres Lebens stellen Berührungen die wichtigste Quelle an Informationen für uns dar. Aber nicht jeder darf uns überall berühren. Wer wen wo berühren darf, ist dabei sowohl kulturabhängig als auch von Person zu Person verschieden. Wir sind uns meistens sehr schnell darüber im Klaren, wer uns wo anfassen darf. Die Mutter darf uns sicherlich an anderen Stellen berühren wie der Vater, der Freund, die gute Freundin, der Lehrer, der Vorgesetzte oder der Kollege (Jourard, S. M. 1966). Wenn uns Personen an Körperstellen berühren, die ihnen nicht gestattet sind, dann reagieren wir ablehnend oder gar aggressiv. Interessant ist die Wirkung einer zufälligen Berührung. Sie kann die Einstellung zur berührenden Person positiv beeinflussen (z. B. Fisher, J. D./Rytting, M./Heslin, R. 1976) und sogar dazu führen, dass man im Restaurant mehr Trinkgeld gibt (Crusco, A. H./Wetzel, C. G. 1984; van Baaren, R. B. et al. 2003).

*Nicht jeder darf uns überall berühren.*

### 2.6.6 Ausblick

Dem nonverbalen Verhalten kommt in der zwischenmenschlichen Kommunikation eine ganz bedeutsame Rolle zu, da hier sehr komplexe Informationen subtil und schnell übertragen werden. Bewusst fällt uns vieles davon gar nicht auf. Häufig bemerken wir aber, wenn verbale und nonverbale Kommunikation unterschiedliche Botschaften aussenden. Bei der nonverbalen Kommunikation spielt die Mimik eine besonders wichtige Rolle. Sie transportiert zuverlässig Emotionen und verrät so möglicherweise etwas über uns oder unser Gegenüber, was wir oder dieser womöglich verbergen wollten. Nonverbale Botschaften sind für uns aus diesem Grund auch häufig authentischer bzw. glaubwürdiger als verbale Äußerungen, die bewusster und zielgerichteter eingesetzt werden. In diesem Zusammenhang ist auch noch auf die *Mikrosignale* (Pupillenveränderungen, Blinzelhäufigkeit) und das *paraverbale Verhalten* (Stimmhöhe, Stimmlage, Pausen beim Sprechen etc.) als bedeutsame Quelle nonverbaler Information hinzuweisen. Für Werbung und Verkaufssituationen ist die Kenntnis der nonverbalen Kommunikationswege und -mittel ebenfalls von sehr großer Bedeutung, um generell z. B. im Gespräch Faktoren wie Glaubwürdigkeit, Seriosität zu unterstreichen oder die Darstellung von Emotionen in Werbeanzeigen und -filmen authentischer zu gestalten, wenn es etwa darum geht, den Kunden bzw. Rezipienten von den Vorteilen eines Produkts zu überzeugen. Dabei ist insbesondere bei internationalen Kampagnen zu beachten, dass es große kultu-

*Mikrosignale und paraverbales Verhalten*

**2.7 Fokus Konsument**
Einstellungen

relle Unterschiede im nonverbalen Ausdruck gibt. Außerdem sind nonverbal kommunizierte Botschaften häufig überzeugender und lösen auch seltener Reaktanz (Widerstand) aus.

**SCHLÜSSELBEGRIFFE KAPITEL 2.6**

- Blickverhalten
- Intimitätsgleichgewichtsmodell
- Mimik
- Statische Merkmale
- Dynamische Merkmale
- Langsam sich verändernde Merkmale
- Gestik
- Embleme
- Illustratoren
- Adaptoren
- Regulatoren
- Öffentliche Distanz
- Soziale Distanz
- Persönliche Distanz
- Intimdistanz
- Berührung
- Chamäleon-Effekt

**REFLEXIONSFRAGEN**

1. Welche Funktion besitzt nonverbale Kommunikation und wie verhält sie sich zur verbalen Kommunikation?
2. Welche Bedeutung besitzt das Blickverhalten?
3. Bei der Mimik unterscheidet man zwischen statischen, sich langsam verändernden und dynamischen Merkmalen. Was ist darunter zu verstehen?
4. Welche Gestiken kennen Sie von sich? Wann können Sie diese beobachten? Und wozu machen Sie die wohl?
5. Wir nehmen unterschiedliche Distanzen zu unseren Gesprächspartnern ein. Wie kommt das eigentlich und was hat das zu bedeuten?
6. Was beschreibt das Intimitätsgleichgewichtsmodell?
7. Warum sind Berührungen so bedeutsam für uns?
8. Was versteht man unter dem Chamäleon-Effekt?

## 2.7 Einstellungen

*Drei verschiedene Einstellungsebenen*

Zu den uns umgebenden Menschen, Dingen und Ideen haben wir oft eine bestimmte Haltung, d. h. eine überdauernde, relativ gleichbleibende und unser Denken und Handeln bestimmende Meinung oder Bewertungstendenz. Mit anderen Worten: Eine Einstellung (einen Überblick findet sich hier: Albarrac'ın D./Johnson, B.T./Zanna, M.P. 2005).

**MERKE**

**Einstellungen**

Einstellungen setzen sich aus drei Komponenten zusammen. Zum einen haben wir hinsichtlich des Einstellungsobjekts bestimmtes Wissen und Gedanken (kognitiver Aspekt). Darüber hinaus gibt es auch einen affektiven Aspekt, wir mögen das Einstellungsobjekt mehr oder weniger. Drittens haben Einstellungen noch eine Verhaltenskomponente (*behavioraler Aspekt*), die aus unseren Handlungen zu dem Objekt oder im Zusammenhang mit dem Objekt, etwa Annäherungs- bzw. Vermeidungsverhalten, besteht.

## Einstellungen 2.7

**Kognitionsbasierte Einstellungen**

Unter kognitionsbasierten Einstellungen versteht man Einstellungen, die sich auf der Basis von Wissen und Fakten ausbilden. Dazu haben wir relevante Merkmale und Eigenschaften des Einstellungsobjekts hinsichtlich wichtiger Kriterien auf seine Vor- und Nachteile geprüft und sind so zu einer Überzeugung gekommen. Bei vielen Gebrauchsobjekten haben wir auf diese Art und Weise eine Meinung gebildet: Der Hammer ist beispielsweise ganz gut, um einen Nagel in die Wand zu schlagen, und Obst ist ganz gut für meine Gesundheit.

**Affektbasierte Einstellungen**

Im Gegensatz zu der »objektiven« Auswertung der Vor- und Nachteile eines Objekts, spielen bei der affektbasierten Einstellung die Gefühle hinsichtlich des Einstellungsobjekts die entscheidende Rolle. Affektive Einstellungen unterliegen also nicht einer rationalen Begründung. Die Gefühle in Bezug auf das Einstellungsobjekt lassen sich aus allgemeinen Wertvorstellungen ableiten oder sind durch Prozesse des Lernens mit ihm assoziiert. Wir haben eine positive Einstellung beispielsweise Menschen gegenüber, die es gut mit uns meinen. Und wir entscheiden uns für ein Produkt mit Öko-Label, weil wir es einfach sympathischer finden, da es die Umwelt nicht schädigt.

**Verhaltensbasierte Einstellung**

Es gibt auch Einstellungen, die sich durch die Beobachtung des eigenen Verhaltens ableiten lassen. So verhalten wir uns nicht selten, ohne darüber nachzudenken oder in uns hineinzufühlen, ob das Verhalten nun angenehm oder angemessen ist oder wie unsere Einstellung dazu ist. Das ändert sich allerdings, wenn andere oder wir uns selbst fragen, warum wir dies tun und jenes lassen. Haben wir dazu noch keine fertige Einstellung entwickelt, ziehen wir über die Beobachtung unseres Verhaltens eigene Schlüsse, so etwa nach dem Motto: Wenn ich dies oder jenes tue, dann scheint dies ja ein Zeichen dafür zu sein, dass ich dies oder jenes ganz gern mag. Diese Form der Argumentation wird in der *Selbstwahrnehmungstheorie* (Bem, D. J. 1972) näher beschrieben. Danach gelangt man auch zu neuen Einstellungen durch die Analyse und »Beobachtung« des eigenen, intrinsisch motivierten Verhaltens. Wenn man beispielsweise gefragt wird, ob man eine extrovertierte Person ist, bisher aber kaum darüber nachgedacht hat und daher auch keine Meinung dazu hat, so wird man seine Erfahrungen »mit sich selbst« danach durchsuchen, ob sich darin Evidenz für oder gegen das in Frage stehende Merkmal findet und dann entsprechend schlussfolgern: »Ich gehe häufig weg und habe viele Freunde, also bin ich offenbar extrovertiert!«.

Wir beobachten unser eigenes Verhalten.

### 2.7.1 Explizite und implizite Einstellungen

Neben expliziten Einstellungen, zu denen wir Auskunft geben können, die uns also bewusst zugänglich sind, existieren aber auch implizite Einstellungen (Greenwald, A. G./Banaji, M. R. 1995), zu denen wir bewusst keinen Zugriff besitzen, die aber dennoch auf unser Verhalten Einfluss nehmen können, insbesondere bei spontanem

Explizite und implizite Einstellungen

## 2.7 Fokus Konsument
Einstellungen

Verhalten, das weniger unter der bewussten Verhaltenskontrolle steht (siehe auch Hofmann, W./Friese, M./Strack, F. 2009). Es können auch zum gleichen Objekt sowohl explizite wie implizite Einstellungen vorliegen. Explizite Einstellungen lassen sich durch ihre bewusste Zugänglichkeit kontextspezifisch modifizieren. Effekte der sozialen Erwünschtheit, Anlässe also, bei denen man mit seiner wahren Meinung hinter dem Berg hält, weil man sich dafür z. B. schämt, lassen sich etwa auf diese Weise erklären. Bei impliziten Einstellungen, z. B. Vorurteilen, geht das weniger, weshalb diese häufig auch zuverlässigere Verhaltensvorhersagen erlauben. Mit Hilfe des PAST-Models (*past attitudes are still there;* siehe Petty, R. E./Tormala, Z. L./ Briñol, P./Blair, W. 2006) lässt sich gut erklären, warum wir hin und wieder sowohl explizite wie implizite Einstellungen besitzen. Einstellungen sind danach zunächst

### INFORMATION 7

**Der Implizite Assoziationstest**

Die klassische Vorgehensweise beim Impliziten Assoziationstest (Greenwald, A. G./McGhee, D: E./Schwartz, J. L. K. 1998) lässt sich folgendermaßen beschreiben. Die Versuchspersonen haben dazu eine Klassifikationsaufgabe am Computer zu bearbeiten. Beispielsweise werden ihnen in der Bildschirmmitte nacheinander Wörter eingeblendet, die sie mittels Tastendruck als positiv oder negativ beurteilen sollen. Dabei gilt: linke Taste, wenn es sich um ein positives Wort handelt, rechte Taste bei einem negativen Wort. In der nächsten Phase sollen die Probanden eine andere Kategorisierung vornehmen. Dazu werden ihnen wieder Wörter oder andere Stimuli eingeblendet, die diesmal jedoch nach anderen Kriterien bewertet werden sollen, beispielsweise typisch männliche vs. weibliche Vornamen, wobei bei männlichen Vornamen die linke, bei weiblichen die rechte Taste zu betätigen ist. In der dritten Phase werden nun die Aufgaben der beiden ersten Phasen kombiniert, d. h. die Antworttasten sind nun doppelt belegt. Bei positiven Wörtern und männlichen Namen ist nun die linke Taste zu drücken, bei negativen Wörtern und weiblichen Namen die rechte Taste. Im darauffolgenden Durchgang sollen die Testpersonen erneut weibliche und männliche Namen auseinanderhalten, wobei die Tastenentscheidung nun vertauscht wird, d. h. bei weiblichen Namen die linke, bei männlichen die rechte Taste. Im abschließenden Durchgang wird erneut eine Doppelaufgabe verlangt. Diesmal allerdings muss bei positiven Wörtern und weiblichen Gesichtern die linkte Taste, bei negativen Wörtern und männlichen Namen dagegen die rechte Taste gedrückt werden. Analysiert werden nun die Reaktionszeiten der dritten und fünften Phase. Hierbei kann man feststellen, dass die Reaktionszeiten dann schneller ausfallen, wenn die Antwortkriterien kompatibel sind. Wenn also z. B. bei weiblich und positiv schneller reagiert wird als bei weiblich und negativ, dann könnte das ein Indiz dafür sein, das die Kategorie »weiblich« positiv konnotiert ist. Kontrastiert man das auch noch mit der entsprechenden Differenz für männliche Namen, so könnte man überdies auch noch feststellen, ob sich weibliche und männliche Namen in ihrer Valenz unterscheiden. (zu grundlegenden Problemen mit dem IAT siehe Rothermund, K./Wentura, D. 2004).

einmal als Gedächtnisinhalte anzusehen. Ändern wir nun eine Einstellung zu einem Sachverhalt, dann wird die Gedächtnisspur nicht gelöscht oder überschrieben, sondern lediglich mit einem Attribut versehen, das die Falschheit der Einstellung markiert. Wir besitzen danach also eine falsche und eine richtige Einstellung, was dann unter Umständen auch zu einem Gefühl der Unsicherheit beitragen kann.

Eine Möglichkeit, implizite Einstellungen zu erfassen, bietet der sogenannte *Implizite Assoziationstest* (IAT; Greenwald, A. G./McGhee, D. E./Schwartz, J. L. K. 1998), der anhand von Reaktionszeitunterschieden auf die Darbietung von Begriffen zu verschiedenen Kategorien (Einstellungsobjekten) Rückschlüsse auf die zugrundeliegende Assoziationsstärke erlaubt. Der IAT geht davon aus, dass es uns bei zwei miteinander assoziierten mentalen Konzepten leichter fällt, die gleiche Reaktionszeitentscheidung abzugeben, als wenn die Konzepte unverbunden sind. Misst man nun neben der expliziten Einstellung mit Hilfe des IAT auch die implizite Einstellung, so kann man beide Maße zur Verhaltensvorhersage nutzen. Dabei zeigt sich, dass implizite Einstellungen auch beim Konsumverhalten eine Rolle spielen. Sind beispielsweise explizite und implizite Einstellungen nicht deckungsgleich, dann setzt sich unter Zeitdruck die implizite Einstellung beim Verhalten (Produktwahl) durch (Friese, M./Wänke, M./Plessner, H. 2006).

*Impliziter Assoziationstest*

### 2.7.2 Einstellung und Verhalten

Dienen unsere Einstellungen dazu, uns in unserer Umgebung zurechtzufinden und einigermaßen verlässlich über uns Auskunft zu geben, bilden sie auch die Grundlage für unser (vorhersagbares) Verhalten. So können wir davon ausgehen, dass sich Personen mit einer positiven/negativen Einstellung zu einem Objekt dem Objekt gegenüber auch positiv/negativ verhalten. Allerdings zeigt sich auch oft, dass Einstellungen und Verhalten keineswegs übereinstimmen. So sind die meisten Menschen für den Schutz der Umwelt, würden aber dennoch nicht auf ihr Auto verzichten. Wie kommt es zu dieser Einstellungs-Verhaltens-Diskrepanz? Zum einen ist davon auszugehen, dass Einstellungen, damit sie handlungswirksam werden können, mental auch verfügbar bzw. aktiviert sein müssen.

*Einstellungs-Verhaltens-Diskrepanz*

> **MERKE**
> 
> Eine Einstellung, die einem nicht in den Sinn kommt oder die nicht durch automatische Prozesse aktiviert wird, kann unser bewusstes Verhalten nicht beeinflussen.

In verschiedenen Kontexten und in verschiedenen motivationalen Lagen können aber auch ganz unterschiedliche Einstellungen verfügbar sein, die zum Beispiel durch die Verarbeitung der Umgebungsreize aktiviert wurden. Außerdem kann es auch konkurrierende Einstellungen bezüglich eines Verhaltens geben. So mag ich zwar prinzipiell für den Umweltschutz sein, aber auch für Zeitersparnis. Oder die verschiedenen Einstellungsdimensionen (kognitiv, affektiv, behavioral) widersprechen sich, wie in folgendem Beispiel.

## 2.7 Fokus Konsument
Einstellungen

**BEISPIEL** **Schokoladentorte oder Obstsalat?**

▶▶▶ Stellen wir uns zunächst einmal eine leckere Schokoladentorte vor, von der wir am liebsten gleich zwei Stücke essen würden, zu der die affektive Einstellung also zweifelsfrei positiv ist. Allerdings spricht dagegen, dass die Torte sehr viele Kalorien hat, die kognitive Einstellung also eher vom Genuss abrät. Wann wir welcher Einstellungsebene nachgeben, hängt nun davon ab, welche der beiden Einstellungsebenen sich behauptet. Interessanterweise gewinnt die affektive Ebene, wenn wir z. B. abgelenkt oder müde sind, wenn nicht genügend kognitive Ressourcen zur Verfügung stehen (vgl. auch Hofmann, W./Friese, M./Strack, F. 2009; Perugini, M./Richetin, J./Zogmaister, C. 2010). Ist dies jedoch der Fall, kommen wir also zum Nachdenken, dann gewinnt vermutlich die kognitive Ebene (vgl. dazu Shiv, B./Fedorikhin, A. 1999). ◀◀◀

Dieses Beispiel macht auch deutlich, warum in der Werbung bzw. in der Verkaufspräsentation so stark auf emotionale Reize gesetzt wird. Da wir gewöhnlich eher gering motiviert sind, über all die Angebote kritisch nachzudenken, gewinnen häufig emotionale Einstellungen die Oberhand, d. h. wir greifen bedenkenlos zu.

### 2.7.3 Zwei-Wege-Modell der Einstellungsänderung

Normalerweise sind Einstellungen zeitlich relativ stabil und überdauernd. Aber sie können sich auch auf vielfältige Weise und durch ganz unterschiedlich involvierte Prozesse ändern, etwa durch Prozesse der evaluativen Konditionierung, der persuasiven Kommunikation, Einsicht oder körperliche Erfahrungen (ein kurzer Überblick geben Bohner, G./Dickel, N. 2011). Ein besonders für den werblichen Kontext geeignetes Modell zur Veranschaulichung von Einstellungsänderungen wollen wir uns im Folgenden genauer anschauen.

*High und Low Involvement*

Bei intensiven Diskussionen, in denen wir schlagkräftige Argumente austauschen, kann es schon passieren, dass wir unsere Einstellung ändern. Bestimmte Argumente haben uns von einer anderen Sichtweise überzeugt. In solchen Diskussionen gehen wir ganz in dem Thema auf, sind engagiert und konzentrieren uns auf unsere Argumente und die der Gegenseite. In anderen Situationen dagegen sind wir nicht wirklich bei der Sache, haben kein Interesse am Thema oder sind einfach nur zu müde, um uns innerlich an der Diskussion zu beteiligen. Aber selbst da kann es passieren, dass wir unter Umständen unsere Einstellung ändern. Wie dies geschieht, wird im Zwei-Wege-Modell der Einstellungsänderung bzw. dem sogenannten *Elaboration-Likelihood-Modell* (ELM) näher beschrieben (Petty, R. E./Cacioppo, J. T. 1986). Grundlage für das Modell ist zunächst das *Involvement*-Konzept (z. B. *Schenk, M.* 2007). Danach lassen sich grundlegend Situationen unterscheiden, in denen wir mehr oder weniger involviert sind. Mit Involvement ist dabei das Ausmaß an kognitivem und emotionalem Engagement gemeint, mit dem wir uns einer Sache widmen, wobei zwischen hohem (high) und niedrigem (low) Involvement unterschieden wird. Außerdem werden dispositionelle Unterschiede angenommen.

## 2.7 Einstellungen

So lassen sich etwa Personen mit einem hohen Bedürfnis nach gedanklicher Auseinandersetzung (*Need for Cognition*; z. B. Cacioppo, J. T./Petty, R. E. 1982; siehe Kap. 2.9.3.1) von solchen mit einem geringeren Bedürfnis unterscheiden. Zum anderen hängt unser Involvement auch von unserem allgemeinen Interesse an dem Thema/Objekt ab, oder von der situativen Relevanz, die wir dem Thema/Objekt zuschreiben. Zudem besitzen wir auch bestimmte Erwartungen an Situationen, Personen und Objekte, wie viel Involvement in der Auseinandersetzung wichtig bzw. nötig ist. Beim Small-Talk auf einer Party kann es schon sein, dass wir nicht so genau hinhören, was der andere gerade sagt. Und wenn wir zum Entspannen fernsehen, dann erfordert dieses Medium weniger Aufmerksamkeit und Konzentration im Vergleich zu einem Fachbuch, das wir noch lesen müssen. Dies hat beträchtliche Konsequenzen für die Menge und Art und Weise der verarbeiteten Informationen. So verarbeiten wir zum Beispiel Informationen aus dem Fernsehen im Allgemeinen oberflächlicher als aus Printmedien.

Je nach *Involvement*, Motivation und Fähigkeit lassen sich nun zwei grundlegend verschiedene Arten der Informationsverarbeitung unterscheiden, nämlich die Informationsverarbeitung über die »zentrale Route« und diejenige über die »periphere Route«, wie es im ELM heißt. An anderer Stelle wird stattdessen zwischen systematischer und heuristischer Informationsverarbeitung unterschieden (Chaiken, S. 1980). Wenn wir nun Informationen über die zentrale Route verarbeiten, so ist damit gemeint, dass wir die Informationen tief verarbeiten, dass wir uns überlegen, was damit gemeint ist, wie diese zu unserem vorhandenen Wissen passen, ob wir überhaupt dem Absender Glauben schenken können und welche Absichten dieser womöglich verfolgt. Um dies zu leisten, bedarf es entsprechender Motivation und kognitiver Ressourcen. In diesem Modus der Informationsverarbeitung kann es dann zu Einstellungsänderungen kommen, wenn wir durch starke Argumente zu einer neuen Überzeugung gelangen. Der periphere Weg der Informationsverarbeitung wird dagegen beschritten, wenn wir gerade nicht sonderlich motiviert oder aus anderen Gründen nicht in der Lage sind, die eingehenden Informationen tief zu verarbeiten. In diesem Modus achten wir weniger auf die Qualität der Argumente, sondern eher auf oberflächliche Merkmale (»periphere Hinweisreize«) der Situation bzw. der Art der Informationsdarbietung, also zum Beispiel, ob uns der Absender sympathisch erscheint, oder ob die Information »schön verpackt« ist. Eine nachhaltige Einstellungsänderung wird dadurch zwar nicht erreicht, dennoch lassen sich durchaus kurzfristige, aber leicht wieder zu revidierende Einstellungsänderungen beobachten.

*Periphere und zentrale Route der Informationsverarbeitung*

> **MERKE**
>
> Bedenkt man, dass wir Werbung in der Regel kein großes Interesse entgegenbringen, überrascht es auch nicht, dass insbesondere in der Werbung große Anstrengungen unternommen werden, uns auf der peripheren Route immer wieder von neuem zu überzeugen. Dies gilt umso mehr für Produkte und Dienstleistungen, bei denen schlagkräftige Argumente und eindeutige Vorteile nicht vorhanden sind.

**Fokus Konsument**
Einstellungen

Als periphere Hinweisreize werden hier zum Beispiel Farben, die Stimmlage des Sprechers, Musik, Erotik oder Humor verwendet. Humor ist dabei besonders interessant, weil Humor zu positiver Stimmung beiträgt. Es lässt sich nämlich zeigen, dass Stimmung einen großen Einfluss auf die bevorzugte Verarbeitungsroute hat. So achten schlecht gestimmte Personen vor allem auf die Argumente in der Kommunikation, nutzen also bevorzugt die zentrale Route, während gut gelaunte Personen auch für periphere Inhalte offen sind (Bless, H./Bohner, G./Schwarz, N./Strack, F. 1990). Positive Stimmung hat also insbesondere in *Low-Involvement-Situationen* direkten Einfluss auf die Einstellung. Bedenkt man nun, dass es im peripheren Modus generell unwahrscheinlicher ist, dass die Person sich mit den vorgebrachten Argumenten, unabhängig von deren Stärke, eingehend auseinandersetzt, so wird deutlich, dass Humor und gute Stimmung bestens dazu geeignet sind, beim Empfänger Akzeptanz zu erlangen bzw. ihn durch periphere Hinweisreize zumindest kurzfristig zu überzeugen, vielleicht gerade lange genug, um am *Point of Sale* seine Entscheidung zugunsten eines Produktes zu treffen. Aber auch in *High-Involvement-Situationen* können Einstellungen durch positive Stimmung beeinflusst werden. Allerdings geschieht dies auf Umwegen, nämlich über die Positivität der Gedanken, die in guter Stimmung mit größerer Wahrscheinlichkeit generiert werden (siehe dazu auch Petty, R. E./Schumann, D. W., Richman, S. A./Strathman, A. J. 1993).

### 2.7.4 Persuasive Kommunikation

*Zustimmen ist immer einfacher.*

Die persuasive Kommunikationsforschung beschäftigt sich mit der Frage, wie es gelingt, die Meinung oder das Verhalten von Personen durch kommunikative Mittel zu beeinflussen. Das ELM zeigt ja bereits, dass eine Einstellungs- bzw. Verhaltensbeeinflussung selbst dann möglich ist, wenn keine besonders guten Argumente für oder gegen eine bestimmte Position vorliegen. Allein schon bestimmte Merkmale des Senders haben Einfluss darauf, wie die Botschaft interpretiert und bewertet wird. Ist der Absender zum Beispiel besonders attraktiv oder etwa aufgrund seines Titels und seiner beruflichen Position als besonders glaubwürdig einzustufen, so wird man dadurch eher verleitet, seinen Äußerungen Glauben zu schenken. Dies ist insbesondere deswegen verständlich, wenn wir bedenken, dass es stets mit kognitivem Aufwand verbunden ist, gegen eine Äußerung zu argumentieren, während das bloße Zustimmen uns generell viel einfacher fällt (vgl. Gilbert, D. T. 1991). Des Weiteren lassen sich neben der Attraktivität und Glaubwürdigkeit des Absenders noch folgende Merkmale einer kommunikativen Situation nennen, die die Überzeugungskraft der Botschaft erhöhen und die man häufig in Verkaufssituationen erleben kann (zum Überblick vgl. z. B. Aronson, W./Wilson, T./Akert, R. 2008):

*Weitere Merkmale einer kommunikativen Situation*

- Glaubwürdigkeit: Botschaften, von denen wir meinen, dass sie gar nicht für uns bestimmt sind, sind überzeugender für uns, weil wir dem Absender keine Beeinflussungsabsicht unterstellen, also keine Reaktanz entwickeln. Wenn wir eine Person zum Beispiel dabei beobachten, wie sie etwas tut, und dabei meinen, dass sich die Person unbeobachtet fühlen muss, dann wirkt das gezeigte Verhalten viel überzeugender auf uns. Diese Idee steckt auch hinter dem Konzept der *Slice-of-Life-Werbung*.

▸ Zweiseitige Argumentation: Der Absender, der in seiner Argumentation sowohl Vorteile wie Nachteile nennt, wirkt auf uns authentischer und glaubhafter. Gibt es starke Argumente für eine Position, dann können die zu Beginn genannt werden (*Primacy Effect*), schwache Argumente bringt man besser am Schluss (*Recency Effect*).
▸ Gegenargumentation: Die Authentizität einer Botschaft steigt ebenfalls, wenn Sie den Interessen des Absenders widersprechen bzw. zu widersprechen scheinen (»Wenn ich Ihnen einen Rat geben darf, bedenken Sie Ihre Entscheidung doch noch einmal!«).
▸ Argumentationsreihenfolge: Die erstgenannten Argumente sind häufig überzeugender, als wenn man dem Argumentierenden unterstellen kann, dass er nur auf bereits vorgebrachte Gegenargumente reagiert.
▸ Ablenkung: Wenn wir abgelenkt sind, dann lassen wir uns häufig auch von schwachen Argumenten überzeugen. Darüber hinaus können wir unter Ablenkungsbedingungen vor allem auch durch emotionale Reize überzeugt werden.
▸ Explizites Schussfolgern: Überlässt man es uns selbst, aufgrund einer Argumentationskette auf die Konsequenzen zu schließen, dann überzeugt uns das oft mehr, als wenn uns die »Lösung« explizit angeboten wird. Rhetorische Fragen eignen sich hier besonders.
▸ Selbstüberredung: Wenn wir selbst Argumente für oder gegen eine Sache/Objekt/Idee entwickeln müssen, dann beeinflusst dies sehr stark unsere diesbezügliche Einstellung, erst recht, wenn wir dies vor Publikum tun müssen.

### 2.7.4.1 Kommunikative Beeinflussungstechniken

Die Forschung zur persuasiven Kommunikation hat zahlreiche Erkenntnisse erbracht, die sich auch in bestimmten Überredungstechniken wiederfinden, mit denen andere Menschen zu bestimmten Verhaltensweisen gebracht werden sollen (vgl. z. B. Stiff, J. B./Mongeau, P. A. 2003; siehe auch Felser, G. 2015). Hier eine Auswahl an bekannten Tricks, wie man sie in Verkaufs- und Überredungssituationen erleben kann und die vor allem auf Prozessen der Gegenseitigkeit und der gefühlten Verpflichtung beruhen:

*Durch diese Tricks lassen wir uns beeinflussen.*

▸ Door-in-the-face-Technik: Hier wird man zunächst nach einem Gefallen oder einer Entscheidung gebeten, dem bzw. der man nicht nachkommen kann. Anschließend wird man um einen kleineren Gefallen, eine Entscheidung mit geringeren Folgen gebeten (worum es eigentlich auch geht), den man dann in aller Regel (man will den anderen ja nicht zweimal brüskieren) nicht mehr ausschlagen wird (vgl. Cialdini, R. B. et al. 1975). So werden wir uns, nachdem wir zunächst ein teures Produkt mit Verweis auf den hohen Preis abgelehnt haben, mit größerer Wahrscheinlichkeit auf ein Angebot eines nun günstigeren Produktes eingehen, weil wir uns gewissermaßen dem Verkäufer durch seine Angebotsmodifikation verpflichtet fühlen.
▸ Foot-in-the-door-Technik: Hier wird man zunächst um einen kleinen Gefallen gebeten, den man kaum ausschlagen kann. Anschließend wird man um einen größeren Gefallen gebeten (um den es eigentlich geht), den man dann in aller Regel,

*Tricks in Verkaufs- und Überredungssituationen*

**2.7 Fokus Konsument**
Einstellungen

man möchte sich ja konsistent verhalten, nicht ausschlagen will (Freedman, J. L./Fraser, S. C. 1966). Willigt man etwa ein, für einen Moment auf etwas aufzupassen, beispielsweise das Gepäck eines Mitreisenden, so kann man sich auch anschließend kaum der Aufforderung entziehen, nochmals, dann aber für einen längeren Zeitraum aufzupassen.

- That's-not-all-Technik: Dem Kunden wird, ohne dass er darum bittet, direkt noch eine Zusatzleistung angeboten. Wenn beispielsweise sofort ein Preisnachlass gewährt wird oder wenn man zum eigentlichen Produkt ein weiteres Produkt hinzu bekommt (vgl. Burger, J M. 1986). Der Kunde soll sich durch das Entgegenkommen zur Gegenleistung, also dem Kauf, verpflichtet fühlen. Wichtig dabei ist, dass der Nachlass bzw. die Ergänzung kommt, bevor der Kunde danach gefragt hat, denn in diesem Fall ist das Verhalten des Verkäufers ja nicht mehr als selbstlose Nettigkeit zu interpretieren.
- Low-ball-Technik: Wenn eine Entscheidung getroffen wurde, dann wird sie auch dann nicht in Frage gestellt, wenn die Ausgangsbedingungen sich verschlechtert haben (Burger, J. M./Petty, R. E. 1981). Wenn ich mich also beispielsweise grundsätzlich zustimmend zu einem Produkt geäußert habe, dann werde ich es womöglich auch dann kaufen, wenn ich viel mehr als geplant dafür ausgeben muss.
- Komplimente: Komplimente sind ein sehr starkes Instrument, um Personen in gewünschter Weise zu beeinflussen. So neigen wir dazu, einer Person, die uns ein Kompliment macht, eine danach formulierte Bitte auch zu erfüllen. Lobt uns die Bedienung im Restaurant für die exzellente Wahl des Menues, geben wir beispielsweise mehr Trinkgeld (Seiter, J. S. 2007).

Daneben gibt es noch zahlreiche andere Techniken, um uns zu beeinflussen. So reicht zum Beispiel die »zufällige« Berührung der Bedienung im Restaurant aus, damit wir mehr Trinkgeld geben (van Baaren et al. 2003). Auch die Attraktivität unseres Gegenübers (vgl. Chaiken, S. 1979) verführt uns manches Mal zu den verrücktesten Versuchen, uns selbst attraktiv zu präsentieren. Und mit einem Lächeln hat unser Gegenüber sowieso schon gewonnen.

### 2.7.4.2 Indirekte Kommunikation

*Auf Umwegen zum Ziel*

Weiter vorne haben wir bereits festgehalten, dass Argumente dann besonders wirksam sind, wenn man sie selbst entwickelt hat. Dies verhindert Reaktanz und erhöht die empfundene Verpflichtung gegenüber der Argumentation. Eine sehr wirksame Methode, diese Prozesse zu initiieren, besteht darin, die Botschaft nicht direkt, sondern indirekt zu vermitteln. Was damit gemeint ist, lässt sich gut an folgender Geschichte, die der Psychotherapeut Bernd Trenkle notiert hat, illustrieren (Trenkle, B. 2000). Die Geschichte geht so: Ein sehr alter, sagen wir 80-jähriger jüdischer Mann heiratet eine 50 Jahre jüngere, sehr reizende Frau. Und wie es so kommt, die junge Frau ist nach kurzer Zeit schwanger. Der alte Mann ist sich offenbar nicht ganz sicher und wendet sich ratsuchend an einen Rabbi. Er fragt ihn: »Was meinst Du? Ist das mein Kind?« Der weise Rabbi antwortet: »Pass auf, ich erzähl Dir dazu eine Geschichte. Es war einmal ein englischer Gentleman, der die Großwildjagd über alles liebte. Bei seiner letzten Reise nach Afrika ging er natürlich auch auf die Jagd. Am letzten Tag, er war gerade zur Jagd aufgebrochen, stellte er jedoch fest, dass er offenbar nicht mehr der Jüngste und ziemlich verwirrt ist: Er hatte nämlich statt seines Gewehrs einen Regenschirm mitgenommen. Kaum war ihm dieses Malheur bewusst geworden, tauchte auch schon ein riesiger Löwe direkt vor ihm auf und setzte zum Sprung an. Reflexartig zieht der Jäger seinen Schirm und zielte. Darauf ein Knall: Peng! Augenblicklich sank der Löwe getroffen zusammen«. Nachdem der Rabbi die Geschichte zu Ende erzählt hat, schweigt er und blickt dem 80-Jährigen in die Augen. Dieser guckt fragend zurück und meint schließlich: »Hm, das kann doch gar nicht sein! Offensichtlich hat da doch jemand von der Seite geschossen!«. Darauf antwortet der Rabbi: »Ja, genau so sehe ich das auch!«.

Diese Geschichte macht deutlich, dass die indirekte Kommunikation manchmal erfolgreicher zur Übermittlung von Botschaften sein kann als die direkte Form. Man muss sich dazu nur vorstellen, wie der alte Mann wohl reagiert hätte, hätte ihm der Rabbi direkt ins Gesicht gesagt, dass er es sich nicht vorstellen kann, dass er der Vater sei, sondern dass seine junge Frau wohl neben ihm noch mit einem anderen Mann Umgang hat. Auf diese Weise hätte der Rabbi vermutlich eher Ablehnung und Empörung ausgelöst. Über den indirekten Weg konnte die Botschaft dagegen sehr viel akzeptabler und verträglicher kommuniziert werden. Zudem konnte der alte Mann auf diese Weise selbst zur entsprechenden Interpretation gelangen und über dies hinaus sein Gesicht wahren, da er nicht bloßgestellt wurde. Da diese Form der Kommunikation sich gerade in Kontexten und bei Themen, bei denen mit Widerstand und Reaktanz zu rechnen ist, als sehr effektiv herausgestellt hat, wird sie daher auch häufig in therapeutischen Interventionen eingesetzt. Aber auch in der Werbung finden wir diese wirksame Technik, wenn es uns beispielsweise überlassen bleibt, selbst ein Urteil zu bilden (»Sehen Sie selbst ...«). Den gesamten Bereich der Öffentlichkeitsarbeit (*Public Relations*) kann man sogar als eine Form der indirekten Kommunikation ansehen, da hier keine expliziten Verkaufsargumente genannt werden, der Rezipient aber zu eigenen Gedanken angestoßen wird, die letzten Endes dann doch die Verkaufswahrscheinlichkeit erhöhen sollen.

### 2.7.4.3 Direkte Kommunikation

Insbesondere aus der Hypnoseforschung und -anwendung (vgl. z. B. Revenstorf, D./ Peter, B. 2009) wissen wir aber, dass sich auch auf direktem Weg die Wirkung von Botschaften erhöhen lässt. Dabei werden die relevanten Botschaften nicht auf Umwegen übermittelt, sondern ganz direkt. Da die Botschaften jedoch in einem bestimmten Satzkontext stehen, fallen sie weniger auf. Damit der Klient diese dennoch in gewünschter Weise wahrnimmt und seine Aufmerksamkeit darauf fokussiert, werden sie zum Beispiel stimmlich besonders betont (*analoges Markieren*). Hier einige Beispielsätze (unterstrichen sind jeweils die betonten Wörter):

▸ Es ist ganz entspannend, die Augen zu schließen.
▸ Vielleicht spürst Du jetzt schon, wie schwer Deine Augenlider werden.
▸ Irgendwann fallen die Augen wie von selbst zu.

Ähnlichkeiten zwischen Verkaufen und Hypnose

**Fokus Konsument**
Einstellungen

Ganz ähnlich wiederum verfährt man auch im Verkaufsgespräch (siehe dazu Moine, D./Lloyd, K. 2002), zum Beispiel: »Stellen Sie sich nur vor, was Sie alles mit diesem herausragenden Computer machen können und wie Sie Ihren Kindern damit helfen können.« In dem Beispiel geht es darum, den Kunden verbal bereits in die Zukunft zu bringen, in die Zukunft, in der er das Produkt gekauft hat. Ein anderes Beispiel, wie man unentschlossene Kunden zur Entscheidung bringt, ist eine Form der *paradoxen Kommunikation*. Dazu fordert man sie auf, genau diese Unentschlossenheit beizubehalten, verknüpft allerdings mit einer wichtigen Botschaft: Entscheide Dich schnell, sonst wirst Du Nachteile haben. Die Art und Weise, wie diese Botschaft kommuniziert wird, lässt den Verkäufer dabei noch ganz unaufdringlich wirken: »Nehmen Sie sich alle Zeit der Welt, um sich zu entscheiden. Wenn Sie noch Zeit brauchen, nehmen Sie sie sich. Machen Sie sich keine Sorgen darüber, dass Ihre Wettbewerber das neue System bereits erfolgreich einsetzen. Überlegen Sie ganz in Ruhe!« (in Anlehnung an Moine, D./Lloyd, K. 2002).

### 2.7.5 Ausblick

Einstellungen sind ganz wesentliche und überdauernde Meinungen zu Menschen, Dingen oder Themen. Sie machen einen großen Teil unserer Persönlichkeit aus. Und sie können unser Verhalten beeinflussen. So werden wir uns in der Regel einstellungskonform verhalten, wenn bestimmte Randbedingungen vorliegen. So müssen die verhaltensrelevanten Einstellungen verfügbar sein und als adäquat für die gegenwärtige Situation bewertet werden. Außerdem dürfen keine gegenläufigen Einstellungen aktiviert sein. Neben den expliziten Einstellungen, die wir benennen und formulieren können, verfügen wir zudem über implizite Einstellungen, die uns nicht bewusst sind, die aber dennoch verhaltenswirksam werden können, z. B. bei Zeitdruck. Die Verhaltensrelevanz von impliziten und expliziten Einstellungen machen diese für jede Form der Einflussnahme interessant, ob nun Werbung oder andere verhaltensbeeinflussende Kontexte (z. B. Psychotherapie, Coaching). Einstellungsänderungen können dabei auf vielen verschiedenen Wegen zustande kommen. Wir lassen uns etwa durch bessere Argumente überzeugen, oder wir haben neue, einstellungsrelevante Erlebnisse. Bei der argumentativen Einstellungsänderung kann man mit dem *Elaboration-Likelihood-Modell* zwei Wege, nämlich den peripheren und den zentralen Weg unterscheiden. Während wir bei hohem *Involvement* auf die entgegengebrachten Argumente fokussieren und abwägen, lassen wir uns auf dem peripheren Weg auch durch oberflächliche Dinge beeinflussen. Einstellungsänderungen über die periphere Route sind dabei wenig nachhaltig, sie müssen demnach stets aufs Neue wiederholt werden, bis sie sich tatsächlich als überdauernd herausstellen. Dabei gibt es eine Reihe moderierender Faktoren, welche Informationen auf welcher Verarbeitungsroute welchen Einfluss nehmen kann. Bedeutsam ist hier beispielsweise die Stimmung. Positive Stimmung macht uns etwa anfälliger für periphere Reize. Einstellungen und Verhaltensweisen lassen sich darüber hinaus auch subtil über die Mittel der persuasiven und indirekten Kommunikation beeinflussen. Insbesondere in Verkaufsgesprächen werden diese versteckten Beeinflussungsversuche unternommen, um den Kunden zum Kauf eines Produktes zu bewegen. Subtil lässt sich zudem auch ganz direkt kommunizieren, wenn etwa durch die Technik des analogen Markierens bestimmte kommunikative Inhalte besonders betont und hervorgehoben werden oder durch paradoxe Kommunikation die Zielperson zum Lösen eines geistigen Konflikts animiert wird.

**REFLEXIONSFRAGEN**

1. Was sind eigentlich Einstellungen und wozu brauchen wir diese?
2. Wann verhalten wir uns einstellungskonform?
3. Was ist der Unterschied zwischen expliziten und impliziten Einstellungen?
4. Welche Verkaufstricks kennen Sie womöglich aus eigener Erfahrung?
5. Welche Möglichkeiten gibt es, durch Mittel der persuasiven Kommunikation einen Gesprächspartner zu beeinflussen?
6. Was ist indirekte Kommunikation und wie wird diese zur Beeinflussung eingesetzt?
7. Wie kann man durch direkte Kommunikation Einfluss auf das Gegenüber nehmen?
8. Was versteht man unter paradoxer Kommunikation?
9. Was versteht man unter analoger Markierung?

**SCHLÜSSELBEGRIFFE KAPITEL 2.7**

▸ Kognitionsbasierte Einstellungen
▸ Affektbasierte Einstellungen
▸ Verhaltensbasierte Einstellungen
▸ Selbstwahrnehmungstheorie
▸ Implizite Einstellung
▸ Elaboration-Likelihood-Modell
▸ Involvement
▸ Periphere Route
▸ Zentrale Route
▸ Persuasive Kommunikation
▸ Door-in-the-face-Technik
▸ Foot-in-the-door-Technik
▸ That's-not-all-Technik
▸ Low-ball-Technik
▸ Indirekte Kommunikation
▸ Analoges Markieren
▸ Paradoxe Kommunikation

## 2.8 Entscheidungsverhalten

Ständig müssen wir uns entscheiden. Wollen wir dies oder jenes, ist das das Richtige oder eher das Falsche? Sollte ich mit der Entscheidung noch warten oder besser nicht? Ist das gerade eine günstige Gelegenheit? Welche Wohnung ist die bessere, diese oder jene? Kauf ich mir eher jenes Smartphone oder doch lieber das andere? Lange Zeit meinte man, der Mensch würde seine besten Entscheidungen auf Grundlage rationaler Überlegungen treffen. Mittlerweile hat sich das Bild jedoch gewaltig verändert. Nicht immer scheint das intensive Nachdenken zur besten Entscheidung zu führen, manchmal ist ein spontanes Entscheiden oder ein Entscheiden ohne Nachdenken sogar besser. Schauen wir uns jedoch zunächst einmal verschiedene Entscheidungsarten etwas genauer an.

### 2.8.1 Entscheidungsarten

Im Allgemeinen werden vier Typen der Entscheidung unterschieden: die extensive, die limitierte, die gewohnheitsmäßige und die impulsive.

*Vier Entscheidungstypen*

## 2.8 Fokus Konsument
### Entscheidungsverhalten

**Extensive Entscheidung**
Bei extensiven Entscheidungen versuchen wir uns zunächst ein gutes Bild über die vorliegenden Entscheidungsalternativen zu verschaffen. Wir analysieren sorgfältig die Vor- und Nachteile und entscheiden uns dann für die beste Alternative. Insbesondere bei sehr wichtigen Entscheidungen oder in *High-Involvement-Situationen* tendieren wir zu dieser Form der Entscheidungsfindung. Problem dabei ist, dass wir weder über alle wichtigen Informationen verfügen, noch dass wir sie alle entsprechend ihrer Bedeutsamkeit gleichzeitig gewichten können. Außerdem spielen bei Entscheidungen nicht nur rationale Gedanken eine Rolle, auch Emotionen und bereits vorhandene Einstellungen und Präferenzen beeinflussen das Abwägen der Alternativen.

**Limitierte Entscheidungen**
In der Regel entscheiden wir jedoch nicht nach ausführlicher Analyse von Randbedingungen, Folgen und Optionen, sondern berücksichtigen nur wenige Entscheidungsalternativen und vergleichen diese auch nicht besonders sorgfältig miteinander. Dieses Vorgehen ist weniger aufwändig und anstrengend. Häufig haben wir schon aufgrund unseres »Bauchgefühls« oder anderer Kriterien eine Vorentscheidung aus dem potenziellen Set an Optionen getroffen. Wenn wir uns einen Joghurt aus dem Kühlregal nehmen, dann vergleichen wir zuvor nicht alle uns angebotenen Alternativen, sondern entscheiden zum Beispiel zwischen den beiden angebotenen Bio-Produkten.

**Habitualisierte bzw. routinierte Entscheidungen**
Habitualisierte bzw. routinierte Entscheidungen sind eigentlich nicht wirklich als Entscheidungen anzusehen, da es sich um unbewusste, automatisierte Verhaltensweisen handelt. Wir entscheiden uns nicht dazu, die Kaffeemaschine anzustellen oder uns die Zähne zu putzen. Ebenso wenig sind alle Produktentscheidungen stets das Ergebnis eines bewussten Abwägungsprozesses, sondern eher das Ergebnis einer Gewohnheit. Diese Entscheidungsform hat sich aufgrund von guten Erfahrungen etabliert und schont damit unsere Ressourcen sowie Kräfte und spart zudem Zeit.

**Impulsentscheidungen**
Häufig treffen wir Entscheidungen aus der Situation heraus, spontan und ohne viel Nachdenken. Beim Stadtbummel etwa lassen wir uns durch die Angebote in den Schaufenstern zum Kauf verführen. Wir tun dies häufig, weil wir meinen, einem besonders guten Angebot folgen zu müssen, um uns eine Kleinigkeit zu gönnen oder weil wir ohnehin bereits den Einkaufswagen gut gefüllt haben, so dass eine Kleinigkeit auch nicht mehr ins Gewicht fällt. Impulsentscheidungen sind häufig emotionale Entscheidungen.

## 2.8.2 Wann Kaufen wirklich glücklich macht

Häufig träumen wir davon, was wir alles anstellen würden, hätten wir nur mehr Geld in der Tasche. Und manchmal belohnen wir uns auch, indem wir uns »etwas gönnen«. Macht Geld bzw. Kaufen also glücklich? Diese Frage beschäftigt seit langem die Forschung, die ganz unterschiedliche Antworten darauf gibt. So zeigen internationale Studien zwar einen Zusammenhang zwischen ökonomischem Wohlstand und Lebenszufriedenheit, andererseits ist eine Zunahme von ökonomischem Wachstum nicht gleichbedeutend mit noch größerer Zufriedenheit (Easterlin, R. A. 1974). Im Gegenteil: Ab einem gewissen Grad an materiellem Wohlstand führt weiterer materieller Besitz eher zu einer geringeren Zufriedenheit. Dieses Phänomen wird als *hedonistische Tretmühle* (Graham, C. 2008) bezeichnet.

Macht Kaufen glücklich?

> **MERKE**
>
> Immer wenn man gerade meint, einen bestimmten Wohlstand erreicht und seine Wünsche erfüllt zu haben, ermöglicht gerade dieser neue Wohlstand neue Wünsche, für deren Erfüllung der aktuelle Wohlstand jedoch nicht ausreicht.

Kaufen bzw. Geld auszugeben macht also nicht in jedem Fall auch glücklicher. Es kommt auf die Art und Weise an, wie wir unser Geld ausgeben. Dunn, Gilbert und Wilson (2011) nennen folgende acht Prinzipien des Geldausgebens, die uns glücklich machen können:

1. Kaufe Erlebnisse statt Dinge! An Sachen gewöhnen wir uns schnell, an Erlebnisse wie Reisen, Konzerte, Ausflüge erinnern wir uns häufiger, auch noch nach langer Zeit.
2. Hilf anderen statt Dir selbst! Anderen eine Freude zu bereiten oder zu spenden macht Menschen viel glücklicher, als sich selbst zu belohnen.
3. Kaufe lieber viele kleine Dinge als wenige große Sachen! Die Anzahl und Häufigkeit, mit der wir uns etwas gönnen, ist für unsere Zufriedenheit wichtiger als das einmalige große Ereignis.
4. Kaufe weniger Garantien und Versicherungen! Die Freude an einem Produkt wird durch eine Garantieleistung eher gemindert, weil man stets der Versuchung ausgesetzt ist, den Einkauf zu kritisieren, anstatt die Kaufentscheidung »gut zu denken«.
5. Bezahle jetzt und konsumiere später! Vorfreude ist die schönste Freude. Wir schreiben den Dingen häufig mehr Einfluss auf unser Wohlbefinden zu, als sie dann tatsächlich leisten können.
6. Achte beim Einkauf auf die Dinge, auf die Du normalerweise nicht achtest! Viele Kaufentscheidungen stellen sich im Nachhinein als problematisch dar, weil man bestimmte Dinge außer Acht gelassen hat, z. B. die tatsächliche Gebrauchshäufigkeit im Alltag oder die Handhabung.

7. Vergleiche nicht zu viele Angebote! Wer vorher zu viel vergleicht, hat nachher das Problem sich zu fragen, ob er denn auch die richtige Wahl getroffen hat.
8. Folge der Masse und nicht Deinem Kopf! Was vielen anderen schon gefallen hat, wird mit größer Wahrscheinlichkeit gut oder besser sein als ein Produkt, das nur von wenigen gemocht wurde.

### 2.8.3 Intuitive und deliberative Entscheidungen

*Nicht immer ist Nachdenken der beste Weg zur guten Entscheidung.*

Wie wir bereits bei den verschiedenen Entscheidungsarten gesehen haben, unterscheiden sich Entscheidungsprozesse zum einen in dem Maß, wie sie bewusst von uns getroffen werden, und zum anderen im dem Maße wie stark kognitive Prozesse dabei involviert sind. Mit anderen Worten, es gibt Entscheidungen, die treffen wir ohne viel Nachdenken, aus dem Bauch heraus, aus dem guten Gefühl, die richtige Entscheidung zu treffen, und es gibt Entscheidungen, zu denen wir nach langem Nachdenken kommen. Beide Entscheidungstypen haben ihre Vor- und Nachteile, wie wir gleich noch sehen werden.

Müssten wir bei jeder Entscheidung erst über die Vor- und Nachteile der zur Auswahl stehenden Alternativen nachdenken, wir kämen wohl nie zu einer Entscheidung, und wenn, dann viel zu spät. Wir müssen uns häufig unter Zeitdruck und ohne Kenntnis aller Randbedingungen für eine Alternative entscheiden. Dies wird häufig als problematisch angesehen, da dieses spontane Entscheiden als dem überlegten Entscheiden unterlegen angesehen wird. Zu Unrecht, wie zahlreiche Studien belegen. Wie und unter welchen Umständen intuitive, unbewusste Entscheidungen auf der einen Seite und bewusste Entscheidungen auf der anderen Seite besonders erfolgreich sind, dazu haben sich in den letzten Jahren zwei verschiedene theoretische Erklärungsansätze herausgebildet, nämlich die *Entscheidungsheuristiken* und die *Theorie des unbewussten Denkens*.

#### 2.8.3.1 Entscheidungsheuristiken

> **MERKE**
>
> **Heuristik**
> Unter einer Heuristik versteht man eine Art Daumenregel, ein Hilfsmittel, wie wir unter ungünstigen Entscheidungsbedingungen dennoch zu ganz guten Ergebnissen kommen.

Wenn wir beispielsweise das *Prinzip der sozialen Bewährtheit* (Cialdini, R. B. 2009) anwenden und uns auf die Mehrheitsmeinung verlassen, so liegen wir damit in vielen Fällen richtig, ohne sonderlich viel darüber nachzudenken, ob und warum diese Entscheidung die beste ist. Das ist praktisch und spart Zeit. In unserem Alltag verlassen wir uns häufig auf solche Prinzipien, die sich einmal mehr und einmal weniger positiv auf unsere Entscheidungen auswirken können (vgl. dazu auch Strack, F./ Deutsch, R. 2002). Einige davon schauen wir uns nun etwas genauer an.

## Verfügbarkeitsheuristik

> **MERKE**
> 
> Die Verfügbarkeitsheuristik beschreibt das Phänomen, dass unsere Entscheidungen durch die gerade mental verfügbaren Informationen beeinflusst werden.

Müssen wir ein Urteil über die Wichtigkeit, Bedeutsamkeit oder Häufigkeit eines Ereignisses abgeben, über das wir nur spärliche Informationen besitzen, so orientieren wir uns an den Sachverhalten, die uns dazu einfallen. Dabei ist für das anschließende Urteil nicht die Menge der Sachverhalte entscheidend, sondern die Einfachheit, mit der wir uns an Informationen zu dem Ereignis erinnern können (Schwarz, N. et al. 1991). Paare streiten sich zum Beispiel hin und wieder darüber, wer nun häufiger abwäscht, er oder sie. Keiner von beiden führt eine Statistik über diese Tätigkeiten. Dennoch fällt jedem vor allem sein eigener Beitrag ein, was dann schließlich auf beiden Seiten zum Fehlurteil führt.

*Fällt es mir ein, ist es wichtig!*

Die Verfügbarkeitsheuristik funktioniert nach dem Prinzip: »Wenn es mir so leicht einfällt, dann wird es schon wichtig, häufig, bedeutsam sein«. Und dieses Prinzip ist auch durchaus sinnvoll, nur eben nicht in jedem Fall.

Im werblichen Zusammenhang legt jede Kommunikation mit dem Kunden die Grundlage für die schnellere Verfügbarkeit gewünschter Informationen auf Seiten des Rezipienten. So macht es zum Beispiel auch Sinn, Newsletter und andere Informationen an seine Kunden zu versenden, also medialen Druck zu erzeugen, um präsent zu bleiben.

## Repräsentativitätsheuristik

> **MERKE**
> 
> Die Repräsentativitätsheuristik ist eine Daumenregel, die sich an der Typikalität eines Ereignisses orientiert.

Wir haben zu vielen Geschehnissen eine subjektive Wahrscheinlichkeitsvermutung, die nicht unbedingt der tatsächlichen Wahrscheinlichkeit entspricht, die aber unser Urteil beeinflusst. Deutlich wird dies am sogenannten Linda-Problem (Tversky, A./Kahneman, D. 1983). Stellen wir uns dazu Linda vor, eine junge Frau, die sich sehr für Frauenrechte und Emanzipation interessiert und einsetzt. Und jetzt die Frage: Was ist Linda wohl mit größerer Wahrscheinlichkeit? *A* »Angestellte bei der Bank« oder *B* »Angestellte bei der Bank und Feministin«? Raten Sie mit! In der Originalstudie entschied sich die Mehrheit der Teilnehmer für Lösung *B*, was aber falsch ist, da *B* eine Teilmenge von *A* ist und daher nie wahrscheinlicher sein kann als Lösung *A*. Die Teilnehmer ließen sich von dem Klischee einer emanzipierten Frau in die Irre führen. In der Werbung wird häufig mit Klischees agiert, die uns dann Produkteigenschaften suggerieren, die faktisch nicht vorhanden oder zumindest nicht nachweisbar sind. So werden wir einem Statement von Herrn Doktor Schmitt von der Forschungsab-

*Basisratenfehler*

**Fokus Konsument**
Entscheidungsverhalten

teilung sicherlich mehr vertrauen als der Meinung von Herrn Schmitt, weil wir dem Doktor mehr Kompetenz in Forschungsfragen unterstellen. Die Repräsentationsheuristik funktioniert also auf Basis von Schemata und kann dabei, wie im Beispiel gesehen, die sogenannte *Basisrate* (Prävalenz) eines Merkmals verletzen. Der *Basisratenfehler* ist ein Problem, dem man häufig begegnet. So wird etwa im Zusammenhang mit Gewalttaten Jugendlicher immer wieder davon berichtet, dass diese vor der Tat sogenannte *Ego-Shooter-Spiele* gespielt hätten, was als Beleg für die negative Wirkung von Videospielen angesehen wird. Diese Schlussfolgerung ist jedoch falsch, da sie nicht berücksichtigt, wie viele andere, nicht gewalttätige Jugendliche ebenfalls Ego-Shooter spielen. Der Rückschluss auf die Videospiele ist daher so sinnig wie aus der Tatsache, dass der Täter vorher Bananen gegessen hat, ableiten zu wollen, Bananen würden aggressiv machen. Allerdings sei hier dennoch angemerkt, dass der Basisratenfehler in diesem Zusammenhang nichts daran ändert, dass das Spielen gewalttätiger Spiele durchaus das Potenzial besitzt, unter bestimmten Umständen aggressiv zu machen (z. B. Anderson, C. A./Bushman, B. J. 2001).

### Rekognitionsheuristik

> **MERKE**
>
> Die Rekognitionsheuristik beschreibt den Tatbestand, dass bei bestimmten Urteilen, zum Beispiel wenn wir mehrere Dinge, Objekte oder Sachverhalte miteinander hinsichtlich eines Kriteriums vergleichen müssen, wir das Urteil allein auf Basis der Wiedererkennung(-sleichtigkeit) treffen.

Ein Beispiel (siehe dazu auch Gigerenzer, G. 2007): Welche Stadt hat wohl mehr Einwohner, San Diego oder San Antonio? Die meisten Deutschen, die sich bei amerikanischen Städten nicht so gut auskennen, werden vermutlich San Diego sagen, was auch richtig ist. Die Entscheidung zugunsten San Diegos wird aber vermutlich nicht auf der Grundlage von Wissen gefällt, sondern ist dem Umstand zuzuschreiben, dass die meisten eher schon einmal von San Diego als von San Antonio gehört haben. Die Rekognitionsheuristik funktioniert also ähnlich wie der *Mere-Exposure*-Effekt (siehe Information 4), wobei Letzterer den speziellen Zusammenhang zwischen Gefallen und Auftretenshäufigkeit beschreibt. Ähnlich wie bei der Verfügbarkeitsheuristik wird durch den Werbedruck auch die Wiedererkennungsrate in positiver Weise beeinflusst.

### Ankerheuristik

> **MERKE**
>
> **Ankerheuristik**
> Mit der Ankerheuristik wird das Phänomen beschrieben, dass wir bei der bewussten Entscheidung oder Nennung von Zahlenwerten durch zuvor genannte Zahlenwerte (Kontextinformationen) beeinflusst werden.

Dieser Effekt ist einfach zu demonstrieren. Beantworten Sie dazu folgende Frage: Wie viel Euro wären Sie bereit, für das Obdachlosenheim in Ihrer Stadt zu spenden? Wären Sie bereit, 5 Euro zu spenden?

Und jetzt stellen Sie sich vor, die Frage hätte gelautet: *Wie viel* Euro wären Sie bereit, für das Obdachlosenheim in Ihrer Stadt zu spenden? Wären Sie bereit, 50 Euro zu spenden?

Nach welcher Frage hätten Sie vermutlich mehr gespendet? Vermutlich nach der zweiten (Jacowitz, K. E./Kahneman, D. 1995). Der Grund dafür liegt darin, dass durch die Nennung eines Zahlenwertes der Vergleichsstandard für die eigene Entscheidung gesetzt wird. »Viel« und »wenig« sind eben relativ.

Dieser Effekt lässt sich sehr einfach auch in Verkaufssituationen ausnutzen (siehe z. B. Kristensen, H./Gärling, T. 1997), etwa indem der Verkäufer nebenbei den Satz fallen lässt, »für ein wirklich gutes Gerät müssen Sie schon so an 200 Euro denken«. Diese »200 Euro« bilden dann den Anker für die spätere Bewertung im Sinne von teuer oder günstig und beeinflussen daher unser Ausgabenlimit.

### 2.8.3.2 Weitere Faktoren der Entscheidungsbeeinflussung

Neben den beschriebenen Urteilsheuristiken gibt es noch zahlreiche andere Denkfiguren und Denkschemata oder allgemein Informationsverarbeitungsprozesse, die unsere Entscheidungen und Beurteilungen verfälschen können. Dazu zählen zum Beispiel der Attributionsfehler, Überoptimismus und Kontrollillusionen, der Einfluss irrelevanter Informationen, Herdeneffekte (soziale Bewährtheit), der Besitztumseffekt oder die Mentale Buchführung.

**Attributionsfehler**

> **MERKE**
>
> **Attributionsfehler**
> Der (fundamentale) Attributionsfehler beschreibt die Tendenz, dispositionelle Faktoren (Persönlichkeitseigenschaften, Einstellungen) bei der Erklärung von Verhaltensweisen zu Lasten situativer und externer Faktoren (Stimmung, Zeit, Kontext) zu überschätzen.

Wir erklären beispielsweise das Verhalten eines anderen durch seine Gruppenzugehörigkeit (Typisch Italiener!). Und verhält sich jemand freundlich oder aggressiv zu uns, dann liegt das aus unserer Sicht daran, dass es sich beim Gegenüber eben um einen freundlichen bzw. aggressiven Menschen handelt. Wir lassen dabei außer Acht, dass die Freundlichkeit bzw. Aggressivität auch dem spezifischem Umstand geschuldet sein könnte. Allerdings gibt es hinsichtlich dieser Urteilsverzerrung noch einen bemerkenswerten Unterschied. Der Attributionsfehler tritt vor allem auf, wenn wir das Verhalten anderer beobachten. Wenn wir selbst handeln, dann schreiben wir der Situation, in der wir handeln, mehr Einfluss auf unser Handeln zu. Dieses Phänomen wird als *Akteurs-Beobachter-Divergenz* beschrieben.

*Akteurs-Beobachter-Divergenz*

## 2.8 Fokus Konsument
Entscheidungsverhalten

### Überoptimismus, Selbstüberschätzung und Kontrollillusionen

> **MERKE**
>
> Wir tendieren dazu, unseren eigenen Einfluss auf den Verlauf der Dinge, selbst bei objektiv unkontrollierbaren Geschehnissen, zu überschätzen.

*Wir kontrollieren den Zufall!*

Im Würfelspiel meinen wir zum Beispiel, durch starkes Würfen eine hohe Zahl, durch sanftes Würfeln eine niedrige Zahl zu bekommen (Henslin, J. M. 1967). Allgemein sind wir in vielen Situationen der Meinung, eigentlich zufällige Ereignisse durch geeignete Strategien beeinflussen zu können. Wir schätzen beispielsweise die Chancen, im Lotto zu gewinnen, größer ein, wenn wir selbst die Zahlen gewählt haben, im Vergleich zu einer Bedingung, in der wir die Zahlen zugewiesen bekamen (Langer, E. J. 1975). Gleichzeitig sind wir, was unsere Person betrifft, häufig viel zu optimistisch: Unglücke passieren stets den anderen! Außerdem neigen wir zur Selbstüberschätzung (*Overconfidence Bias*), wenn es z. B. darum geht, unsere Leistung relativ zu anderen zu beurteilen. So würden sich vermutlich die meisten von uns eher als überdurchschnittlich gute Autofahrer einschätzen (vgl. Svenson, O. 1981).

### Irrelevante Informationen

> **MERKE**
>
> In Bewertungs- und Entscheidungssituationen liegen in der Regel bewertungsrelevante und bewertungsirrelevante Informationen vor. Beide Informationsarten beeinflussen unsere Entscheidungen.

*Halo-Effekt*

Wenn wir beispielsweise die Eignung einer Person für die Bearbeitung einer Aufgabe beurteilen sollen, so sind die aufgabenspezifischen Kompetenzen relevant für die Beurteilung, das Aussehen der Person aber ist dagegen völlig irrelevant. Es zeigt sich jedoch, dass auch solche irrelevanten Informationen unsere Beurteilung verzerren können. Zum Beispiel Attraktivität: Die Attraktivität einer Person wirkt sich auf deren Beurteilung in ganz anderen Bereichen aus. Attraktive Personen werden freundlicher, kompetenter oder intelligenter wahrgenommen, obwohl Attraktivität und Kompetenz unabhängig voneinander sind (Eagly, A. H. et al. 1991). Auch Personen, die wir sympathisch finden, schreiben wir automatisch eine Reihe weiterer positiver Attribute zu. Diese Urteilsverzerrungen werden auch als *Halo-Effekt* bezeichnet (siehe z. B. Nisbett, R. E./Wilson, T. D. 1977), da eine Eigenschaft, die noch nicht einmal relevant für die Beurteilungsdimension sein muss, auf die Bewertung anderer Eigenschaften wie der Lichtring der Sonne (»Halo«) »abstrahlt«. Daneben lassen wir uns auch durch andere irrelevante Informationen in unserem Urteilen, Handeln und Bewerten beeinflussen. Gut kann man das am Zusatznutzen illustrieren. Wie wir bereits weiter vorne gesehen haben, bewerten wir Produkte besser, wenn sie uns neben dem instrumentellen Grundnutzen noch einen weiteren Vorteil versprechen, selbst dann, wenn dieser Vorteil für uns völlig irrelevant ist (Gierl, H./Großmann, T. 2008). Müssten wir uns zum Beispiel zwischen Produkt A, einem klassischen Waschmittel, und B, einem Waschmittel, das auch für die Autowäsche benutzt werden kann, entscheiden, so könnte B eine Verlockung für uns sein, da es uns einen zusätzlichen Nutzen verspricht (selbst, wenn wir kein Auto besitzen!). Irrelevante Informationen können aber auch die zentralen und eigentlich relevanten Informationen in ihrer Bedeutung reduzieren. In dem Fall spricht man von *Verwässerungseffekt*.

## Herdeneffekte (soziale Bewährtheit)

> **MERKE**
>
> **Herdeneffekt**
> Der Herdeneffekt beschreibt den Umstand, dass wir uns häufig am Verhalten der Mehrheit orientieren.

Wir kennen den Effekt aus unserem Alltag, etwa wenn wir gerade durch die Fußgängerzone einer größeren Stadt schlendern und plötzlich vor einem Geschäft eine riesige Schlange von Menschen entdecken, die in das Geschäft strömen. Das reicht schon aus, um unser Interesse an dem Geschäft und an dem, was es da wohl gibt, zu wecken. Wenn so viele Menschen dorthin wollen, muss da etwas Besonderes sein. Und um das ja nicht zu verpassen, schließen wir uns der Menge an. Wir gehen also allgemein gesprochen mit der Mehrheit, denn was sich sozial bewährt hat, ist allemal sicherer und vermutlich besser als etwas, was man ganz allein und nur auf sich gestellt beurteilen musste. Entscheidend dabei ist, dass es beim Herdenverhalten nicht unbedingt darum geht, der tatsächlichen Mehrheit zu folgen, es reicht aus, der wahrgenommenen Mehrheit zu folgen. Denn, wie das Beispiel der Menschenschlange zeigt, es ist ja keineswegs die Mehrheit, die da vor dem Geschäft steht, sondern einfach nur eine Menge an Menschen, die sich dadurch abhebt und uns zum Fehlschluss verleitet, denn die tatsächliche Mehrheit der Menschen geht am Geschäft vorbei. Interessant ist dieses Herdenverhalten auch im Zusammenhang mit dem Verhalten von Investoren, welche sich, wie die vergangenen Jahre immer wieder zeigten, durch Gerüchte oder illusorische Mehrheiten sehr stark beeinflussen ließen, mit teilweise dramatischen Folgen für die Finanzmärkte.

*Was viele tun, kann nicht schlecht sein!*

## Besitztumseffekt (Endowment-Effect)

> **MERKE**
>
> Allgemein formuliert bedeutet der Besitztumseffekt, dass wir Verluste als schwerwiegender erleben als Gewinne.

Dinge, die uns gehören, steigen in ihrem Wert für uns, wir würden sie daher auch nur ungern wieder hergeben. Dieser Besitztumseffekt (siehe z. B. Thaler, R. H. 1980

## 2.8 Fokus Konsument
### Entscheidungsverhalten

und Kahneman, D./Knetsch, J. L./Thaler, R. H. 1990) hat zahlreiche praktische Implikationen. So werden wir uns von Produkten, die uns zu Testzwecken überlassen wurden, womöglich ungern wieder trennen. Und auch bei schwerwiegenden Entscheidungen, etwa bei der Frage, ob wir ein verlustreiches Aktienpaket behalten oder schnell veräußern sollen, spielt der Effekt eine Rolle. Es zeigt sich nämlich, dass wir verlustreiche Pakete in der Regel viel zu lange behalten, anstatt sie schleunigst los zu werden.

### Ergebnisfehler (Outcome Bias)

**MERKE**

> Wir tendieren dazu, Entscheidungen danach zu beurteilen, welche Folgen sie hatten, und nicht aufgrund der Bedingungen, unter denen wir die Entscheidungen getroffen haben.

*Ich wusste es doch!*

Geht die Sache gut aus, dann haben wir uns gut entschieden, geht sie schlecht aus, dann haben wir schlecht entschieden (z. B. Baron, J./Hershey, J. C. 1988). Das ist natürlich ein Fehler, weil wir die Gegebenheiten zum Zeitpunkt der Entscheidungsfindung nicht berücksichtigen. Es kann ja Zufall sein, dass es noch einmal gut gegangen ist, und nicht die Folge einer guten Entscheidung! Der Ergebnisfehler ist nicht mit dem Rückschaufehler (*Hindsight Bias*) zu verwechseln (Fischhoff, B./Beyth, R. 1975), den wir begehen, wenn wir in Abhängigkeit vom Ergebnis unsere Vorhersagen anpassen und falsch erinnern, so nach dem Motto: »Das hab ich ja schon immer gesagt!«

### Mentale Buchführung

**MERKE**

> **Mentale Buchführung**
> Mit der mentalen Buchführung wird das Phänomen beschrieben, dass Menschen dazu neigen, finanzielle Ausgaben in verschiedene mentale Konten einzuteilen.

Wenn wir uns beispielsweise eine Hose gekauft haben, dann werden wir das »Hosenkonto« vermutlich anschließend weniger gern zusätzlich belasten. Ausgaben für ein gutes Essen werden dagegen im »Nahrungskonto« verbucht und fallen damit weniger ins Gewicht. Oder denken wir an folgende Situation: Wir haben für den Abend eine Kinokarte für 10 Euro gekauft und stellen kurz vor Vorstellungsbeginn fest, dass wir die Karte verloren haben. Die Bereitschaft, eine neue Kinokarte zu kaufen, wird sich bei vielen in Grenzen halten. Ganz anders sieht die Lage aus, wenn wir noch ohne Karte zum Kino kommen und dabei feststellen, dass wir 10 Euro verloren haben. Dies wird nur wenige davon abhalten, sich für 10 Euro eine Kinokarte zu kaufen, denn der Verlust der 10 Euro wird einem anderen Konto belastet als die Kinokarte (Thaler, R. H. 1999).

## 2.8.3.3 Theorie des unbewussten Denkens

Heuristiken können insbesondere in Situationen, in denen wir wenig motiviert sind, lange und intensiv über einen Sachverhalt nachzudenken, oder in denen wir schlichtweg zu wenige Informationen haben oder verarbeiten können, sehr hilfreich sein, uns aber auch in die Irre führen. In den letzten Jahren hat sich mit der *Theorie des unbewussten Nachdenkens* (*Unconscious Thought Theory*; *Dijksterhuis, A./Nordgren, L. F. 2006*) ein alternativer Erklärungsansatz für den Umstand entwickelt, dass wir gerade bei komplexen Entscheidungen viel besser damit fahren, uns ohne viel bewusstes Nachdenken für eine Alternative zu entscheiden.

> **MERKE**
>
> Im Kern steht die Annahme, dass wir unbewusst viel mehr Informationen verarbeiten und miteinander in Bezug setzen können, als wenn wir darüber bewusst nachdenken würden.

Die Theorie lässt sich anhand von sechs Annahmen erklären. Sie nimmt an, dass es zwei Modi des Nachdenkens gibt (Annahme 1): das bewusste und das unbewusste Denken. Das bewusste Denken ist objekt- und aufgabenbezogen und bezeichnet unser »normales« aufmerksames Denken, wenn wir zum Beispiel darüber nachdenken, wohin unsere nächste Urlaubsreise gehen soll, in die Toskana oder die Provence? Oder welches Smartphone wir uns kaufen möchten. Unbewusstes Denken findet dagegen statt, während unsere Aufmerksamkeit gerade mit anderen Dingen beschäftigt ist, wir bemerken es gar nicht. Manchmal reicht es beispielsweise schon aus, einfach eine Nacht über ein schwieriges Problem zu schlafen, um am nächsten Morgen mit dem Gefühl aufzuwachen, uns für eine Alternative entschieden zu haben. Der entscheidende Unterschied zwischen bewussten und unbewussten Denkvorgängen ist dabei die Aufmerksamkeit, und diese ist kapazitätsbegrenzt (Annahme 2). Das bedeutet, dass wir bewusst nur eine begrenzte Menge an Informationen bedenken können. Unbewusste Denkvorgänge sind dagegen, weil sie nicht an Aufmerksamkeit gebunden sind, auch nicht limitiert, wodurch sehr viel mehr Informationen durchdacht werden können. Bewusstes Denken hält sich darüber hinaus an Regeln (z. B. mathematische Regeln wie Addition und Subtraktion), während unbewusstes Denken dies nicht tut und daher auch nicht zu exakten Ergebnissen kommt, sondern höchstens zu ungefähren Schätzungen führt (Annahme 3). Bewusstes Denken ist zudem konvergent, also linear, logisch, rational. Unbewusstes Denken dagegen ist divergent, also offen, spielerisch, kreativ (Annahme 4). Beim unbewussten Denken gelingt es uns zudem, die relative Bedeutung verschiedener Merkmale im Hinblick auf die Entscheidung zu gewichten, während wir beim bewussten Nachdenken häufig bestimmte Merkmale zu stark gewichten (Annahme 5). Schließlich ist bewusstes Denken schemagesteuert, also *top-down* geleitet, während unbewusstes Denken eher *bottom-up* gesteuert ist (Annahme 6). So werden beispielsweise beim bewussten Denken mehr Stereotype aktiviert.

*Bewusstes und unbewusstes Denken*

## 2.8 Fokus Konsument
### Entscheidungsverhalten

Vor dem Hintergrund dieser Annahmen lassen sich nun konkrete Vorhersagen machen, zum Beispiel, dass insbesondere in komplexen Entscheidungssituationen, in denen es viele Merkmale parallel zu vergleichen gilt, unbewusste Denkprozesse zum besseren Ergebnis führen als bewusstes Denken, da sie nach den Annahmen 5 (Gewichtungsprinzip) und 6 (Top-down- vs. Bottom-up-Prinzip) mehr Informationen angemessen und relativiert berücksichtigen können. Und diese Vorhersagen lassen sich empirisch auch bestätigen.

**BEISPIEL** **Einfache und komplexe Entscheidungen**

▶▶▶ In einer Studie der Forschergruppe um Ap Dijksterhuis (Dijksterhuis, A. et al. 2006) sollten sich die Teilnehmer für ein Auto entscheiden. Dazu wurden ihnen vier verschiedene Autos präsentiert, wobei die Menge an vergleichbaren Merkmalen variiert wurde. Einmal wurden nur vier Merkmale vorgegeben (einfache Bedingung), ein anderes Mal 12 (komplexe Bedingung). Ein Teil der Probanden wurde nun instruiert, vier Minuten lang über die Alternativen nachzudenken und dann zu einer Entscheidung zu gelangen (bewusstes Denken). Die anderen Versuchspersonen wurden dagegen durch eine Anagramm-Aufgabe für 4 Minuten abgelenkt (unbewusstes Denken). Sie mussten ihre Wahl nach Beendigung der Ablenkungsaufgabe abgeben. Es zeigt sich nun, dass in der einfachen Bedingung mehr Personen aus der Gruppe »Bewusstes Denken« das beste Auto wählte. In der komplexen Bedingung dreht sich dieser Effekt um. Nun wählten mehr Personen, die keine Möglichkeit hatten, bewusst über die Alternativen nachzudenken, das beste Auto. ◀◀◀

Dieser und ähnliche Befunde werden als Beleg für die Hypothese des *Nachdenkens ohne Aufmerksamkeit* (*deliberation without attention*) angesehen (vgl. dazu auch die Metastudie von *Strick, M. et al.* 2011). Es gibt allerdings auch kritische Stimmen zu dieser Theorie, die zum einen die Befunde damit erklären, dass hier keine unbewussten Denkprozesse am Werk sind, sondern sich eher Urteilsheuristiken durchsetzen, zum anderen wird die statistische Power bzw. die Reliabilität der Studien kritisiert (siehe dazu z. B. Huizenga, H. M./Wetzels, R., van Ravenzwaaij,D./Wagenmakers, E-J. 2012; Tressoldi, P. E. 2012; Nieuwenstein, M./van Rijn, H. 2012).

### 2.8.4 Nachentscheidungskonflikte und kognitive Dissonanz

*Habe ich richtig entschieden?*

Entscheidungen sind aber nicht nur im Vorfeld schwierig, sie können sich auch im Nachhinein als problematisch herausstellen, wenn ich etwa nicht sicher bin, die richtige Entscheidung getroffen zu haben. In dem Fall entsteht möglicherweise kognitive Dissonanz (Festinger, L. 1957).

## 2.8 Entscheidungsverhalten

> **MERKE**
>
> **Kognitive Dissonanz**
> Unter kognitiver Dissonanz versteht man einen als unangenehm empfundenen Gefühlszustand (»Störgefühl«), der durch die Unvereinbarkeit unserer Wahrnehmungen, Gedanken, Meinungen, Einstellungen, Wünsche oder Absichten entsteht.

Beispielsweise wollen wir eigentlich abnehmen, gönnen uns aber nun ein deftiges Essen, oder wir haben uns gerade ein neues Smartphone geleistet und erfahren nun, dass wir zum gleichen Preis ein besseres bekommen hätten. Allgemein entsteht kognitive Dissonanz, wenn man z. B.

- eine Entscheidung zugunsten einer Alternative getroffen hat, obwohl andere Optionen auch attraktiv waren,
- eine Entscheidung zugunsten einer Alternative getroffen hat, die sich später als falsch, ungünstig oder fehlerhaft erweist,
- merkt, dass eine begonnene Tätigkeit, Zielverfolgung, Aufgabe viel anstrengender ist als erwartet,
- zwar viel in eine Angelegenheit investiert hat, das Ziel bzw. das Ergebnis den Erwartungen jedoch nicht gerecht wird,
- sich entgegen seiner Überzeugung verhält, ohne dass es dafür einen äußeren Grund gibt.

Im Hinblick auf Kaufentscheidungen kann Dissonanz entstehen, wenn man z. B.

- die Kaufentscheidung im Nachhinein bereut, weil das Produkt nicht den Erwartungen entspricht oder weil das Preis-Leistungsverhältnis nicht stimmt,
- neue Informationen über das gewählte Produkt erhält, die die Kaufentscheidung in eine andere Richtung hätten beeinflussen können,
- neue Informationen über Konkurrenzprodukte erhält,
- die soziale Unterstützung ausbleibt, man also z. B. nicht für den Kauf gelobt wird.

*Dissonanz bei Kaufentscheidungen*

Dissonanz läuft somit einem anderen Motiv von uns, nämlich dem *Wunsch nach Konsistenz* entgegen.

Es gibt viele Möglichkeiten, das unangenehme Gefühl der Dissonanz zu reduzieren bzw. zu vermeiden. Wir können zum Beispiel die Einstellungs-Verhaltens-Diskrepanz einfach leugnen, die Folgen herunterspielen (»ist ja nicht so schlimm/aussagekräftig, was ich da tue«), das von uns gezeigte Verhalten als durch äußere Umstände erzwungen darstellen (»Ich hatte keine andere Wahl«), selektiv nach dissonanzreduzierenden Informationen Ausschau halten oder tatsächlich, wie in der *Selbstwahrnehmungstheorie* (Bem, D. J. 1972; siehe Kap. 2.7) beschrieben, unsere Einstellung an das Verhalten anpassen.

Eine andere Möglichkeit, sich vor Dissonanz in Konsumzusammenhang zu schützen, besteht darin, nach dem Kauf nur noch kaufbestätigende Informationen zu beachten und nicht etwa im Nachhinein die Entscheidung durch weitere intensive Informationsbeschaffung und -bewertung zu rechtfertigen. In dem Fall würde man

## 2.8 Fokus Konsument
Entscheidungsverhalten

sich der Gefahr aussetzen, die Kaufentscheidung nachträglich zu diskreditieren, wenn man auf negative Informationen stößt.

Viele Marketingmaßnahmen und auch Werbungen zielen darauf, dem Käufer deutlich zu machen, dass er vollkommen richtig gehandelt hat. Produkthandbücher beginnen häufig mit der Begrüßung: »Herzlichen Glückwunsch, dass Sie sich für das hochwertige Produkt XY entschieden haben!« Auch wirkt sich die Imagewerbung für ein Produkt oder eine Marke im Nachhinein beruhigend auf mögliche Dissonanzen auf Seiten des Käufers aus.

### 2.8.5 Prospect Theory und Verhaltensökonomik

> **MERKE**
>
> **Verhaltensökonomik**
> Die Verhaltensökonomik ist ein relativ neuer interdisziplinärer Zweig, der sich mit menschlichem Verhalten in ökonomischen Zusammenhängen beschäftigt.

*Entscheidungen vorhersagen.*

Ausgangslage für diese Forschungsrichtung war die Einsicht, dass menschliches Verhalten keineswegs dem Verhalten eines strikt rationalen Nutzenmaximierers (*Homo oeconomicus*) entspricht, sondern dass wir in Situationen Entscheidungen treffen, in denen wir weder über alle notwendigen Informationen verfügen noch in der Lage sind, daraus tatsächlich rationale Schlüsse zu ziehen. Entscheidungen werden im Gegenteil und wie eben gezeigt durch Heuristiken, Emotionen oder Fehler bei der Informationsverarbeitung beeinflusst. Diese Einsichten sind auch die Grundlage der *Prospect Theory* (Theorie des Erwartungsnutzens), einer der bedeutendsten Theorien zur Vorhersage von Entscheidungen in unsicheren Situationen. Sie wurde von Kahneman und Tversky (Kahneman, D./Tversky, A. 1979) entwickelt, die dafür im Jahr 2002 sogar den Nobelpreis erhielten. Das Besondere an der Theorie ist, dass sich menschliches Verhalten damit mathematisch berechnen und vorhersagen lässt, was die Theorie insbesondere für die Finanzwirtschaft so bedeutend macht.

Grundsätzlich wird angenommen, dass unsere Entscheidungen in zwei Phasen ablaufen, einer Bearbeitungsphase (*Editing*) und einer Bewertungsphase (*Evaluation*). In der Bearbeitungsphase entscheidet sich bereits, wie das Entscheidungsproblem überhaupt wahrgenommen wird. Durch die Nutzung von Heuristiken bzw. durch Fehler bei der Informationsverarbeitung (Attributionsfehler, Überoptimismus, Kontrollillusion, Sturheit, *Priming*, Angst vor Verlust etc.) wird das Entscheidungsproblem in einen bestimmten Kontext gesetzt. Dieser Prozess wird als *Framing* bezeichnet und ist von großer Bedeutung für die nachfolgenden Prozesse. Bereits die Einschätzung eines möglichen Ereignisses als Verlust oder Gewinn wird das Entscheidungsverhalten stark beeinflussen. Damit Veränderungen überhaupt als Gewinn bzw. Verlust erlebt werden können, muss zuvor ein Referenzpunkt gesetzt werden, vom dem aus die Veränderungen beurteilt werden. Auch die Setzung des Referenzpunktes ist subjektiv und hängt von Erwartungen und Einschätzungen

## 2.8 Entscheidungsverhalten

des Entscheiders ab. Zur Illustration dieses Vergleichsstandards muss man nur an das berühmte Glas denken, das entweder halb voll oder halb leer ist, je nach Perspektive. Ausgehend von dem gewählten Referenzpunkt werden die Eintrittswahrscheinlichkeiten der möglichen Ausgänge und deren Nutzen bewertet (*Evaluation*). Entschieden wird dann für die Alternative mit dem höchsten Nutzen. So kann es kommen, dass einem objektiven Gewinn ein geringerer subjektiver Wert, einem gleich hohen objektiver Verlust dagegen auch ein subjektiv höherer Wert beigemessen wird. Das Modell beschreibt darüber hinaus den Zusammenhang zwischen subjektivem und objektivem Verlust und Gewinn. Mathematisch lässt sich dieser Zusammenhang als eine Wertefunktion beschreiben, die sich anhand der Dimensionen objektiver und subjektiver Gewinn und Verlust abbilden lässt und die einen S-förmigen Verlauf annimmt (vgl. Abb. 2.6).

Wie sich aus Abbildung 2.6 entnehmen lässt, fallen sowohl objektive Gewinne und Verluste, je größer sie sind, subjektiv weniger gravierend aus. Wenn ich sowieso schon 200.000 Euro verloren habe, dann machen weitere 10.000 Euro auch nichts mehr aus. Umgekehrt verhält es sich ebenso. Wenn ich 200.000 Euro gewonnen habe, dann macht es erlebnismäßig keinen Unterschied, wenn ich 210.000 gewinne. Bei geringeren objektiven Gewinnen und Verlusten sieht das anders aus. Ein objektiver Gewinn von 100 Euro wird subjektiv zwar deutlich höher gewichtet, allerdings ist das kein Vergleich zu einem objektiven Verlust von 100 Euro, der sub-

**Abb. 2.6**

**Zusammenhang zwischen subjektiven und objektiven Gewinnen und Verlusten**

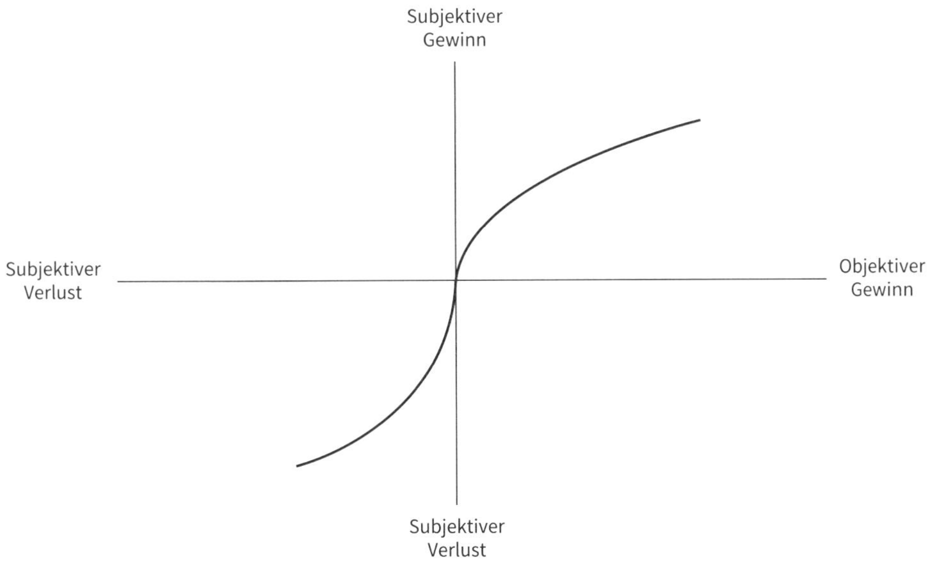

## 2.8 Fokus Konsument
Entscheidungsverhalten

jektiv viel stärker ins Gewicht fällt. Anhand dieser Zusammenhänge lässt sich dann auch erklären, warum wir in Gewinnsituationen vorhandene Gewinne eher einstreichen, als auf noch mehr Gewinne zu warten. In Verlustsituationen warten wir dagegen ab, verhalten uns also risikoreicher, weil der Verlust schwerer wiegt und wir ihn wett machen möchten. Das Ergebnis ist allerdings häufig zu unseren Ungunsten.

### 2.8.6 Nudging (»Anstupsen«)

Seit Richard Thaler im Jahr 2017 den Nobelpreis für Wirtschaftswissenschaften erhalten hat, ist auch das sogenannte »Anstupsen« (Nudging) ein Thema in Marketing und Werbung.

> **MERKE**
>
> **Nudging**
> Unter Nudging versteht man im Kern Maßnahmen zur Veränderung von Entscheidungsumwelten, die dazu führen, dass Auswahlentscheidungen in eine gewünschte Richtung erfolgen. Das Individuum wird dabei weder gezwungen noch in seiner subjektiv wahrgenommenen Entscheidungsfreiheit begrenzt (siehe dazu Thaler, R. H./Sunstein, C. R. 2008).

*Warengruppenmanagement*

Es gibt zahlreiche Beispiele, die die Wirkung des Anstupsens verdeutlichen, etwa die Fliege oder das Tor im Pissoir, die Widerspruchslösung bei Organspenden oder der Hinweis auf der Autobahn »Papi, fahr vorsichtig«. Ein häufig eingesetztes und bewährtes Mittel, um Entscheidungen in eine bestimmte Richtung zu lenken, sind beispielsweise Angaben darüber, wie sich andere Entscheider verhalten haben oder Voreinstellungen (*defaults*) bei Formularen, wie es sie z. B. bei vielen Versandhändlern im Internet gibt. Die voreingestellte Versandmethode wird häufig auch gewählt, da eine Veränderung mit subjektiven Wechselkosten verbunden ist (Klappt das auch? Muss ich etwas dabei bedenken?). Gleiches gilt für Einstellungen bei technischen Geräten. Häufig rühren wir die Auslieferungseinstellungen nicht an, aus Sorge, wir könnten etwas Wichtiges verstellen. Allein die (selektiven) zur Verfügung stehenden Informationen können Verbraucher dazu bringen, bestimmte Handlungen eher zu tätigen, bestimmte Entscheidungen mit größerer Wahrscheinlichkeit zu treffen. In einer Studie konnten beispielsweise durch die augenfällige Angabe der Herkunftsbezeichnung (»Bodensee (Deutschland)« vs. »Südtirol (Italien)«) mehr regionale Äpfel verkauft werden (Hartmann, A./Streber, A./Filipiak-Pittroff, B./Winkler, G. 2017). Auch beim Warengruppenmanagement (*category management*) spielt das Anstupsen bei der gesamten Platzierungsstrategie eine große Rolle. So lassen sich beispielsweise durch die Anordnung von Produkten im Supermarktregal Verkaufswahrscheinlichkeiten verändern. Typischerweise unterscheidet man hier zwischen Streck- (oben im Regal), Sicht- (in der Mitte) und Bückzone (unten im Regal). Da die meisten Produkte aus der Sicht- und Greifzone genommen werden, befinden sich da in der Regel auch die ertragsstärksten, in der Bückzone dagegen eher die ertragsschwächeren Produkte. Hochwertige Artikel befinden sich oft in der Streckzone. Auch lassen sich durch geschickte Warenanordnungen Cross-Selling-Potenziale ausschöpfen, wenn beispielsweise die Nussnougat-Creme direkt neben dem Butter-Toast platziert wird.

### 2.8.7 Ausblick

Unser Entscheidungsverhalten ist viel komplexer und schwieriger, als man das vielleicht zunächst annehmen mag. Und häufig alles andere als überlegt. Dabei entscheiden wir uns ständig und immer wieder aufs Neue. Entscheidungen können dabei, wenn wir uns der Sache sicher sind, mit gutem Gefühl getroffen werden oder ein ungutes Gefühl hinterlassen, wenn ein Rest von Unsicherheit bleibt. Es gibt zudem ganz unterschiedliche Entscheidungsarten. Manchmal entscheiden wir erst nach langem Nachdenken, manchmal eher aufgrund eines guten Bauchgefühls, dann wieder spontan und impulsiv oder weil wir uns schon immer so entschieden haben. Wie gut es uns mit den Entscheidungen geht, hängt auch davon ab, wie schwierig die Entscheidung fiel. Gerade bei Unsicherheit besteht die Gefahr von kognitiver Dissonanz, einem unangenehmen Gefühl, das uns an den Entscheidungen zweifeln lässt. Daneben sind unsere Entscheidungen durch zahlreiche Fehler der Informationsverarbeitung und -gewichtung gekennzeichnet. Wir entscheiden keinesfalls, wie es etwa das Konzept des homo oeconomicus nahelegt, stets rational und nutzenmaximierend. Ganz im Gegenteil sind wir durch die einfachsten Mittel in unseren Entscheidungen zu beeinflussen. Darüber hinaus zeigt sich auch, dass gerade bei komplexen Entscheidungen das intensive Nachdenken nicht notwendigerweise Vorteile besitzt, sondern dass in diesen Fällen das Entscheiden aus dem Bauch heraus häufig die bessere Strategie ist. Die vielfältigen Einflüsse, die sich auf unser Entscheidungsverhalten auswirken, sind auch Gegenstand der Verhaltensökonomik. In diesem Gebiet versucht man wirtschaftliches Entscheidungsverhalten, das eben keinesfalls nur auf sachlich-objektiven Analysen basiert, vorherzusagen. Die Hypothekenkrise in den USA, die nicht zuletzt zu einer großen globalen Finanzkrise beigetragen hat, ist ein gutes Beispiel für die Auswirkungen irrationaler Erwartungen.

Überdies, und das haben wir bisher aufgrund der sich daraus ergebenden Komplexität unterschlagen, ist bei der Bewertung und Analyse des Entscheidungsverhaltens stets auch zu bedenken, dass wir Entscheidungen häufig auch vor dem Hintergrund unserer Persönlichkeit treffen. Manche Menschen sind beispielsweise offen für neue Produkte, interessieren sich für Werbung, andere dagegen nicht. Wieder andere nutzen Produkte zur Darstellung oder Erweiterung ihrer Persönlichkeit. Betrachten wir im Folgenden etwas genauer, was es mit der menschlichen Persönlichkeit im vorliegenden Kontext auf sich hat.

## 2.9 Fokus Konsument
Persönlichkeit

**SCHLÜSSELBEGRIFFE KAPITEL 2.8**

- Extensive Entscheidung
- Limitierte Entscheidung
- Habitualisierte Entscheidung
- Impulsentscheidung
- Hedonistische Tretmühle
- Intuitive Entscheidungen
- Deliberative Entscheidungen
- Entscheidungsheuristiken
- Theorie des unbewussten Denkens
- Verfügbarkeitsheuristik
- Repräsentativitätsheuristik
- Basisrate
- Rekognitionsheuristik
- Ankerheuristik
- Attributionsfehler
- Überoptimismus
- Selbstüberschätzung
- Kontrollillusionen
- Irrelevante Informationen
- Verwässerungseffekt
- Halo-Effekt
- Herdeneffekte
- Besitztumseffekte
- Ergebnisfehler
- Mentale Buchführung
- Kognitive Dissonanz
- Prospect Theory
- Nudging

**REFLEXIONSFRAGEN**

1. Welche Entscheidungsarten gibt es und in welchen Zusammenhängen entscheiden Sie selbst so oder anders?
2. Was sind Entscheidungsheuristiken und in welchen Situationen nutzen Sie diese selbst?
3. Welche Annahmen macht die Theorie des unbewussten Denkens?
4. Durch welche Fehler bei der Informationsverarbeitung werden Entscheidungen beeinflusst?
5. Wie kann man Fehler bei der Informationsverarbeitung, die sich nachteilig auf unsere Entscheidungen auswirken können, begegnen?
6. Wie kann man versuchen, kognitive Dissonanz nach Kaufentscheidungen beim Kunden zu minimieren?
7. Was untersucht die Verhaltensökonomik?
8. Entwickeln Sie eigene Ideen, um durch das Nudging Konsumenten zu bestimmten Entscheidungen zu bringen.

## 2.9 Persönlichkeit

Der Begriff »Persönlichkeit« wird im Alltag ganz unterschiedlich verwendet. So meinen wir damit einerseits so etwas wie den Charakter der Person, also das Wesen, die Art und Weise wie die Person sich verhält und gibt. Auf der anderen Seite bezeichnen wir Personen als Persönlichkeit, wenn wir damit ausdrücken wollen, dass sie etwas Besonderes sind, dass sie Merkmale aufweisen, die sie von anderen Menschen unterscheiden. Beide Sichtweisen sind durchaus mit der wissenschaftlichen Definition von Persönlichkeit konform.

> **MERKE**
>
> **Persönlichkeit**
> In der Psychologie bezeichnen wir die stabilen und überdauernden Merkmale einer Person, die das Erleben und Verhalten situationsübergreifend steuern bzw. determinieren, als ihre Persönlichkeit.

In der Regel wird die Persönlichkeit dazu benutzt, um Unterschiede zwischen Personen zu charakterisieren und individuelles Verhalten und Erleben zu beschreiben, zu erklären und vorherzusagen (einen umfassenden Überblick dazu geben Maltby,

## 2.9 Persönlichkeit

J./Day, L./Macaskill, A. 2011). Wie aber lässt sich, anhand der Komplexität der Merkmale und deren Wechselwirkungen, die menschliche Persönlichkeit sinnvoll beschreiben? Und gibt es sie tatsächlich, die stabile Persönlichkeit? Oder müssen wir nicht vielmehr davon ausgehen, dass wir uns permanent, situationsangemessen verändern und uns quasi als Produzenten unserer eigenen Persönlichkeit betätigen, die wir v.a. aus Konsistenzgründen immer wieder auf ähnliche Weise konstruieren? Zu diesen Fragen gibt es zahlreiche Ansätze und Theorien, die zu beschreiben den Rahmen sprengen würde. Wir wollen uns für den werbepsychologischen Kontext hauptsächlich mit dem eigenschaftsorientierten Ansatz der sogenannten »Big Five« beschäftigen, der sich in vielen Studien als besonders fruchtbar zur Erklärung und Vorhersage differentieller Verhaltensweisen erwiesen hat.

### 2.9.1 Die »Big Five« der menschlichen Persönlichkeit

Die »Big Five« sind das Ergebnis langer Forschungsbemühungen, die schon in den 1930er Jahren vorangetrieben wurden und die allesamt das Ziel hatten, die menschliche Persönlichkeit so umfassend wie möglich und gleichzeitig so sparsam wie möglich zu beschreiben. Ausgangspunkt war zunächst die Idee, dass sich alle Persönlichkeitsmerkmale in der Sprache widerfinden müssten. Wir haben unzählige Begriffe, um Personen zu beschreiben. Bei vielen Begriffen merkt man aber schon als Laie, dass diese große Bedeutungsüberlappungen aufweisen, denken wir z.B. an die Eigenschaftswörter kontaktfreudig und gesellig. Beide beschreiben offensichtlich eine Person, die sich im sozialen Kontext wohl fühlt und den Kontakt mit anderen Menschen sucht. Es gibt also einen gemeinsamen Nenner der beiden Begriffe, auch wenn sie sich in Nuancen unterscheiden mögen.

Persönlichkeitsforscher haben nun in aufwendigen Studien versucht, die grundlegenden Dimensionen (Faktoren) herauszufinden, die hinter den ganz unterschiedlichen Eigenschaftswörtern stecken. Daraus entstand das heutige Standardmodell der Persönlichkeit, eben die »Big Five«.

»Big Five« = OCEAN

> **MERKE**
>
> **»Big Five«**
> Der Ausdruck »Big Five« bezieht sich auf die fünf Faktoren, mit denen die Persönlichkeit beschrieben wird, nämlich Offenheit für Erfahrungen, Gewissenhaftigkeit, Extraversion, Verträglichkeit sowie Neurotizismus.

Häufig findet man auch die Bezeichnung OCEAN-Modell, wobei OCEAN einfach das Akronym für die englischen Dimensionsbezeichnungen ist, nämlich O = Openness to experience (auf deutsch: Offenheit für Erfahrungen), C = Conscientiousness (Gewissenhaftigkeit), E = Extraversion (Extraversion), A = Agreeableness (Verträglichkeit) und N = Neuroticism (Neurotizismus). Jede der fünf Dimensionen ist als Kontinuum zu verstehen, d.h. jede Person lässt sich auf jede Dimension zwischen zwei Extrempolen einordnen. Die »Big Five« werden heute in ganz unterschiedlichen Kontexten eingesetzt: In der klinischen Diagnostik ebenso wie bei der Personalbe-

## 2.9 Fokus Konsument
### Persönlichkeit

urteilung, bei der Ermittlung der Partnerschaftspersönlichkeit oder in Marketing- und Werbezusammenhängen. Betrachten wir kurz genauer, was sich hinter den einzelnen Dimensionsbezeichnungen verbirgt (vgl. dazu und im Folgenden z. B. Costa, P. T./R. R. McCrae 1987; Fehr, T. 2006; Lang, F. R./Lüdtke, O./Asendorpf, J.B. 2001; Robins, R. W et al. 2001; einen Überblick geben Maltby, J./Day, L./Macaskill, A. 2011).

### 2.9.1.1 Offenheit für neue Erfahrungen

> **MERKE**
>
> **»Offenheit für neue Erfahrungen«**
> Der Faktor »Offenheit für Erfahrungen« beinhaltet Persönlichkeitsmerkmale wie intellektuelle Neugier, divergentes Denken, die Bereitschaft zur Berücksichtigung neuer Ideen, Fantasie und eine ausgeprägte Vorstellungskraft.

Personen mit hohen Werten auf diesem Faktor sind häufig unkonventionell, kreativ und künstlerisch, liberal und kenntnisreich. Sie interessieren sich für Kunst, Philosophie, Musik und Poesie. Sie nehmen eigene und fremde Emotionen sensibel war und suchen stets nach Abwechslung. Personen mit niedrigen Werten auf diesem Faktor vertrauen dagegen eher auf Bekanntes und Bewährtes, sind eher konservativ und praktisch veranlagt. Sicherheit finden sie in Routinen. Eigene und fremde Gefühle nehmen sie weniger stark war. Kaum verwunderlich finden sich unter Künstlern, Architekten, Unternehmern oder Beratern häufig Personen mit großer Offenheit (Fehr, T. 2006). Es wird allgemein angenommen, dass die meisten Menschen mittlere Ausprägungen bei diesem Faktor haben, d. h. das extreme Werte eher selten sind. Allerdings zeigen sich in verschiedenen Studien Altersunterschiede: Jüngere Menschen haben in der Regel höhere Werte auf dem Faktor Offenheit als ältere (Lang, F. R./Lüdtke, O./Asendorpf, J.B. 2001). Auch korreliert der Faktor schwach positiv mit Selbstwert (vgl. Robins, R. W. et al. 2001).

### 2.9.1.2 Gewissenhaftigkeit

> **MERKE**
>
> **Gewissenhaftigkeit**
> Mit dem Faktor Gewissenhaftigkeit wird das Ausmaß an Selbstdisziplin und Kontrolle beschrieben bzw. ganz allgemein das Maß an Organisation, Ausdauer und Motivation beim zielgerichteten Handeln.

Personen mit hohen Ausprägungen auf diesem Faktor sind entschlossen und organisiert. Sie planen Ereignisse in ihrem Leben häufig weit im Voraus. Personen mit niedrigen Werten auf dieser Dimension sind eher sorglos, von einmal begonnenen Aufgaben leicht ablenkbar und unzuverlässig. Zu dem Faktor gehören auch Merkmale wie praktisch, umsichtig, ernsthaft, verlässlich, arbeitsam, ambitioniert. Gewissenhafte Personen erhalten in Leistungszusammenhängen häufig bessere Beurteilungen als weniger gewissenhafte Personen. Gewissenhafte Personen finden sich häufig in leitenden Positionen, z. B. als Geschäftsführer oder auch als naturwissenschaftlicher Forscher (Fehr, T. 2006). Darüber hinaus finden sich mittlere Zusammenhänge zwischen Gewissenhaftigkeit und Selbstwert, d. h. je höher die Ausprägung auf dem Faktor Gewissenhaftigkeit desto größer der Selbstwert bzw. umgekehrt (vgl. Robins, R. W. et al. 2001). Auch finden sich wieder Altersunterschiede (Lang, F. R./ Lüdtke, O./Asendorpf, J.B. 2001): Personen mittleren Alters weisen häufig die höchsten Werte hinsichtlich des Faktors Gewissenhaftigkeit auf. Jüngere Menschen sind sorgloser, bei älteren Menschen entfällt häufig der Druck durch äußere Faktoren, z. B. weil sie sich nicht mehr den Zwängen am Arbeitsplatz unterordnen müssen.

### 2.9.1.3 Extraversion

**MERKE**

**Extraversion**
Mit Extraversion wird allgemein die Quantität und Intensität zwischenmenschlicher Interaktionen beschrieben.

Kurz, Extraversion ist ein Maß für die Geselligkeit einer Person. Als Persönlichkeitsmerkmal wird Extraversion schon von dem Psychoanalytiker C. G. Jung zu Anfang des 20. Jahrhunderts beschrieben. Personen mit hoher Ausprägung auf diesem Faktor sind gesellig, tatkräftig, optimistisch, freundlich und durchsetzungsfähig. Man bezeichnet sie auch als extravertierte Personen. Dagegen werden Menschen mit geringer Ausprägung als introvertierte Menschen bezeichnet. Introvertierte Personen sind allgemein reserviert, gesellschaftlich unabhängig, nüchtern, aufgabenorientiert, unnahbar und ruhig. Extravertierte Personen finden wir häufig in Berufen mit viel Sozialkontakten, z. B. in Vertrieb, Verkauf oder Politik (Fehr, T. 2006). Introvertierte Personen dagegen eher in Kontexten, bei denen die Arbeit in Zurückgezogenheit stattfindet, z. B. bei Forschern oder Programmierern. Altersunterschiede finden sich bezüglich dieses Faktors eher nicht (Lang, F. R./Lüdtke, O./Asendorpf, J.B. 2001). Dafür aber mittlere Zusammenhänge mit Selbstwert, d. h. je höher die Extraversion desto größer der Selbstwert bzw. umgekehrt (vgl. Robins, R. W. et al. 2001).

### 2.9.1.4 Verträglichkeit

**MERKE**

**Verträglichkeit**
Der Faktor Verträglichkeit umfasst all jene Facetten der Person, die für die soziale Interaktion relevant sind.

**2.9 Fokus Konsument**
Persönlichkeit

Allgemein zeichnen sich Personen, die verträglich sind, durch Altruismus und Hilfsbereitschaft aus. Hohe Werte bei diesem Persönlichkeitsmerkmal lassen sich durch Adjektive wie mitfühlend, nett, warm, vertrauensvoll, hilfsbereit, kooperativ und nachsichtig beschreiben. Menschen mit niedrigen Werten werden dagegen als streitbar, egozentrisch und misstrauisch gegenüber den Absichten anderer Menschen beschrieben. Außerdem verhalten sie sich eher wettbewerbsorientiert und sind keine guten Teamplayer. Typische Berufe für Personen mit hoher Verträglichkeit sind Dienstleistungsberufe oder der Kundendienst (Fehr, T. 2006). Wettbewerbsorientierte Personen finden sich dagegen häufig in hohen Führungspositionen. Studien zeigen immer wieder, dass die Verträglichkeit mit zunehmendem Alter (Lang, F. R./Lüdtke, O./Asendorpf, J.B. 2001) zunimmt. Auch für diesen Faktor finden sich Zusammenhänge mit Selbstwert (vgl. Robins, R. W. et al. 2001).

### 2.9.2 Neurotizismus

> **MERKE**
>
> **Neurotizismus**
> Mit Neurotizismus (Theorie des unbewussten Denkens) wird allgemein die emotionale Stabilität und Verletzlichkeit von Personen beschrieben.

Damit ist gemeint, wie Menschen allgemein mit Emotionen umgehen. Manche Personen benötigen mehr und stärkere emotionale Reize, um beeindruckt zu werden, andere Personen sind dagegen sensibler und lassen sich schon von weniger beeinflussen. Personen mit hohen Werten auf dieser Skala neigen allgemein zu Ängstlichkeit, Empfindlichkeit, Nervosität, Reizbarkeit, Launenhaftigkeit, Unsicherheit und Verlegenheit. Sie klagen häufig über Ärger oder über körperliche Schmerzen. Sie neigen zu Traurigkeit und Melancholie, reagieren sensibel auf Stress und sind häufig dauerhaft unzufrieden. Personen mit geringeren Neurotizismuswerten sind dagegen eher ruhig und gelassen, entspannt, leidenschaftslos, unerschrocken, furchtlos und (selbst-)zufrieden. Emotional sensible Menschen findet man häufig in sozialen Berufen und Diensten aber auch in Dienstleistungsberufen (Fehr, T. 2006). Emotional belastbare Menschen findet man dagegen in Situationen, in denen es mitunter sehr stressig zugehen kann, z. B. bei Fluglotsen, Piloten oder Finanzmanagern. Der Faktor Neurotizismus bleibt in der Regel relativ konstant über unsere Lebensspanne (Lang, F. R./Lüdtke, O./Asendorpf, J.B. 2001), wobei es eine leichte Tendenz gibt, im höheren Alter weniger ängstlich und nervös zu sein. Außerdem zeigen sich auch hier Zusammenhänge mit dem Selbstwert, d. h. je weniger ausgeprägt der Faktor Neurotizismus, desto größer der Selbstwert bzw. umgekehrt (vgl. Robins, R. W. et al. 2001).

## 2.9.3 »Big Five« im werblichen Kontext

Wenn die Persönlichkeit eines Menschen dessen Erleben und Verhalten nachhaltig und situationsübergreifend (mit-)bestimmt, dann ist dies auch im Kontext von Werbung bzw. bei konsumrelevanten Handlungsweisen der Fall. Es verwundert daher nicht, dass es zahlreiche Studien zu, Zusammenhang von Persönlichkeitsmustern und Konsum- oder Medienverhalten gibt (zum Überblick siehe Felser, G. 2015). So finden sich beispielsweise Belege dafür, dass Offenheit für Erfahrungen, Verträglichkeit und Extraversion eher mit hedonistischen Kaufmotiven verbunden, d. h. Personen mit hohen Werten auf diesen Dimensionen haben mehr Spaß am Einkaufen und kaufen auch eher Genussgüter, während die Dimensionen Gewissenhaftigkeit und Neurotizismus beim Einkauf eher an der Nützlichkeit orientiert ist, d. h. Personen mit hohen Werten auf diesen Dimensionen eher Gebrauchsgüter erwerben (Gianluigi, G. 2006). Mooradian und Olver (1996) finden plausible (schwache) Zusammenhänge zwischen den «Big Five" und unterschiedlichen Einkaufsmotiven. Neurotizismus geht z. B. mit dem Motiv »Selbstbelohnung« einher. Extraversion korreliert mit Motiven, die sich auf zwischenmenschliche Interaktion beziehen. Verträglichkeit »verträgt« sich gar nicht mit dem Motiv Handeln (Feilschen) zu wollen, gewissenhafte Personen suchen gerne Schnäppchen und offene Personen interessieren sich für neue Produkte. Extraversion und Offenheit korrelieren mit dem Glücksempfinden beim Einlauf (Goldsmith, R. 2016). Ebenfalls beeinflusst die Persönlichkeit die Einkaufszufriedenheit und z. B. Wiederkaufsabsichten (Mooradian, T. A./Olver, J. M. 1997). Auch die Bereitschaft online zu kaufen wird durch die Persönlichkeit mitbestimmt. Insbesondere für Neurotizismus, Offenheit für Neues und Verträglichkeit ergeben sich Zusammenhänge mit der Bereitschaft zum Onlinekauf (Bosnjak, M./Galesic, M./Tuten, T. 2007). Insgesamt sind die Zusammenhänge mit den »Big Five« jedoch eher schwach, sie eignen sich daher auch nur bedingt für Vorhersage von Konsumverhalten bzw. Werberezeption. Das kann man auch als Hinweis darauf deuten, dass beides stark durch situative Faktoren beeinflusst wird.

*Schwache Zusammenhänge*

## 2.9.4 Weitere Persönlichkeitsmerkmale

Neben den »Big Five« gibt es noch zahlreiche andere Persönlichkeitskonzepte. Im werblichen Zusammenhang haben sich neben dem Kognitionsbedürfnis und dem Bedürfnis nach Einzigartigkeit, die Selbstüberwachung und der Materialismus als fruchtbare Konzepte erwiesen.

### 2.9.4.1 Kognitionsbedürfnis

**MERKE**

**Kognitionsbedürfnis**
Unter dem Kognitionsbedürfnis *(Need für Cognition)* versteht man, wie sehr Personen die kognitive Auseinandersetzung mit Inhalten genießen.

**Fokus Konsument**
Persönlichkeit

Personen mit einem hohen Bedürfnis nach Kognition setzen sich beispielsweise viel lieber mit komplexeren Themen auseinander als Personen mit einem vergleichsweise geringerem Bedürfnis nach Kognition, die kognitive Anstrengungen eher vermeiden (Cacioppo, J. T./Petty, E. E. 1982). Das Kognitionsbedürfnis spielt auch eine Rolle, wenn es um Einstellungen und Einstellungsänderungen (vgl. Kap. 2.7), auch im werblichen Kontext, geht. So bewerten Personen mit ausgeprägtem Kognitionsbedürfnis Produkte stärker anhand ihrer Eigenschaften (also anhand von Argumenten) als Personen mit geringerem Kognitionsbedürfnis. Gleichzeitig lassen sich Letztere stärker von peripheren Reizen beeinflussen (Haugtvedt, C. P./Petty, R. E./Cacioppo, J. T. 1992).

### 2.9.4.2 Bedürfnis nach Einzigartigkeit

> **MERKE**
>
> Wir alle haben das Bedürfnis, uns als einzigartig zu empfinden und darzustellen.

Menschen sind zwar grundlegend soziale Wesen, die sich zugunsten eines Zugehörigkeitsgefühls auch gerne konform verhalten, dennoch gibt es quasi als Gegenbedürfnis die Tendenz, sich nonkonform, individuell zu erleben. Konsumgüter sind eine Möglichkeit, dieses Bedürfnis zu befriedigen, was man beispielhaft an Slogans wie z. B. »Be your own hero« des Indoor-Fahrradherstellers Tomahawk oder »Express yourself every day« von Philips Consumer Healthcare ablesen kann. Als ein weiterer Beleg für unseren Wunsch nach Einzigartigkeit mag das große Angebot an Smartphonehüllen dienen, mit dem wir versuchen unser Smartphone zu einem Unikat zu machen. Und in der Tat kann man zeigen, dass sich Personen mit Einzigartigkeitsbedürfnis in konsumrelevanten Entscheidungssituationen anders verhalten als Personen mit geringem Einzigartigkeitsbedürfnis. So besitzen sie nicht nur generell ein stärkeres Bedürfnis für individuelle Konsumgüter (Tian, K.T./Bearden, W. O./Hunter, G. L. 2001), sondern zeigen auch eine Tendenz für unkonventionelle Entscheidungen (Simonson, I./Nowlis, S. M. 2000).

### 2.9.4.3 Selbstüberwachung (self-monitoring)

> **MERKE**
>
> **Selbstüberwachung**
>
> Unter Selbstüberwachung (*Self-monitoring*; Snyder, M. 1974) versteht man allgemein die Sensibilität für das Auftreten anderer Personen und die Fähigkeit, sein eigenes Verhalten darauf abzustimmen.

*Die »richtige« Person*

Personen mit ausgeprägter Tendenz zum *self-monitoring* überwachen ihr soziales Umfeld, um adäquat darauf zu reagieren. Kurz gesagt, Selbstüberwacher versuchen, die »richtige Person«, in der »richtigen Situation«, zum »richtigen Zeitpunkt« zu sein (Snyder, M. 1989), was auch mit Konformitätstendenzen einhergehen kann (Rarick, D. L./Soldow, G.F./Geizer, R. S. 1976). Auch im werblichen Kontext finden sich interessante Unterschiede. Personen mit geringerer Selbstüberwachung müssten in ihrer Produktentscheidung unabhängiger von sozialen Überlegungen sein, da sie sich weniger Gedanken darüber machen, ob das Produkt bzw. der Konsum zur Situation passt oder nicht. Dazu passend zeigt sich, dass hoch selbstüberwachende Personen imageorientierte Werbung (»Äußerlichkeit«) präferieren, während niedrig selbstüberwachende Personen Werbung bevorzugen, bei denen die Produktqualität im Vordergrund steht (»Inhalt«; siehe dazu Snyder, M. 1989). Vereinfacht ausgedrückt könnte man auch sagen, dass Selbstüberwachung mit einer Orientierung an »oberflächlichen«, nach außen sichtbaren, materiellen Merkmalen (Browne, B. A./Kaldenberg, D. O. 1997) einhergeht bzw. das Selbstüberwachern der soziale Wert eines Produktes besonders wichtig ist (Bian, Q./Forsythe, S. 2012).

### 2.9.4.4 Materialismus

> **MERKE**
>
> **Materialismus**
> Mit Materialismus wird in der Regel das Ausmaß beschrieben, welche Bedeutung und Wichtigkeit dem Besitz materieller Gütern beigemessen wird.

Häufig wird zur Messung des Materialismuskonzepts die Skala von Richins und Dawson (1992) eingesetzt. Diese umfasst drei Dimensionen. Erstens *Besitzorientierung*, worunter die Autoren verstehen, wie wichtig es allgemein für die Person ist, materielle Dinge zu erwerben. Zweitens der *besitzdefinierte Erfolg*, der eher beschreibt, inwieweit materieller Besitz als Zeichen von Erfolg angesehen wird. Drittens *besitzdefiniertes Glück*, womit die Neigung erfasst werden soll, inwieweit man denkt, dass Besitz zu Glück und Zufriedenheit führen (Richins, M. L./Dawson, S. 1992). Da Werbung in den meisten Fällen Werbung für materielle Dinge ist, angefangen von der Zahnpasta bis hin zum Auto, also darauf abzielt, uns zum Besitz materieller Dinge anzuregen (Pollay, R. W. 1986; Richins, M. L. 1995), ist es naheliegend, zu vermuten, dass Personen, denen sehr viel an materiellem Besitz liegt, besonders anfällig für Werbung sind. Glücklich macht Besitz aber offensichtlich nicht. Und zwar weder auf einer gesamtökonomischen Ebene, noch auf einer individuellen Ebene. Auf der Makroebene hat sich der Ökonom Easterlin eingehend mit dem Zusammenhang zwischen Besitz bzw. Einkommen und Glück beschäftigt (Easterlin, R. A. 1974). Bei seinen Analysen zeigte sich, dass es zwar einen Zusammenhang zwischen Einkommen und Glück gibt, ein Einkommenszuwachs jedoch nicht zu noch mehr Glückseligkeit führt. Die »hedonistische Tretmühle« (*hedonic treadmill* z. B. Graham, C. 2008) wird als mögliche Erklärung für diesen Befund herangezogen: Die materiellen Standards, auf deren Grundlage das subjektive Wohlbefinden beurteilt wird, passen sich dem wachsenden Gesamteinkommen fortlaufend an, sodass sich am Glückszustand, ab

*Hedonistische Tretmühle*

## 2.9 Fokus Konsument
### Persönlichkeit

einem bestimmten Standard nichts mehr ändert. Immer, wenn man hofft, endlich einen Wohlstand erreicht zu haben, der ein sorgenfreies, glückliches Leben ermöglicht, führt eben genau jener Wohlstand dazu, dass sich neue Wünsche und Ziele einstellen, deren Nichterfüllung dann dem Glück entgegensteht. Aber selbst auf der Mikroebene bedeutet Besitz nicht unbedingt mehr Glück. So konnte gezeigt werden, dass Materialisten, die ja eigentlich nach Besitz streben, um glücklicher zu sein, zumindest kurzfristig keineswegs glücklicher sind als weniger materialistisch orientierte Personen. Im Gegenteil zeigten sich bei hoch materialistischen Personen nach dem Produkterwerb sogar negative Affekte, was möglicherweise daran liegt, dass mit einer materialistischen Haltung auch eine besondere Erwartungshaltung an den Besitz geknüpft ist, die sich in den meisten Fällen dann als trügerisch herausstellt. Zudem können sich auch negative Affekte wie Neid auf Personen, die sich »noch« bessere Produkte leisten konnten dazugesellen (Richins, M. L./McKeage, K. K. R./Najjar, D. 1992).

### 2.9.5 Ausblick

*Werbung macht Gestaltungsangebote*

Unser Erleben und Verhalten ist für uns und andere nicht jeden Tag aufs Neue überraschend. Im Gegenteil zeigen wir darin spätestens ab dem Erwachsenenalter eine große Stabilität. Wir bezeichnen uns dann auch als eine Person, die so und nicht anders ist, die bestimmte Merkmale besitzt und andere nicht. Das macht uns einzigartig und für uns und andere zum verlässlichen Partner. Viele psychologischen Prozesse sind mit dieser stabilen Persönlichkeit verbunden. So haben wir Vorlieben und Abneigungen entwickelt, haben bestimmte Strategien, um Ziele zu erreichen und Probleme zu beseitigen oder verhalten uns in sozialen Situationen immer wieder ganz ähnlich. Produkte und Dienstleistungen nutzen wir dabei als Instrumente. Einerseits um uns in unserer Art und Weise zu unterstützen, andererseits um anderen mitzuteilen, wer wir sind, wobei sich dies von Situation zu Situation auch ändern kann. Die Werbung vermittelt uns dazu Gestaltungsangebote, die dann im besten Fall von den Produkten gehalten werden, die wir gekauft oder konsumiert haben. Und so finden sich im Angebot dann Produkte, die eher für ältere Menschen passen und solche, die eher für Jüngere sind. Es gibt Produkte, die passen zu konservativen Menschen, andere zu eher Progressiven. Es gibt Produkte, die unserem Lifestyle entsprechen und solche, mit denen wir uns nie schmücken würden. Neben der Selbstvergewisserung spielen Produkte, Werbung und unser Konsum also stets auch eine große Rolle, wenn wir unser Erleben und Verhalten in sozialen Situationen betrachten. So hat unser soziales Umfeld teilweise erheblichen Einfluss auf unsere Konsumentscheidungen (siehe dazu auch Simpson, J. A./Griskevicius, V./Rothman, A. J. 2012). Schauen wir uns daher die Wirkung des sozialen Kontextes im Folgenden etwas genauer an.

## REFLEXIONSFRAGEN

1. Was versteht man unter der Persönlichkeit? Was spricht für die Annahme, dass wir eine Persönlichkeit besitzen und was dagegen?
2. Was sind die »Big Five«?
3. Wie können Persönlichkeitsmerkmale unser Konsumverhalten beeinflussen?
4. Was versteht man unter dem Kognitionsbedürfnis?
5. Was unterscheidet Personen mit hoher von Personen mit niedriger Tendenz zur Selbstüberwachung?
6. Wie hängen Werbung und Materialismus zusammen?
7. Wie können Werbung und Produkte unserem Bedürfnis nach Einzigartigkeit entgegenkommen?

**SCHLÜSSELBEGRIFFE KAPITEL 2.9**

- Persönlichkeit
- Differentielle Psychologie
- Big Five
- Ocean
- Gewissenhaftigkeit
- Verträglichkeit
- Neurotizismus
- Extraversion
- Offenheit für Neues
- Kognitionsbedürfnis
- Selbstüberwachung
- Bedürfnis nach Einzigartigkeit
- Materialismus

## 2.10 Sozialer Kontext

Menschliches Verhalten kann nicht isoliert betrachtet werden. Vielmehr leben wir als Menschen stets in sozialen Gefügen, die wir durch unser Verhalten beeinflussen und von denen wir wiederum selbst beeinflusst werden. Um unser Erleben und Verhalten also genauer beschreiben, erklären und vorhersagen zu können, ist die Betrachtung sozialer Prozesse unumgänglich. Eine bedeutende Theorie, die sich mit den Prozessen und Auswirkungen sozialer Beziehungen beschäftigt, ist der *Symbolische Interaktionismus*, der von Herbert Blumer (1986) maßgeblich entwickelt wurde.

### 2.10.1 Symbolischer Interaktionismus

**MERKE**

**Symbolischer Interaktionismus**
Der Symbolische Interaktionismus ist eine soziologische bzw. sozialpsychologische Theorie, die sich mit der Interaktion von Personen beschäftigt. Einer der Grundgedanken ist dabei, dass die Bedeutung der uns umgebenden Dinge, Situationen, Beziehungen und Ideen erst durch unsere soziale Interaktion entsteht.

Es werden folgende Prämissen gemacht (Blumer, H. 1986):
1. Menschen handeln den Dingen gegenüber auf der Grundlage der Bedeutung, die diese Dinge für sie haben. Denken wir dazu an ein Kunstwerk. Zunächst entscheidet ja gerade unser Verhalten gegenüber diesem Werk, ob es sich um ein Kunst-

*Nichts hat Bedeutung an sich.*

## 2.10 Fokus Konsument
### Sozialer Kontext

werk handelt oder nicht. Trifft Ersteres zu, dann verhalten wir uns dem Objekt gegenüber auch »kunstwerkgerecht«, wir sind bereit, es auszustellen und dafür Geld auszugeben. Würden wir das gleiche Objekt nicht als Kunstwerk etikettieren, würden wir es womöglich unbeachtet liegen lassen oder gar wegwerfen. Gleiches gilt im sozialen Kontext. Wir verhalten uns dem Anderen gegenüber in Abhängigkeit seiner Bedeutung für uns, wir ignorieren ihn oder lieben ihn.

2. Die Bedeutung der Dinge entsteht oder wird abgeleitet aus der sozialen Interaktion, die man mit seinen Mitmenschen eingeht. Damit ist gemeint, dass ein Ding an sich keine A-priori-Bedeutung besitzt. Vielmehr verleihen wir den Dingen die Bedeutung erst durch unser Handeln (vgl. auch Bak, P. 2012). Gutes Beispiel dafür ist unser Geld. Der Wert dieser Metall- und Papierstücke ergibt sich erst aus den Konsequenzen, die der Besitz oder Nicht-Besitz auf unser Verhalten und das der anderen hat. Oder denken wir an einen Ehering, der seine Bedeutung für die Partner erst durch deren Interaktion erhält.
3. Bedeutungen werden in einem interpretativen Prozess, den die Person in ihrer Auseinandersetzung mit den ihr begegnenden Dingen benutzt, gehandhabt und verändert. Das heißt, wir geben den Dingen um uns herum jeweils eine kontextspezifische Bedeutung. Ein Sonnenschirm wird bei Regenwetter eben zum Regenschirm oder ein hölzerner Quader wird zum Designer-Stuhl.

Kurzum, wir Menschen erschaffen uns unsere soziale Realität durch unsere sozialen Interaktionen und diese soziale Realität wirkt wieder auf uns zurück. Im Alltag lässt sich diese Aussage gut am Thema Mode (siehe z. B. Davis, F. 1994). erläutern. Eine Mode lässt sich definieren als eine von einer bestimmten Gruppe von Menschen für einen bestimmten Zeitraum gemachte Vorgabe, wie man sich zeitgemäß zu verhalten hat bzw. in welcher Art und Weise welche Dinge und Objekte zu benutzen sind. Modeaccessoires sind sichtbare Symbole, die mit einer bestimmten Bedeutung, einem Code für die Gruppe versehen sind. So wird aus einem Stück Stoff ein Anzug, den man bewundert, und aus einem mobilen Telefon ein Lifestyle-Produkt, dessen Besitz sogar eine soziale Auszeichnung darstellt. Wie wir bereits festgestellt haben, wirkt die Bedeutung der Dinge aber auch zurück auf den Nutzer, wie es in dem Spruch »Kleider machen Leute« bereits formuliert wird. Und in der Tat kann man zeigen, dass sich unser Verhalten mit dem Tragen unterschiedlicher Kleidungsstücke verändert. Denken wir z. B. an Uniformen, die uns direktiver werden lassen, oder an einen Arztkittel, der uns Respekt einflößt (siehe dazu auch Adam, H./Gallinsky, A. D. 2012). Gerade beim Thema Mode wird auch deutlich, dass der symbolische Gehalt der Dinge stets mit einer Signalwirkung für uns und andere verbunden ist: »Seht her, so einer bin ich!«. Welche Folgen diese Signalwirkung haben kann, wird in der *Theorie der Symbolischen Selbstergänzung* näher beschrieben. Die Werbung kann unter der hier vorgestellten Perspektive als Einladung, oder stärker noch als Aufforderung verstanden werden, bestimmten Objekten die gleiche Bedeutung zu geben.

## 2.10.2 Symbolische Selbstergänzung

Die Theorie der Symbolischen Selbstergänzung wurde von den beiden Sozialpsychologen Robert A. Wicklund und Peter M. Gollwitzer (z. B. Gollwitzer, P. A./Bayer, U. C./Wicklund, R. A. 2002) entwickelt. Die Forscher interessierten sich dabei für unseren Umgang mit erlebten Selbst-Diskrepanzen, also Differenzen zwischen dem Bild, das wir uns aktuell von uns machen, und dem, wie wir gerne wären. Das Selbst ist demnach ein konzeptueller Rahmen unserer Person, nach dessen Ausgestaltung wir streben. Die Selbstergänzungstheorie beschreibt dabei die »Bedingungen und Prozesse der willentlichen Ausgestaltung des Selbst sowie die verschiedenen Formen, die diese annehmen kann« (Gollwitzer, P. A./Bayer, U. C./Wicklund, R. A. 2002, Seite 192).

> **MERKE**
> 
> Wir alle streben nach selbstrelevanten Zielen, Zielen also, die uns zu dem machen, was wir sein können und sein wollen.

Uns ist es z. B. wichtig, sportlich zu sein, und wir tun dann auch etwas dafür. Ob wir solche selbstbezogenen Ziele erreichen oder nicht, lässt sich an »sozial festgelegten Zielindikatoren« (Gollwitzer, P. A./Bayer, U. C./Wicklund, R. A. 2002, Seite 193) festmachen, also an Symbolen, denen wir in unserer Gruppe die gleiche Bedeutung geben, z. B. das Kaufen teurer Sportschuhe oder das Erreichen eines bestimmten normierten Leistungsziels. Diese Symbole sind dann Bestandteil unserer Selbstdefinition. Da Symbole aber stets Bestandteil einer geteilten sozialen Realität sind (vgl. Symbolischer Interaktionismus), sind sie auch Mittel zur Kommunikation. Symbole besitzen Signalwirkung, für mich und die anderen. Eine weitere Annahme der Theorie ist, dass ein selbstbezogenes Ziel auf verschiedene Art und Weise bzw. durch den Erwerb unterschiedlicher Symbole erreicht werden kann. Wenn das Erreichen eines auf die Zielerfüllung hinweisenden Symbols nicht gelingt, kann nach einem gleichwertigen alternativen Symbol gesucht werden und dieses stattdessen zur Selbstdefinition eingesetzt werden. Dieses *Substitutionsprinzip* schließt auch die Möglichkeit zur symbolischen Kompensation nicht erreichter Ziele ein (*Kompensationshypothese*). Danach versuchen Personen, das Nichterreichen eines selbstbezogenen Ziels durch das »Zurschaustellen alternativer Symbole auszugleichen« (Gollwitzer, P. A./Bayer, U. C./Wicklund, R. A. 2002, S. 195). So wird dann zum Beispiel Unsportlichkeit durch das Tragen sportlicher Kleidung kompensiert und beruflicher Misserfolg durch das Betonen akademischer Titel. Auch Status und Prestige können in diesem Zusammenhang als eine Form der symbolischen Selbstergänzung angesehen werden. Sie kompensieren quasi ganz verallgemeinernd potenzielle Defizite durch den zur Schau gestellten Erfolg, ganz so, wie es Thorstein Veblen bereits 1899 in seinem Buch »Theorie der feinen Leute« über den »demonstrativen Konsum« (Veblen, T. 2011/1899) beschrieb: »In der modernen Gesellschaft begegnen wir außerdem einer Unzahl von Personen, die nichts von unserem privaten Dasein wissen – in der Kirche, im Theater, im Ballsaal, in Hotels, Parks, Läden usw. Um diese flüch-

*Symbole sind Mittel der Kommunikation.*

tigen Beschauer gebührend zu beeindrucken und um unsere Selbstsicherheit unter ihren kritischen Blicken nicht zu verlieren, muss uns unsere finanzielle Stärke auf der Stirn geschrieben stehen, und zwar in Lettern, die auch der flüchtigste Passant entziffern kann.« (Veblen, T. 2011/1899, S. 95). Durch das Tragen, Benutzen oder ganz allgemein Konsumieren von Produkten signalisieren wir nicht nur, wer wir sind bzw. sein möchten, wir teilen auch gleichzeitig uns und die anderen in verschiedene soziale Kategorien ein.

### 2.10.3 Soziale Kategorisierung

> **MERKE**
>
> **Sozialer Anschluss und Motiv der Einzigartigkeit**
> Menschen als soziale Lebewesen pendeln zwischen zwei unterschiedlichen sozialen Motiven: Motiv nach sozialem Anschluss (soziale Affiliation), sowie Motiv nach Einzigartigkeit (Identität).

*Wir ordnen uns und andere ständig in soziale Kategorien ein.*

Unserem Wunsch nach sozialem Anschluss kommen wir dabei durch unsere Identifikation mit anderen, uns mehr oder weniger ähnlichen Menschen nach. Wir schließen uns zu Gruppen zusammen. Wie wir eben gesehen haben, liegt sowohl dem Symbolischen Interaktionismus wie auch der Theorie der Symbolischen Selbstergänzung die Annahme zugrunde, dass es in sozialen Gruppen einen gemeinsamen Code oder Symbole gibt, deren Interpretation von den Gruppenmitgliedern geteilt werden. Es existieren also Gruppen, die eine gemeinsame Sprache haben und die sich damit von anderen Gruppen mit einer anderen Sprache unterscheiden. Auf diese Weise fühlen wir uns zu bestimmten Menschen und Gruppen mehr, zu anderen dagegen weniger hingezogen. Wohin man sich orientiert, hängt dann naturgemäß auch vom eigenen Selbst, von der eigenen Identität ab. Dabei können wir Informationen aus unserer Umgebung danach klassifizieren, ob sie zu uns passen, oder ob wir uns davon differenzieren. Diese Selbstklassifikationen können sich auf unterschiedlichen Abstraktionsniveaus abspielen. So können wir uns als Teil der Menschen gegenüber anderen Lebensformen ansehen (höchstes Abstraktionslevel) oder uns einfach des Unterschieds zwischen uns und unserem Gegenüber gewahr werden (niedrigstes Abstraktionslevel). Von Situation zu Situation sind uns ganz unterschiedliche Facetten bzw. Annahmen über uns selbst bewusst und verfügbar, d. h. unser Selbstkonzept als Sammlung kognitiv repräsentierter Feststellungen über uns selbst ist kontextabhängig. Ferner wird davon ausgegangen, dass die Selbstkategorisierung auf einem Kontinuum stattfindet. Dieses erstreckt sich zwischen folgenden beiden Extremen: Auf der einen Seite nimmt sich das Individuum als einzigartig wahr und differenziert sich maximal gegenüber den anderen Gruppenmitgliedern. Auf der anderen Seite nimmt sich die Person als maximal ähnlich zu den anderen Gruppenmitgliedern (*Ingroup*) wahr, sieht jedoch gleichzeitig maximale Unterschiede zu Personen anderer sozialer Kategorien (*Outgroup*). Ingroup-Erleben und Outgroup-Erleben schließen sich also nicht kategorisch aus, sondern hängen von der Betrachtung der Gruppen ab. Wird jetzt durch einen bestimmten Umstand die Unterscheidung zwischen Ingroup und Outgroup betont, führt dies eher zu einer Identifikation mit den Mitgliedern der Ingroup und einer Abgrenzung gegenüber den Mitgliedern der Outgroup. Gleichzeitig kann hier von *Depersonalisierung* in dem Sinne gesprochen werden, als sich die Selbstdefinition in diesem Fall am typischen Gruppenmitglied orientiert. Diese Depersonalisierung wird zudem als Grundlage aller Gruppenphänomene wie Altruismus, Kooperation, Empathie oder Konformität angesehen (zur Selbstkategorisierungstheorie siehe Turner et al. 1987; siehe auch Fischer, L./Wiswede, G. 2002).

Aus diesen Überlegungen wird sofort verständlich, wie Menschen einerseits dazu gebracht werden können, sich mit einer Gruppe zu identifizieren, indem zum Beispiel durch bestimmte Produkte (Marken) oder das Tragen bestimmter Kleider (Uniformen) der Unterschied zwischen Ingroup und Outgroup salient (verfügbar) gemacht wird. Auf der anderen Seite steht diesen Depersonalisierungsprozessen das Motiv einer eigenen Identität gegenüber, das womöglich Prozesse der Abgrenzung zu anderen Ingroup-Mitgliedern anstoßen kann. In diesem Zusammenhang ist eine Studie von Xu, Shen und Wyer aus dem Jahr 2012 interessant, die zeigt, dass die selbstinitiierte Nähe zu anderen Menschen das Motiv nach Zugehörigkeit stärkt, während die erzwungene Nähe zu anderen das Motiv nach Individualität fördert. Beides hat unmittelbare Folgen z. B. auf unser Abgrenzungsverhalten, auch auf unser Konsumverhalten. So wählten die Probanden, die selbst über die Nähe zu anderen entscheiden konnten, eher Produkte, die auch von den anderen gewählt wurden. Dies kann als Zeichen ihrer Verbundenheit mit den anderen Gruppenmitgliedern interpretiert werden. Die anderen Probanden, die keinen Einfluss auf die Nähe zu den anderen Personen hatten, wählten dagegen andere Produkte aus, was im Sinne des Bedürfnisses nach Individualität interpretiert werden kann (Xu, J./Shen, H./Wyer, R. S. 2012).

### 2.10.4 Soziale Vergleiche

Wie wir eben gesehen haben, kategorisieren wir uns und andere in Gruppen unterschiedlicher Art und Weise. Um dies tun zu können und als Folge davon, stellen wir soziale Vergleiche an. Diese sind wichtig für uns und unsere Identitätsentwicklung, da wir durch Vergleiche vor allem über uns selbst jede Menge erfahren.

**MERKE**

**Soziale Vergleiche**
Soziale Vergleiche, mit denen sich Leon Festinger (1954) erstmals intensiv beschäftigt hat, stellen ein Grundbedürfnis dar, das vor allem dann zum Tragen kommt, wenn uns in Bezug auf ein Merkmal, eine Eigenschaft oder Fähigkeit ein objektives Bewertungskriterium fehlt.

## 2.10 Fokus Konsument
Sozialer Kontext

*Unterschiedliche Richtungen sozialer Vergleiche*

Können wir uns selbst bezüglich eines uns wichtigen Merkmals nicht einschätzen, orientieren wir uns eben an den anderen. Der Vergleich mit anderen ist vor allem dann informativ für uns, je ähnlicher uns die anderen sind. Stellen wir Unterschiede zwischen uns und den (uns eigentlich ähnlichen) anderen fest, so sind wir bestrebt, diese Diskrepanz aufzulösen. Wir vergleichen uns aber nicht nur mit Ähnlichen (Peers), sondern hin und wieder auch mit Personen, die hinsichtlich des relevanten Vergleichsmerkmals schlechter dastehen (Abwärtsvergleich) oder die uns diesbezüglich überlegen sind (Aufwärtsvergleich). Abwärts- und Aufwärtsvergleiche haben nun ganz unterschiedliche Folgen. Während es uns in der Regel nach einem Abwärtsvergleich gut geht und unser Selbstwert steigt, denn wir selbst schneiden dabei entsprechend gut ab, kann uns ein Aufwärtsvergleich mit Personen, die bezüglich des interessierenden Merkmals besser dastehen, entweder motivieren, oder aber negative Folgen auf unseren Selbstwert haben (siehe dazu auch Frey, D. et al. 1993).

Als Folge von sozialen Vergleichsprozessen können sogenannte Kontrast- bzw. Assimilationseffekte auftreten. Als Kontrasteffekt bezeichnet man das Vergleichsergebnis dann, wenn ein Unterschied zwischen mir und dem anderen resultiert. Als Assimilationseffekt wird hingegen das Vergleichsergebnis bezeichnet, das mich dem anderen eher ähnlich erscheinen lässt.

Mit dem *Inklusions-Exklusions-Modell* und dem *Modell der selektiven Zugänglichkeit* (Selective Accessibility Model) haben sich zwei unterschiedliche Erklärungsansätze für Kontrast- und Assimilationsmodelle etabliert, die sich nicht nur auf soziale Vergleiche, sondern jede Form des Vergleichs zwischen zwei Objekten beziehen.

### 2.10.4.1 Das Inklusions-Exklusions-Modell

*Vom Vergleichsstandard hängt es ab!*

Das Inklusions-Exklusions-Modell (Schwarz, N./Bless, H. 1992) betont die Wichtigkeit des Kontextes für die Entstehung von Assimilations- und Kontrasteffekten. Grundsätzlich benötigt ein Vergleich ein *Vergleichsobjekt* sowie einen *Vergleichsstandard*. Beides ist kontextabhängig, denn wir haben nicht zu jedem Zeitpunkt alle möglichen Merkmale des Vergleichsobjektes bzw. -standards verfügbar oder präsent. In den Vergleich fließt also nur aktuell verfügbare Information ein. Ob sich als Folge nun ein Assimilations- oder Kontrasteffekt ergibt, hängt von der Kategorisierung der Information ab. Der Kategorisierungsprozess wiederum hängt davon ab, ob die verfügbare Information des Vergleichsobjekts dem Vergleichsstandard über- oder untergeordnet ist. Wie das genau funktioniert, soll an zwei Beispielen illustriert werden:

**BEISPIEL** **Assimilations- und Kontrasteffekte**

▶▶▶ Politiker der Christlich-Demokratischen Union (CDU) wurden in einer Studie (siehe dazu Bless, H./Schwarz, N. 1998) dann besser beurteilt, wenn zuvor Richard von Weizsäcker, ein Mitglied der CDU und zum Studienzeitpunkt einer der geachtetsten deutschen Politiker, vorgestellt wurde. Die Information zu von Weizsäcker wurde demnach in das Vergleichsobjekt CDU eingeschlossen (inkludiert), wodurch es zu Assimilationseffekten kam. Anders sah es im Fall aus, wenn von Weizsäcker als deutsches Staatsoberhaupt vorgestellt wurde. Nun fanden sich Kontrasteffekte, da die Information von Weizsäcker von der Bewertung des Vergleichsobjekts ausgeschlossen wurde (Staatsoberhaupt und Partei haben nichts miteinander zu tun). In einer anderen Studie (Wänke, M./Bless, H./Schwarz, N. 1998) aus dem werblichen Umfeld sollten die Teilnehmer vier Autos der fiktiven Sportwagenmarke »Winston« beurteilen. Dazu wurden ihnen zunächst drei Sportwagen, nämlich der Winston Silver Pride, der Winston Silver Star und der Winston Silver Hawk vorgestellt, damit sie sich ein Bild von der zu beurteilenden Marke machen konnten. Anschließend sollte eine Gruppe den Silver Ray bewerten, die andere Gruppe den Winston Miranda. Es stellte sich nun heraus, dass der Silver Ray als sportlicher und schneller bewertet wurde als der Winston Miranda. Erklärung: Der Silver Ray passt aufgrund seines Namens zur vorher etablierten Kategorie (die Markeninformation wurde inkludiert) während der Winston Miranda nicht dazu passte und es dementsprechend zu Kontrasteffekten kam (die Markeninformation wurde exkludiert). ◂◂◂

### 2.10.4.2 Modell der selektiven Zugänglichkeit

Auch das Modell der selektiven Zugänglichkeit (*Selective Accessibility Model*; z. B. Mussweiler, T. 2007) erklärt Assimilations- und Kontrasteffekte und hebt die Bedeutung kontextueller Informationen hervor. Das Modell sieht soziale Vergleiche als Prozesse des Hypothesentestens an, wobei zwei grundlegende Hypothesen unterschieden werden, nämlich die Ähnlichkeits- und die Unterschiedshypothese. Die *Ähnlichkeitshypothese* testet dabei, ob sich die beiden Vergleichsobjekte ähnlich sind, die *Unterschiedshypothese*, ob sie sich unähnlich sind. Welche der beiden Hypothesen getestet wird, hängt von kontextuellen Faktoren (Verfügbarkeit von relevanten Informationen) und der dadurch wahrgenommenen Ähnlichkeit zwischen den beiden Vergleichsobjekten ab, die nach einer kurzen und oberflächlichen Prüfung festgestellt wird. Bei wahrgenommener Ähnlichkeit wird dann entsprechend die Ähnlichkeitshypothese getestet, bei wahrgenommener Unterschiedlichkeit die Unterschiedshypothese. Folge des selektiven Hypothesentestens ist, dass die angenommene Hypothese mit großer Wahrscheinlichkeit auch bestätigt wird, ganz nach dem Motto »Wer sucht, der findet!«(Mussweiler, T. 2001). Wenn ich also nach Ähnlichkeiten zwischen mir und meinem Freund, meinem Partner oder einer Werbefigur suche, dann werden mir tatsächlich auch mehr Gemeinsamkeiten einfallen, als wenn ich nach Unterschieden suche.

*Wer sucht, der findet!*

### 2.10.5 Ausblick

Als soziale Wesen sind unser Erleben und Verhalten stark durch unsere sozialen Interaktionen beeinflusst. Mehr noch, wir bewegen uns in einer Alltagswirklichkeit, die man als Ergebnis eines gemeinsamen sozialen Konstruktionsprozesses ansehen kann. Die Dinge, die uns umgeben, unsere Kleider, unsere Berufe, Schmuck, Geld, unser Auto erhalten erst durch einen gemeinsam geteilten Bedeutungshorizont, der sich durch unser gemeinsames und objektbezogenes Verhalten auf-

*Alltag als sozial geteilte Konstruktion*

## 2.10 Fokus Konsument
### Sozialer Kontext

spannt, ihre spezifische Bedeutung. Auf diese Weise ordnen wir unser soziales Umfeld und teilen uns und andere in soziale Kategorien (Gruppen) ein. Unsere Gruppenzugehörigkeit auf der anderen Seite führt zu gruppenkonformen Erleben und Verhalten, auch was unsere Konsumpräferenzen und -gewohnheiten anbelangt. Audi-Fahrer kaufen sich keinen Opel. Apple-Fans verschmähen Produkte von Samsung. Bei der sozialen Kategorisierung spielen Prozesse der sozialen Vergleiche eine wichtige Rolle. Sie ermöglichen es erst, Ähnlichkeiten bzw. Unterschiede zwischen mir und den anderen festzustellen. Allerdings sind die Ergebnisse dieser Vergleiche stets vom Kontext abhängig und somit in Maßen veränderbar. Das ist für die Werbung von großem Interesse, wenn es beispielsweise darum geht, über die Ähnlichkeit eines Modells oder Testimonials mit der anvisierten Zielgruppe Sympathie herzustellen. Ohnehin ist die Wirkung des Werbemodells unter dieser Perspektive zu beleuchten. So können Befunde zu den selbstwertabträglichen Folgen des medialen Schönheitswahns als Folgen eines permanenten sozialen Aufwärtsvergleiches angesehen werden (z. B. Schemer, C. 2007), was andere Unternehmen wiederum dazu veranlasst hat, einen ganz anderen Weg einzuschlagen. Die Marke Dove war vor Jahren etwa mit ihrer Kampagne *Initiative für wahre Schönheit* medial präsent, bei der überwiegend auf mehr oder weniger »normal aussehende« Werbemodels gesetzt wurde (Knop, K./Petsch, T. 2010). Aus PR-Sicht war dies sicherlich erfolgreich. Ob dies auch für den Produktverkauf gilt, ist schwer zu sagen. Ein Problem könnte darin bestehen, dass »normale« Frauen, die sehr gut aussehen, eine stärkere Bedrohung für den Selbstwert der Kundinnen sind als Supermodels. Wenn nämlich »normale« Frauen als bedeutend attraktiver angesehen werden als man selbst, so wertet das einen in der relevanten sozialen Vergleichsgruppe ab, während die Superschönheiten ja kein Vergleichsstandard darstellen und daher auch keine Bedrohung sind. Vergleichsprozesse sind aber auch aus anderer Hinsicht für die Werbung und das Marketing höchst relevant, beispielsweise bei der Produktlinienerweiterung (*Line Extension*). In der Regel erhofft man sich von der Erweiterung einer erfolgreichen Produktlinie, dass das neue Produkt von dem Image der bereits eingeführten Produkte profitiert. Dies entspricht den eben beschriebenen Assimilationseffekten. Wie wir gesehen haben, können sich aber auch Kontrasteffekte einstellen. In dem Fall würde das neue Produkt womöglich in einer wichtigen Dimension als negativ wahrgenommen werden (siehe dazu auch Döring, K./Moser, K. 2007). Dies mag vor Jahren auch ein Grund dafür gewesen sein, dass Mercedes den Smart nicht unter dem eigenen Label in den Markt einführte, sondern in Kooperation mit Swatch eine eigene Marke etablierte. Wäre der Smart als kleiner Mercedes auf den Markt gekommen, so hätte er vielleicht unter den Kontrasteffekten gegenüber der Nobelmarke Mercedes gelitten.

## REFLEXIONSFRAGEN

1. Wie entsteht Bedeutung durch soziale Interaktion? Welche Beispiele kennen Sie?
2. Wie hängt die symbolische Selbstergänzung mit dem Zusatznutzen zusammen?
3. Wie lassen sich die Prozesse der sozialen Kategorisierung erklären und inwieweit ist diese für werbliche Zwecke von Bedeutung?
4. Was sind soziale Vergleiche und zu welchen Ergebnissen können diese führen?
5. Bei (sozialen) Vergleichen kann es zu Kontrast- und Assimilationseffekten kommen. Wie könnte man sich dies im werblichen Zusammenhang zunutze machen?
6. Wie erklärt das Inklusions-Exklusions-Modell Kontrast- und Assimilationseffekte?
7. Wie erklärt das Modell der selektiven Zugänglichkeit Kontrast- und Assimilationseffekte?

## SCHLÜSSELBEGRIFFE KAPITEL 2.10

- Symbolischer Interaktionismus
- Symbolische Selbstergänzung
- Substitutionsprinzip
- Kompensationshypothese
- Soziale Kategorisierung
- Soziale Affiliation
- Identität
- Depersonalisierung
- Ingroup
- Outgroup
- Aufwärtsvergleich
- Abwärtsvergleich
- Kontrasteffekt
- Assimilationseffekt
- Inklusions-Exklusions-Modell
- Ähnlichkeitshypothese
- Unterschiedshypothese

# 3 Fokus Werbegestaltung

Nachdem wir uns nun mit den wichtigsten psychologischen Grundlagen des Konsumenten beschäftigt haben, wenden wir uns jetzt der konkreten Werbegestaltung zu. Wir wollen dabei untersuchen, mit welchen Mitteln in der Werbung welche Wirkungen verbunden sind. Im Fokus stehen im Folgenden häufig verwendete Stilmittel von Werbeanzeigen, Clips, TV-Spots oder Radiospots.

## 3.1 Farben

Farben machen Bilder und Objekte bunt und belebt, lassen verschiedenfarbige Objekte harmonisch oder unharmonisch wirken. Das kann uns mal mehr oder weniger ästhetisch gefallen oder auch Spannung erzeugen. Farben ziehen unsere Aufmerksamkeit an und dienen der einfachen, visuellen Unterscheidung von Dingen und Produkten. Farben wirken aber nicht nur als visueller Reiz, sondern können auch modalitätsübergreifende Wirkungen auf unser Empfinden und Erleben haben. Wir sprechen von warmen und kalten Farben oder haben bei Ölfarben den Eindruck von Schwere und bei Pastellfarben den Eindruck von Leichtigkeit. Objekte in dunkler Farbe empfinden wir subjektiv schwerer als die gleichen Objekte in heller Farbe. Weiße Schokolade wirkt kalorienärmer als braune Schokolade. Und ein roter Erdbeerjoghurt erscheint uns mehr nach Erdbeere zu schmecken als ein weißer Joghurt, unabhängig vom tatsächlichen Fruchtgehalt. Im Laufe unsere Sozialisation haben wir zahlreiche Assoziationen zwischen bestimmten Farben und anderen Qualitäten gelernt. So verbinden wir zum Beispiel

> Farben haben nicht nur visuelle Qualität.

- Grün mit Frische, Natur, Lebendigkeit, Hoffnung, aber auch mit Gift.
- Rot mit Liebe, Energie, Erotik, Wärme, Kraft, aber auch mit Zorn, Gefahr und Aufregung.
- Blau mit Wasser, Meer, Stille, Wissenschaft, Technik, Weite, aber ebenso mit Kälte oder Trunkenheit.
- Gelb mit Licht, Sonne, Gold und Freundlichkeit, aber auch mit Neid, Gift und Galle.
- Weiß mit Unschuld, Sauberkeit, Reinheit, Tugendhaftigkeit, aber auch mit Nichts und Leere.

Allerdings sind diese Assoziationen von Kultur zu Kultur verschieden. So ist die Farbe Weiß z. B. in China eher ein Hinweis auf Trauer, Blau ein Zeichen der Unsterblichkeit.

## 3.2 Fokus Werbegestaltung
Bilder

> **MERKE**
>
> **Farben als periphere Hinweisreize**
> Im Sinne des Elaboration-Likelihood-Modells können Farben als periphere Hinweisreize angesehen werden, da wir uns zu deren Verarbeitung weder anstrengen noch besonders dafür interessieren müssen.

Farben vermitteln uns ganz beiläufig ihren Informationsgehalt. Da wir also nicht umhin kommen, Farben zu sehen, und diese dann entsprechende Assoziationen auslösen, spielt die Analyse spezifischer Farbwirkungen insbesondere bei der Werbegestaltung eine große Rolle, nämlich dann, wenn es z. B. darum geht, die Einkaufsatmosphäre und das Kaufverhalten zu beeinflussen oder Produktverpackungen zu gestalten (siehe u. a. Grossman, R. P./Wisenblit, J. Z. 1999). So wird von der Firma Iglo berichtet, dass nach der Beratung durch einen Farb-Consultant und entsprechende Maßnahmen die Verkäufe um 15 % zulegten (Lane, R. 1991). Farbe ist aber auch ein Werkzeug zur Markenbildung, wenn es etwa darum geht, den Farbraum einer Marke zu definieren, das Logo eines Unternehmens zu entwerfen oder ein passendes Werbeplakat zu gestalten bzw. die Farbgebung im Internet zu bestimmen. Ein Unternehmen aus dem technischen Bereich wird seine Internetseite eher in kalten, grau-blauen Tönen halten, während ein Anbieter von mediterranen Köstlichkeiten ganz auf warme Terrakotta-Töne setzen wird. Es lassen zahlreiche empirische Belege für die Wirkung von Farbe geben. Zum Beispiel kann man zeigen, dass die Produktpräferenz von der Farbgebung beeinflusst wird (z. B. Kareklas, I./Brunel, F. F./Coulter, R. A. 2014) oder generell die Stimmung und Kaufabsicht von der Farbe abhängt (z. B. Babin, B. J./Hardesty, D. M./Suter, T. A. 2003). Auch lässt sich durch den Farbkontrast zwischen Nahrungsmittel und Teller beeinflussen, wie viel Nahrung wir zu uns nehmen (z. B. Van Ittersum, K./Wansink, B. 2012).

## 3.2 Bilder

*Ein Bild sagt mehr als tausend Worte.*

Werbung ist zum größten Teil visuelle Werbung: Plakate, Videoclips, TV-Spots, Broschüren, Flyer oder Anzeige fokussieren ganz auf die visuelle Verarbeitung. Das hat seinen Grund, denn Bilder sagen bekanntlich mehr als Worte, und das ist notwendig, wenn man bedenkt, dass z. B. Werbeanzeigen in der Regel nur sehr kurz (weniger als zwei Sekunden) betrachtet werden.

> **MERKE**
>
> Bilder werden meistens vor allen anderen Reizinformationen betrachtet und dabei sehr schnell verarbeitet.

## 3.2 Bilder

Wir prägen sie uns schneller ein und es können in kurzer Zeit die vielfältigsten Informationen parallel kommuniziert werden, ohne dass wir uns dabei anstrengen müssten und ohne, dass wir uns dagegen wehren können.

Das Verstehen von Texten und Tönen ist im Gegensatz zu Bildern auf das sequenzielle Verarbeiten einzelner Informationseinheiten angewiesen, bei Bildern verarbeiten wir bereits beim ersten Blick eine riesige Informationsmenge. Dies prädestiniert Bilder zum Einsatz in der Werbung, also in Kontexten, in denen die Rezipienten oftmals wenig Interesse an der Verarbeitung der ihnen dargebotenen Informationen haben. Visuelle Information kann dann, wenn keine weiteren und mental aufwendigen Prüfprozesse ablaufen, unmittelbar überzeugen. Von bestimmten Bildinhalten weiß man sehr gut, dass sie schnell und mühelos vom Rezipienten verarbeitet werden. Erotische Reize, Fotos von Kindern oder Gesichtern allgemein, große Hell- und Dunkel- oder Farbkontraste im Bildaufbau wirken aktivierend. Auch menschliche Gesichter werden von uns automatisch und sehr schnell erkannt (siehe dazu Bruce, V./Young, A. 1986).

Zum einen besitzen wir offenbar eine angeborene Sensibilität gegenüber bestimmten Reizinformationen, zum anderen gibt es visuelle Faktoren bzw. Merkmale, die unsere unwillkürliche Aufmerksamkeitsprozesse steuern und die darüber hinaus mit bestimmten, auch emotionalen, Gedächtnisinhalten assoziiert sind. Damit Bilder einprägsam bzw. wirkungsvoll sind, müssen sie Informationen transportieren, die sich einfach mit bereits bestehenden Gedächtnisinhalten verbinden lassen. Ein bestimmtes Symbol ist eben auch nur für denjenigen ein Symbol, der den Symbolgehalt kennt.

*Bildmerkmale steuern unwillkürliche Aufmerksamkeitsprozesse.*

**MERKE**

**Visuelle Botschaften**
Gerade bei der Einführung einer eigenen Bildsprache, einem visuellen Konzept für eine Marke oder ein Produkt ist es sehr wichtig, dass man den Rezipienten immer wieder mit den gleichen visuellen Botschaften konfrontiert, sodass er den Bildgehalt allmählich lernt.

Auf diese Weise können sich dann schematische Informationen herausbilden. Gleichzeitig eignen sich klischeehafte Bilder sowie Bilder, die Stereotype oder ganz allgemein schematische Informationen beinhalten, besonders, um beim Rezipienten für entsprechende automatische Assoziationen zu sorgen.

Zu bedenken ist allerdings, dass die Bedeutung eines Bildes auch durch Kontextfaktoren beeinflusst wird. So können beispielsweise verschiedene Überschriften einer Werbeanzeige den Bedeutungsgehalt ein und desselben Bildes stark verändern (*Framing*). Dies ist umso mehr der Fall, je weniger eindeutig das Bildmotiv für sich genommen ist. Idealerweise im Sinne einer möglichst schnellen Verarbeitung benötigt das Bild jedoch keine Interpretationshilfe, sondern vermittelt uns bereits ohne zusätzliche Informationen eine bestimmte Botschaft.

Die Überlegenheit der visuellen Verarbeitung, was Geschwindigkeit und Menge der übermittelten Informationen anbelangt, versucht man auch in nicht visueller

**Fokus Werbegestaltung**
Humor

Werbung, z. B. der Radiowerbung zu nutzen, und zwar auf verschiedenen Wegen. Zum einen kann man z. B. durch die Verwendung bildhafter Ausdrücke »Bilder« im Kopf des Zuhörers erzeugen, zum anderen können akustische Signale (Jingles, Musikstücke, Geräusche) Erinnerungen an bereits gesehene Fernsehspots hervorrufen, die dann ihrerseits bildhafte Erinnerungen produzieren.

## 3.3 Humor

*Lachen macht Spaß und ist gesund!*

Werbung möchte unterhaltsam zu sein. Das weckt Interesse, wirkt Langeweile entgegen und sorgt dafür, dass sich die Rezipienten nicht abwenden. Dies ist ein Grund, warum häufig humorvolle Werbung eingesetzt wird. Andere Gründe liegen in der veränderten Informationsverarbeitung bei positiver Stimmung, dann verarbeiten wir nämlich bevorzugt auf der peripheren Route und einer insgesamt positiveren Haltung gegenüber dem Absender einer positiven Nachricht. Wenn uns jemand mit Humor begegnet, dann steigert das die Sympathie.

Aber was ist Humor eigentlich? Humor tritt zunächst einmal in vielen Varianten auf, als Witz, Ironie, Wortspiel, Übertreibung, Zynismus, Sarkasmus oder Spott. Humor kann leicht und stark sein, provozierend und »unter der Gürtellinie« (ausführlich siehe dazu etwa Kotthoff, H. 1996). Humor ist aber nicht nur unter Unterhaltungsaspekten in den Fokus der Wissenschaft geraten, sondern auch aufgrund seiner therapeutischen Wirkung (einen Überblick zu Befunden zum Humor geben Ruch, W./Zweyer, K. 2001). So lässt sich etwa das Schmerzempfinden oder das Erleben von Stress und Anspannung durch Humor beeinflussen. Lachen ist eben gesund!

> **MERKE**
>
> **Humor**
> Ganz pragmatisch kann man als Humor alles das bezeichnen, was wir komisch finden, was uns zum Lachen, zumindest zum Schmunzeln bringt.

Oft hat Humor etwas mit Absurdität zu tun (Veatch, T. C.1998), d. h. wir betrachten etwa eine Person, für die alles in Ordnung zu sein scheint, und dennoch stimmt etwas nicht: Etwas, was eigentlich sein sollte, ist eben nicht. Der »Witz« dabei ist, dass nur wir, als Beobachter, dies so sehen, nicht aber der Handelnde. Auch Inkongruenz kann uns zum Lachen bringen, wenn also etwas nicht unseren Erwartungen entspricht. Es gibt verschiedene Theorien die erklären, was Humor ausmacht, warum wir etwas als komisch empfinden und wozu Humor gut ist. Schauen wir uns zwei dazu etwas näher an.

# 3.3 Humor

## 3.3.1 Herabsetzung und Überlegenheitsgefühl

Wir lachen häufig über Menschen, denen wir uns generell oder in bestimmten Situationen überlegen fühlen (vgl. Zillmann, D. 1983). Dies trifft insbesondere auf Personen zu, die wir auf der relevanten Bewertungsdimension – im Vergleich zu uns – unterdurchschnittlich wahrnehmen, also zum Beispiel für unterdurchschnittlich intelligente, attraktive oder beliebte Personen. Dieses Gefühl ist dabei umso stärker, je unähnlicher wir die Personen im Vergleich zu uns selbst wahrnehmen. Auch wenn ein Missgeschick passiert, bringt uns das oft zum Lachen, weil der andere sich »blöd angestellt« hat. Beispiele für diese Art von Humor sind auch die TV-Formate wie »Bauer sucht Frau« oder »TV-Total«, bei denen uns Menschen regelrecht vorgeführt werden.

Interessant ist hier, dass wir auch über uns selbst lachen können, uns also vor uns oder anderen lächerlich machen und dadurch unter Umständen genau das Gegenteil erzeugen, nämlich Achtung erlangen. Man zeigt Größe, wenn man über sich selbst lachen kann und sich nicht immer so wichtig nimmt. Dieses Sich-selbst-schlecht-machen kann im Übrigen eine ganz gute Strategie sein, um überfordernden Erwartungen von anderen oder sich selbst zu begegnen. Man spricht in diesem Zusammenhang dann von Selbst-Behinderung (*Self-Handicapping*): Macht man sich selbst »schlecht«, führt dies zu reduzierten Erwartungen, die man dann mit größerer Wahrscheinlichkeit übertreffen kann (z. B. Arkin, R. M./Oleson, K. C. 1998).

*Über sich selbst lachen, zeugt von Größe.*

## 3.3.2 Inkongruitäts-Auflösungsmodell

Lachen müssen wir auch, wenn wir etwas Absurdes, etwas Unerwartetes erleben bzw. wahrnehmen. Dies gilt insbesondere dann, wenn die Geschehnisse nicht unseren Erwartungen entsprechen. Damit aus dem überraschenden Ausgang dann nicht nur Verblüffung, sondern vielmehr Lachen resultiert, müssen wir die immanente Logik des Geschehens verstehen (vgl. dazu Suls, J. 1983). Es ist hierbei zu bedenken, dass das, was wir erwarten und was wir daher witzig finden, nicht zuletzt durch soziale Prozesse und Normen überformt ist, denken wir dabei nur über die Witze, die den Überraschungseffekt etwa durch das Übertreten der moralischen Schwellen herstellen.

## 3.3.3 Humor in der Werbung

Humor in der Werbung dient vor allem drei Zwecken: Erstens soll Humor unterhalten und damit die Aufmerksamkeit der Rezipienten auf die Werbung lenken. Zweitens soll Humor den Absender Werbung sympathisch machen, denn Sympathie ist ein gewichtiges Entscheidungskriterium für den Kauf eines Markenproduktes. Drittens soll Humor die aktuelle Stimmung verbessern, denn in positiver Stimmung verarbeiten wir Informationen wie im *Elaboration-Likelihood-Modell* beschrieben auf der peripheren Route, d. h. wir sind weniger motiviert und engagiert bei der Sache und haben kein besonderes Interesse, uns gegen die Werbeargumente zu stellen, was dazu führt, dass Humor uns schlicht davon ablenkt, dass es eben keine

*Unterschiedliche Funktionen von Humor*

## 3.3 Fokus Werbegestaltung
### Humor

überzeugenden Argumente für das Produkt gibt. Humor muss aber nicht nur auf der peripheren Route verarbeitet werden, sondern kann unter Umständen auch die zentrale Verarbeitung beeinflussen, z. B. wenn die Bedeutungsenkodierung des Humors mit dem Verstehen der Werbebotschaft zusammenfällt. Ein gutes Beispiel dafür ist ein Werbespot des französischen Autoherstellers Renault. In diesem sieht man zunächst, wie verschiedene Lebensmittel (eine Weißwurst, ein Sushi und ein Knäckebrot) in Zeitlupe gegen eine Wand fahren und dabei zerbröseln oder platzen. Am Ende fährt ein Baguette gegen die Wand und bleibt aufgrund seiner »enormen Knautschzone« unversehrt. Die Werbebotschaft, nämlich dass Renault die sichersten Autos produziert, versteht man nur, wenn man versteht, dass die Lebensmittel stellvertretend für die Konkurrenzmarken aus Deutschland, Japan und Schweden stehen, das Baguette aber für Renault aus Frankreich. Gleichzeitig ist der Spot auch nur dann lustig, andernfalls unverständlich.

Über die Wirkung von Humor in der Werbung lässt sich jedoch keine allgemeine Aussage treffen, es gibt zu den meisten untersuchten Wirkungsbereichen Befunde, die für oder gegen einen Zusammenhang mit Humor sprechen. Dennoch lassen sich einige gut dokumentierte Befunde zur Wirkung von Humor zusammenfassen (siehe dazu Weinberger, M. G./Gulas, C. S. 1992; Eisend, M. 2009). Humor

- wirkt aufmerksamkeitssteigernd,
- beeinträchtigt das Verständnis der Werbung in der Regel nicht, fördert es aber auch nicht unbedingt,
- bietet keinen Vorteil in Bezug auf die persuasive Wirkung einer Werbebotschaft im Vergleich zu humorloser Werbung,
- führt nicht zu höherer Glaubwürdigkeit des Absenders,
- erhöht jedoch unter Umständen die Sympathie des Senders bzw. der Werbung.

*Wear-out- und Vampire-Effekt*

Darüber hinaus ist die Wirkung von Humor, der mit der Werbebotschaft zusammenhängt (wie im Beispiel Renault), positiver anzusehen als zusammenhangsloser Humor. Allerdings ist die Wirkung von Humor auch stark von den Eigenschaften des Publikums abhängig (vgl. auch Buijzen, M./Valkenburg, P. M. 2004), und hier etwa von Intelligenz, Bildung, Alter, Ethnie oder Geschlecht. Humor in der Werbung ist also durchaus mit Vorsicht einzusetzen und insbesondere an der gewünschten Zielgruppe zu testen. Die größten Gefahren humorvoller Werbung bestehen zum einen darin, dass der Rezipient zwar den Humor bemerkt und die Werbung tatsächlich lustig findet, dabei aber von der eigentlichen Werbebotschaft abgelenkt wird (*Vampire-Effekt*), und zum anderen, dass man schwerlich mehrmals über denselben Witz lacht (*Wear-out-Effekt*). Außerdem kann Humor als unpassend für das Produkt bzw. für den Anbieter angesehen werden, was sich dann negativ auf das Image des Absenders auswirken kann.

## 3.4 Attraktivität

Schönheit und Attraktivität ziehen uns magisch an. Wir betrachten gerne schöne Dinge und Menschen, vergleichen uns mit ihnen und streben selbst an, uns zu verschönern. Attraktivität ist schön und ein Indiz für Gesundheit und Wohlbefinden. Finden wir jemanden attraktiv, so hat dies weitreichende Konsequenzen für die Beurteilung dieser Person und unsere Verhaltensweisen. So werden attraktive Personen allgemein positiver, als sozial kompetenter, intelligenter und gesünder bewertet (z. B. Eagly, A. H. et al. 1991; Zebrowitz, L.A./Rhodes, G. 2004). Diesen sogenannten *Attraktivitäts-Halo-Effekt* (siehe z. B. Nisbett, R. E./Wilson, T. D. 1977) machen sich auch die Werber zunutze und es verwundert daher auch nicht, dass wir in Medien und Werbung permanent mit sehr attraktiven Modellen konfrontiert werden. Dies hat aber nicht nur angenehme Seiten, sondern kann auch äußerst schwerwiegende negative Folgen haben. Da wir uns ständig mit den schönen Modellen vergleichen, kann dies zu negativem Erleben der eigenen Attraktivität führen (z. B. Häfner, M./Stapel, D. A. 2007). Dieses Risiko gilt insbesondere für Menschen, die ohnehin schon ein schwaches Selbstwertgefühl bzw. negatives Körpergefühl besitzen, was zum Beispiel häufig auf Jugendliche zutrifft, die noch kein gefestigtes positives Körperbild von sich entwickelt haben. Die häufige Konfrontation mit den Medienschönheiten führt dann erst recht zu Selbstwert- und Körperproblemen (z. B. Schemer, C. 2007).

*Attraktivität kann man sich kaum entziehen.*

### 3.4.1 Evolutionsbiologische Perspektive

Die Rolle der Attraktivität wird häufig auf evolutionsbiologische Ursachen zurückgeführt. Attraktivität spielt danach bei der Partnersuche eine große Rolle. Da Männer und Frauen sich hinsichtlich ihrer Fortpflanzungsmöglichkeiten unterscheiden, unterscheiden sie sich auch bei den für die Partnersuche besonders wichtigen Merkmalen. Frauen suchen nämlich eher Partner, die in der Lage sind, sie und die Familie materiell zu unterstützen bzw. die äußere wie innere Sicherheit der Familie zu gewährleisten. Männer dagegen legen mehr Wert auf physische Attraktivität und jüngere Frauen, da beides als Zeichen der weiblichen Gesundheit und Fortpflanzungsfähigkeit interpretiert wird (z. B. Buss, D. 2007). Es gibt viele Befunde, die diese Annahmen als universell gültige Unterschiede zwischen Männern und Frauen unterstützen (Buss, D. 2007). Fraglich bleibt jedoch, ob diese Unterschiede tatsächlich genetischer Natur sind oder doch eher als Sozialisationseffekte zu betrachten sind.

*Männer und Frauen setzen andere Prioritäten.*

Dennoch, viele Studien belegen, dass physische Attraktivität von Männern und Frauen anders bewertet wird, wie folgendes Beispiel zeigt.

**BEISPIEL** **Wirkung attraktiver Reize**

▶▶▶ In einer Studie zur automatischen Wirkung attraktiver Reize bekamen die männlichen und weiblichen Versuchspersonen typische Profile einer Online-Partnerplattform vorgelegt. Die Profilinhaber wurden dabei anhand mehrerer Dimensi-

## 3.4 Fokus Werbegestaltung
Attraktivität

onen (Hobbies, Größe, Augenfarbe, Interessen, Schulabschluss etc.) beschrieben. Auch enthielt jedes Profil eine Fotografie, allerdings nicht vom Profilinhaber. Die Versuchspersonen wurden ausdrücklich darauf hingewiesen, dass aus datenschutzrechtlichen Gründen die Verwendung echter Fotos untersagt wäre und es sich bei den Fotos daher um zufällig zugewiesene Fotografien handele. Was die Versuchspersonen nicht wussten, war, dass die Attraktivität der abgebildeten Personen variiert wurde. So erhielten manche Versuchspersonen Fotos eher unattraktiver und jeweils gegengeschlechtlicher Personen, andere dagegen Fotos eher attraktiver Personen. Aufgabe der Teilnehmer war es nun, den Profilinhaber anhand verschiedener Persönlichkeitsmerkmale zu beurteilen und darüber hinaus anzugeben, ob sie Interesse hätten, die Person näher kennenzulernen. Es zeigte sich nun, dass die Attraktivität des Profilinhabers vor allem bei Männern Auswirkungen hatte. Die bewerteten diese Profile nicht nur weitaus besser, sondern wollten die Frau auch eher kennenlernen. Bei Frauen spielte die Fotografie keine Rolle. Dieser Befund deutet darauf hin, dass Attraktivität ein Reiz ist, der zumindest von Männern automatisch verarbeitet wird und gegen den man sich nur schwer wehren kann (ausführlich dazu hier: Bak, P. 2010b). ◄◄◄

### 3.4.2 Attraktivität in der Werbung

*Attraktives Modell = Attraktives Produkt*

Attraktivität kann man als einen peripheren Hinweisreiz ansehen, den wir zur Meinungs- und Einstellungsbildung nutzen, wenn wir entweder keine Motivation oder Ressourcen zur tiefen Verarbeitung haben und nach diagnostischen Hinweisreizen zur Bewertung Ausschau halten. Dies versucht man in der Werbung auszunutzen. Die Idee ist einfach: Gefällt das Modell, dann gefällt auch das Produkt/die Marke/die Werbung. Und tatsächlich lassen sich solche Transfereffekte hinsichtlich der Attraktivität des Modells finden (z. B. Till, B. D./Busler, M. 2000; vgl. auch Amos, C./Holmes, G./Strutton, D. 2008), allerdings nicht in jedem Fall, wie eine Studie von Caballero/Lumpkin/Madden (1989) zeigt. Hier wurde den Versuchspersonen ein Video vorgespielt, in dem ein Mann oder eine Frau unterschiedlicher Attraktivität verschiedene Produkte präsentierten. Anschließend wurde die Kaufabsicht abgefragt. Für alle Produkte war es jedoch nicht die Attraktivität, die die Kaufabsicht vorhersagte, sondern das Geschlecht des Sprechers und des Betrachters: Männer ließen sich eher von Männern verleiten, Frauen wurden eher durch Frauen zum Kauf animiert.

*Attraktivität als Information*

Es gibt empirische Hinweise darauf, dass sich die Attraktivität des Modells nur dann günstig auf die Produktbewertung und Kaufabsichten auswirkt, wenn sie in irgendeiner Art und Weise diagnostisch für das betreffende Produkt ist, Attraktivität also als Information angesehen wird: Ein attraktives Modell kann z. B. die Wirkung eines Kosmetikproduktes besser unterstreichen als etwa die Funktionstüchtigkeit eines technischen Produktes (vgl. dazu auch Bower, A. B./Landreth, S. 2001). Attraktivität wirkt aber nicht nur direkt auf die Attraktivität des Produkts, sondern kann auch auf Umwegen zu einer positiveren Bewertung beitragen. Attraktiven Personen wird eher vertraut und sie werden auch als sympathischer wahrgenommen, was dann durch entsprechende Transfereffekte der Produktbewertung zugute kommen kann (vgl. dazu z. B. Patzer, G. L. 1985). Und Attraktivität führt zu Aufmerksamkeit,

d. h., wir betrachten eher eine Werbung mit attraktiven Modellen als mit unattraktiven Modellen. Dies muss aber nicht in allen Fällen positive Auswirkungen auf die Werberezeption haben. Denn, wie andere Studien nahelegen, werden attraktive Personen zwar insgesamt positiver bewertet, sie werden aber womöglich auch genauer betrachtet (z. B. Lorenzo, G. L./Biesanz, J. C./Human, L. J. 2010). Dies könnte u. U. dann kontraproduktiv sein.

Abschließend sei noch angemerkt, dass die Einstellung zum Produkt bzw. zur Werbung nicht nur durch die Attraktivität, sondern auch durch andere Faktoren des Modells beeinflusst wird. So wirken sich die wahrgenommene Expertise des Modells sowie seine Vertrauenswürdigkeit positiv auf die Bewertung der Werbung aus (vgl. z. B. Amos, C./Holmes, G./Strutton, D. 2008). Und allein schon das Geschlecht des Testimonials kann die Produktwahrnehmung entsprechend (in Richtung männlich bzw. weiblich) beeinflussen (z. B. Debevec, K./Iyer, E. 1986).

### INFORMATION 8

**Transfer-Effekte**
Um die Transfer-Effekte vom attraktiven Modell auf das Produkt besser zu verstehen, ist es zunächst wichtig, zwischen der Einstellung gegenüber der Werbung und der Einstellung gegenüber dem Produkt bzw. der Marke zu unterscheiden (Shimp, T. A. 1981). Sowohl die Werbung wie auch das Produkt und die Marke können unabhängig voneinander positiv oder negativ bewertet werden. Ist die Marke noch unbekannt, so kann sie durch die Werbung positiv oder negativ aufgeladen werden. Ist die Marke bereits bekannt, dann kann die Werbung affektiv entweder passend (Kongruenz: gleiche Valenz von Werbung und Marke) oder unpassend (Inkongruenz: unterschiedliche Valenz von Werbung und Marke) sein. Bei Kongruenz wird die Werbung einfach als passend empfunden und kann so die positive Einstellung zur Marke verstärken. Bei Inkongruenz lassen sich zwei Möglichkeiten beschreiben. Zum einen kann die Werbung die Markeneinstellung verändern, zum anderen kann die Einstellung zur Marke die Wahrnehmung der Werbung beeinflussen. Welche der beiden Alternativen zum Tragen kommt, hängt auch davon ab, was von den beiden Einstellungsobjekten als Kontrast erlebt wird, die Werbung oder die Marke. Man kann diesen Ansatz noch erweitern. Übertragungseffekte sind nicht nur für Attraktivität möglich, sondern auch für andere Merkmale des präsentierten Modells, z. B. besondere Charaktereigenschaften wie humorvoll, zuverlässig etc.

### 3.4.3 Erotik und Sex in der Werbung

Eng mit der Wirkung attraktiver Modelle ist auch die Wirkung erotischer, sexueller Szenen oder Modelle verbunden (z. B. Reichert, T./Lambiase, J. 2002). Da man sich der Aufmerksamkeitszuwendung seitens der Betrachter sicher sein kann, findet man dementsprechend häufig auch erotische Werbeanzeigen, Tendenz steigend (Reichert, T./Carpenter, C. 2004)! Erotik kann dabei sowohl als peripherer Hinweisreiz als auch als zentraler Reiz vorkommen. Letzteres ist dann z. B. der Fall, wenn

**3.5 Fokus Werbegestaltung**
Furcht

die Anzeige ein Produkt bewirbt, dessen Verwendung sexuelle Befriedigung verspricht.

Erotik in der Werbung lässt sich vor allem über die physischen Merkmale des Models erzeugen, aber auch das Verhalten und die Bewegung, die Intimität, die zwischen den Modellen herrscht, sowie andere Kontexteffekte, etwa die Kameraführung, können erotische Stimmung erzeugen (Reichert, T./Ramirez, A. 2000).

*Sex sells?*
*Nicht unbedingt!*

Wie beim Humor besteht allerdings auch bei erotischer Werbung die größte Gefahr darin, dass die Aufmerksamkeit des Rezipienten durch den erotischen Reiz zu stark gebunden ist, wodurch dann keine Verarbeitungsressourcen mehr für die eigentliche Werbebotschaft vorhanden sind (Vampire-Effekt). Zum anderen kann es auch bei erotischen Reizen zu Gewöhnungseffekten kommen, d. h. die Wirkung erotischer Reize lässt nach. Darüber hinaus kann Erotik die Glaubwürdigkeit und Seriosität des Absenders beeinträchtigen (z. B. Simpson, P. M. et al. 1997). Außerdem besteht die Gefahr, dass sich manche Rezipienten durch die Darstellung erotischer Reize aufgrund ihrer moralischen oder persönlichen Wertvorstellungen gekränkt fühlen können. Und schließlich kann es auch als »unpassend« empfunden werden, mit Erotik für bestimmte Produkte bzw. von bestimmten Anbietern zu werben, was dann negativen Einfluss auf die Sympathie des Absenders nehmen kann.

## 3.5 Furcht

*Furchtappelle sind häufig*
*wenig wirkungsvoll.*

Insbesondere in der Gesundheitsaufklärung bzw. im Bereich des *Social Marketings* trifft man häufig auf Werbung, in der teilweise mit drastischen Formulierungen bzw. Bildern auf die Folgen eines Verhaltens oder eines Nichtverhaltens hingewiesen wird. Bei diesen Furchtappellen geht es also zunächst um die Erzeugung negativer Emotionen, z. B. die Darstellung einer schwarzen Raucherlunge. Der Rezipient soll dann dazu motiviert werden, etwas zu tun, etwas sein zu lassen (z. B. das Rauchen), wodurch es zu einer Reduktion dieses negativen Zustands kommen soll (reduziertes Risiko, an den Folgen des Rauchens zu leiden). Die Wirkungen dieser Appelle sind oftmals nicht gerade stark, da es sich häufig um Versuche der Einstellungsänderung handelt und Einstellungen lassen sich nur schwer ändern, erst recht, wenn die Rezipienten wenig involviert sind und sie die Informationen nur auf der peripheren Route verarbeiten. Ob ein Furchtappell wirkt, hängt darüber hinaus von zahlreichen anderen Faktoren ab, etwa der Glaubwürdigkeit des Absenders, dem Stil der Werbung und auch von Faktoren seitens des Rezipienten, z. B. Selbstvertrauen und Ängstlichkeit (Moser, K. 2002). So wird sich ein ängstlicher Rezipient bei stark angstauslösenden Bildern und Botschaften einfach abwenden und Reaktanz zeigen. Sind die Botschaften dagegen zu schwach, erzielen sie wiederum keine Wirkung. Abschreckung allein reicht überdies kaum aus. Einem Raucher muss man beispielsweise kaum klar machen, dass Rauchen gefährlich ist. Das ist nicht sein Problem. Sein Problem liegt eher darin, dass er das Rauchen – es ist ja eine Sucht –, einfach nicht lassen kann und auch keine geeignete Strategie kennt, um damit aufzuhören. Die besten Resultate kann man bei einer zur Verhaltensmodifikation auffordernden Werbung dann erwarten, wenn nicht nur das unerwünschte Verhalten angeprangert bzw. das gewünschte Verhalten angepriesen wird, sondern wenn daneben auch eine konkret-operative Lösung angeboten wird, wie man vom unerwünschten zum gewünschten Zustand gelangen kann. Ein Problem hierbei ist jedoch u. a., dass der Rezipient das dargestellte Problem überhaupt nicht als sein eigenes Problem ansieht.

> **MERKE**
>
> In der Regel liegen erwünschte und unerwünschte Wirkungen einer Verhaltensweise zeitlich und konzeptuell nämlich nicht beieinander.

So empfindet z. B. der Raucher es als sehr angenehm, jetzt zu rauchen. Rauchen ist also zum Handlungszeitpunkt hoch erwünscht. Nicht erwünscht sind dagegen die potenziell langfristigen Folgen, auf die der Raucher aktuell jedoch nicht fokussiert. Zudem reagieren Menschen auf bedrohliche Informationen häufig in selbstwertdienlicher Art und Weise: Wir argumentieren dann gerne, warum die Folgen gerade bei uns nicht so dramatisch sein werden oder warum wir gar nicht zum möglichen Kreis der Geschädigten gehören. Es sind eben immer die anderen, die betroffen sind, eine Haltung, die auch an den *Dritte-Personen-Effekt (DPE)* denken lässt. Schließlich ist darauf hinzuweisen, dass das Benennen einer zu unterlassenden Handlung (Rauchen Sie nicht!) auf jeden Fall dazu führt, dass man an das Rauchen erinnert wird (siehe *Priming*). Es bietet sich daher gerade bei dem Vorsatz der Verhaltensmodifikation an, nicht unbedingt das unerwünschte Verhalten zu nennen, sondern unbedingt das gewünschte Verhalten in den Fokus zu rücken (»Genießen Sie jetzt schon den frischen Duft?!«).

Dritte-Personen-Effekt

**INFORMATION 9**

### Der Dritte-Personen-Effekt
Bei dem Dritte-Personen-Effekt (DPE) handelt es sich um die Beobachtung, dass Menschen dazu tendieren, den Einfluss der Massenmedien auf das Verhalten anderer Personen zu überschätzen, und den Einfluss auf das eigene Verhalten zu unterschätzen, es sei denn, die Botschaft enthält etwa einen moralischen Appell, dann zeigt sich genau das Umgekehrte: Die eigene Beeinflussbarkeit wird überschätzt, die der anderen unterschätzt (Moser, K./Leitl, J. 2006). Der DPE lässt sich jedoch nicht nur im Zusammenhang mit den Medien beschreiben, er gilt ganz allgemein. So sind es stets die anderen, denen etwas passiert oder die negative Eigenschaften besitzen.

**Fokus Werbegestaltung**
Musik

## 3.6 Musik

*Musik ist ein sehr ökonomisches Kommunikationsmittel.*

Musik ist allgegenwärtig, wird in ihrer subtilen Wirkung aber häufig unterschätzt. Dabei spielt Musik, oder das Erleben von Geräuschen und Tönen, bereits vor unserer Geburt eine große Rolle. Als Embryo nehmen wir millionenfach den Herzschlag der Mutter wahr, ein ganz bestimmter Rhythmus, der sich uns tief einprägt. Auch für die Sprachentwicklung ist musikalisches Verständnis die Grundlage, da wir Sprache zunächst nur anhand ihrer musikalischen Aspekte lernen (z. B. Koelsch, S./Schroeger, E. 2008). Damit dann aus einzelnen Tönen eine Melodie entstehen kann, ist es weiter notwendig, dass wir über ein Zeiterleben mit Vergangenheit, Gegenwart und Zukunft verfügen, andernfalls können sich keine Folgeerwartungen und Zukunftserwartungen hinsichtlich der Tonreihenfolge einstellen, einem wichtigen Kriterium, um Melodien z. B. selbst nachzusingen. Mit fünf, sechs Jahren, wenn sich ein Zeitverständnis entwickelt hat, können wir das. Im weiteren Verlauf unserer Entwicklung wird das Musikhören immer wichtiger für uns, auch zum Ausdruck der eigenen Identität oder im Sinne sozialer Kategorisierungsprozesse, etwa als Zeichen einer Gruppenmitgliedschaft. Und ganz wichtig im vorliegenden Zusammenhang: Musik löst Emotionen aus und kann Emotionen ausdrücken (Schmidt-Atzert, L. 1982), und das blitzschnell. Diese emotionsauslösende Wirkung von Musik prädestiniert sie zur Verwendung in werblichen Kontexten (siehe ausführlich dazu z. B. Zander, M. F./Knapp, M. 2007).

Man unterscheidet hier zwischen Musik (Werbeliedern bzw. Liedern) zur Unterstützung der Atmosphäre und dem Einsatz von Musik im Zusammenhang mit einer ganzheitlichen Markenbildung (Sound-Logo, Marken-Thema). Der Vorteil von Musik besteht darin, dass man sich ihr kaum entziehen kann und dass sie sehr schnell, sehr viel Bedeutung transportiert. Darüber hinaus produziert Musik beim Rezipienten zahlreiche Assoziationen und Emotionen. Viele Gründe also, warum Musik in Werbung und Verkauf eine so große Rolle spielt.

Es lassen sich nun ganz unterschiedliche Effekte von Musik nachweisen. So erleben wir beispielsweise die Wartedauer einer Telefonhotline als kürzer, wenn wir Musik dabei hören (Gueguen, N./Jacob, C. 2002), kaufen eher französischen Wein, wenn französische Musik im Hintergrund läuft (North, A. C./Hargreaves, D. J./McKendrick, J. 1997), oder bewegen uns bei schneller Musik schneller durch das Kaufhaus, kaufen dabei aber auch weniger ein (Milliman, R. 1982). Da wir überdies durch Prozesse der klassischen Konditionierung bestimmte Musik mit bestimmten Situationen assoziieren, kann Musik als unterstützender Hinweisreiz eingesetzt werden, sofern die Musik auch zum Produkt passt: Klassische Musik etwa, wenn es um edle und luxuriöse Produkte geht, Rockmusik bei Bier und Volksmusik bei Produkten mit regionalem Bezug. Ganz ähnlich, wie wir das bereits für die Verwendung kognitiver Schemata festgehalten haben, ist das Besondere an der Musik, dass sich durch wenig vermittelte Information (die tatsächlich gespielte Musik) eine im Vergleich dazu riesige faktische Informationsmenge durch die sich ergebenden Assoziationen ergibt. Musik ist also ein höchst ökonomisches Kommunikationsmittel.

## 3.7 Ausblick

Werbung bedient sich vielfältiger Stilmittel und Hilfsmittel, um die Botschaft angenehm, überzeugend, aufmerksamkeitserregend, nebenbei oder sympathisch zu transportieren. Farben und Bilder sollen schnell viele Informationen transportieren und uns emotionalisieren, Humor soll uns unterhalten und die Laune heben, Erotik und Sex sollen uns anziehen und Aufmerksamkeit erzeugen, Furcht uns zu Verhaltensänderungen bewegen und Musik auf subtile Art Informationen und Stimmungen kommunizieren. Allen diesen Stilmitteln der Werbung ist gemein, dass es mit ihnen möglich ist, auf einfache, schnelle und sehr effiziente Art und Weise beim Konsumenten reichhaltige Assoziationen auszulösen. Je nach Produkt, Thema, intendierter Wirkung und Zielgruppe müssen allerdings einige Faktoren berücksichtigt werden, die dann über Erfolg bzw. Misserfolg der Werbung entscheiden. Bei Humor und Erotik besteht die Gefahr, dass zwar durchaus Aufmerksamkeit erzeugt wird, die Werbebotschaft selbst aber in den Hintergrund rückt. Musik kann uns schnell in eine bestimmte Stimmung entführen, kann uns aber unter Umständen auch von der Werbung dissoziieren, wenn sie zu starke Emotionen bzw. Assoziationen auslöst. Bilder sind sehr mächtig beim Transport komplexer Bedeutungen, sind aber häufig ohne zusätzliche Überschrift (*Frame*) nicht eindeutig zu interpretieren. Allgemein kann festgehalten werden:

> **MERKE**
>
> Je eher es gelingt, durch automatisch verarbeitete Reize schematische Assoziationen beim Rezipienten auszulösen, desto mehr Einfluss haben die Reize auf das Erleben und Verhalten.

Für die Werbepraxis kann man feststellen, dass die hier beschriebenen Gestaltungsmittel insbesondere dann Bedeutung bekommen, wenn die Argumente für ein Produkt allein nicht ausreichen, um die Kunden zu überzeugen: Wenn ich nichts zu sagen habe, dann schmücke ich die Botschaft eben so aus, dass das nicht auffällt und die Botschaft bzw. die Art der Übermittlung zudem noch gefällt.

**REFLEXIONSFRAGEN**

1. Mit welchem Modell kann man die Wirkung von Farben erklären?
2. Was ist eigentlich Humor und welcher Humor wird in der Werbung eingesetzt?
3. Unter welchen Umständen würden Sie Humor in der Werbung empfehlen?
4. Bilder sind hervorragende Instrumente, um sehr schnell sehr viele Informationen zu transportieren. Wie kann man diese Vorteile auch in auditiven oder rein textlichen Kontexten nutzen?
5. Kann man sagen: Sex sells? Unter welchen Umständen trifft das zu?

## 3.7 Fokus Werbegestaltung
### Ausblick

**SCHLÜSSELBEGRIFFE KAPITEL 3**

- Humor
- Self-handicapping
- Herabsetzung
- Überlegenheitsgefühl
- Inkongruität
- Erotik
- Vampire-Effekt
- Wear-out-Effekt
- Halo-Effekt
- Framing
- Attraktivität
- Musik
- Furcht
- Transfer-Effekte
- Dritte-Personen-Effekt

6. Wie lässt es sich erklären, dass die Attraktivität eines Models ein Produkt aufwertet?

7. Welche Wirkung hat Musik auf uns und wie kann man das erklären?

8. Was haben Humor, Erotik, Bilder und Musik hinsichtlich ihrer Wirkungsweise gemein und worin unterscheiden sie sich?

# 4 Fokus Marke

Es ist schon beeindruckend, wie sehr unser Alltagsleben durch Marken bestimmt wird. Beinahe schon von Kindesbeinen an werden wir mit Marken konfrontiert. Sie sind für uns Zeichen für das, was gut ist, was wir mögen und mehr noch, wer wir sind. In der Schule stehen sich Gruppen von Schülern gegenüber, beinahe feindselig: Auf der einen Seite die »Applelaner«, auf der anderen Seite die Fans von Samsung. Und später? Die einen schwören auf Audi, die anderen auf BMW. Und bei Jeans schwöre ich auf Levis, und wenn wir uns etwas gönnen, dann sollte es schon ein Champagner sein, am besten ein Moët.

Marken sind allgegenwärtig.

> **MERKE**
> Marken sind viel mehr als bloße Produktkennungen. Sie sind Ausdruck unserer Persönlichkeit, unseres Lebensstils und unserer Haltung.

Unsere Lieblingsmarke würden wir nie wechseln. Marken sind mächtig und ungeheuer wertvoll. Und daher auch für Marketing und Werbung so interessant und bedeutsam. Aber was ist eigentlich eine Marke und wie kommt es, dass Marken so wirkungsvolle Instrumente für die Werbung sind? Schauen wir uns zur Beantwortung dieser Fragen im Folgenden etwas genauer an, was man unter Marke alles verstehen kann, wem sie etwas bringen und wie sie funktionieren.

## 4.1 Was ist eine Marke?

> **MERKE**
> Als Marke wird gewöhnlich das Ergebnis eines Prozesses bezeichnet, an dessen Ende eine Unterschiedsbildung steht: Markierte versus nicht markierte Produkte. Oder: Markenbildung als ein Vorgang der künstlichen Heterogenisierung homogener Produkte.

Mit anderen Worten, eine Marke dient dazu, ein eigentlich austauschbares Produkt zu etwas Besonderem, Einzigartigem zu machen. Daraus wird ersichtlich, dass eine Marke vor allem als eine Betonung des Zusatznutzens zu verstehen ist, ein Vorrang, der insbesondere dann eine große Bedeutung besitzt, wenn das Angebot die Nachfrage übersteigt. Produkte lassen sich dann nämlich nicht mehr aufgrund ihrer instrumentellen Werte, sondern vor allem durch zusätzliche Nutzenversprechen differenzieren.

## 4.1 Fokus Marke
Was ist eine Marke?

Zu den Bestandteilen einer Marke gehören neben dem Markennamen das Markenzeichen (Bildzeichen, Hörzeichen, kombinierte Zeichen) und andere formale Gestaltungselemente wie Farbe, Größe, Text und inhaltliche Merkmale wie das *Markenimage* oder die *Markenidentität*. Das deutsche Markengesetz definiert Marke wie folgt: »Als Marken können alle Zeichen, insbesondere Wörter einschließlich Personennamen, Abbildungen, Buchstaben, Zahlen, Hörzeichen, dreidimensionale Gestaltungen einschließlich der Form einer Ware sowie sonstige Aufmachungen einschließlich Farben und Farbzusammenstellungen geschützt werden, die geeignet sind, Waren oder Dienstleistungen eines Unternehmens von denjenigen anderer zu unterscheiden (Markengesetz, siehe dazu www.gesetze-im-internet.de).«

### 4.1.1 Markenimage

> **MERKE**
>
> Mit Markenimage bezeichnen wir unser zugängliches Markenwissen, d. h. Wissen über formale Gestaltungsmerkmale, Erfahrungen und allgemein unsere Assoziationen, die wir bezüglich der Marke haben.

*Das Markenimage baut auf Lernerfahrungen auf.*

Diese Assoziationen haben wir durch unzählige Kontakte mit der Marke gelernt. Dazu zählen sowohl alle sinnlichen Erfahrungen, also die visuelle Verarbeitung von z. B. Logo, Überschriften und Farben, die auditive Verarbeitung, wie z. B. Töne, Musik, Geräusche, die haptische Verarbeitung, wie Festigkeit, Oberflächenbeschaffenheit, Kühle und Wärme, sowie die olfaktorische Verarbeitung, also der Geruch von Markenprodukten und anderen markenrelevanten Situationen (Verkaufsräume etc.). Das Markenimage baut sich also durch Lernerfahrungen in den unterschiedlichsten Kontexten auf, eben immer dann, wenn es zum Kontakt mit der Marke oder damit assoziierten Produkten, Menschen, Dingen, Kommunikationen etc. kommt.

Das Markenimage kann als das *explizite* und *implizite Markenwissen* beschrieben werden. Das Markenwissen lässt sich wiederum als *Kategorienwissen* (Bless, H./Greifeneder, R./Wänke, M. 2007) oder als eine Art *Schema* beschrieben. Wie wir bereits beim Thema Schemata gesehen haben, kann dieses Vorwissen im Sinne von *Top-down-Prozessen* die Wahrnehmung, Selektion und Verarbeitung von markenrelevanten Informationen beeinflussen. Dies lässt sich eindrucksvoll in Blindversuchen wie dem von Chernatony und McDonald (1992) demonstrieren. In deren Studie sollten die Probanden angeben, welches von zwei Cola-Getränken sie bevorzugen würden. Wussten die Teilnehmer nicht, was sie trinken, entschieden sich 51 % für die Marke Pepsi und 44 % für die Marke Coca Cola. Wurde der gleiche Versuch gemacht, wobei allerdings die Marke zu erkennen war, dann präferierten 65 % Coca Cola gegenüber mageren 23 % für Pepsi. Das Wissen um die Produktmarke beeinflusste demnach in starkem Ausmaß die Geschmackspräferenz. Das Markenwissen wirkt sich darüber hinaus auf die Erinnerung der Werbebotschaft aus. So werden wir vor allem an jene Informationen erinnert, die zum Image passen (z. B. Keller, K. L./Heckler, S. E./Houston, M. J. 1998). Daneben ermöglicht uns das Markenimage, auf fak-

## 4.1 Was ist eine Marke?

tisch fehlende Informationen zu schließen. Bei vielen Produkten wissen wir beispielsweise wenig über Produktionsbedingungen, Herkunft oder können auch die Materialqualität kaum selbst beurteilen. Kennen wir dagegen die Marke, so meinen wir, anhand des Markenimages die Wissenslücke schließen zu können. Es steht für uns beispielsweise außer Frage, dass eine Wurst der Marke *demeter* selbstverständlich aus Zutaten der bio-dynamischen Landwirtschaft hergestellt wurde und in einem Auto der Marke Mercedes sicherlich kein Kunstleder verarbeitet wurde. Das Markenwissen beeinflusst dabei unsere konkrete Markenerfahrung so stark, dass wir selbst widersprechende Informationen nicht oder unzureichend registrieren oder sie als Ausnahmefall bewerten (siehe dazu Bless, H./Greifeneder, R./Wänke, M. 2007).

Mit unserem Erfahrungswissen gehen also Erwartungen einher, die das tatsächliche Erleben und sogar unser Verhalten beeinflussen können. So erleben wir ein Markenprodukt nicht nur als imagekonform, unser eigenes Verhalten oder die Bewertung anderer Personen kann sich durch die Aktivierung des Markenvorwissens verändern. So beurteilen wir häufig andere, sogar uns völlig unbekannte Menschen danach, welche Markenkleidung sie tragen. Diese sagt uns nämlich, ob jemand viel Geld zu haben scheint (Kleider von Boss oder Armani) oder nicht (Kleider von KiK), oder wie wir uns ihnen gegenüber zu verhalten haben, wer also womöglich der Statushöhere ist. Denken wir dazu auch an die Wirkung von Uniformen oder von Arztkitteln. Marken, so könnte man allgemein formulieren, sind Symbole, die wir akquirieren können, um ganz im Sinne der symbolischen Selbstergänzung die eigene Person darzustellen. Wie sehr wir uns durch diese äußeren, mit Bedeutung versehenen, also markierten Objekte auch in unserem Verhalten beeinflussen lassen, lässt sich an einem interessanten Experiment belegen.

*Marken sagen, wer wir sind.*

**BEISPIEL** **Wie ein Arztkittel die Konzentration erhöhte**

▶▶▶ In der Studie von Adam und Galinsky (2012) wurden die Teilnehmer gebeten, einen weißen Kittel anzuziehen. Einer Teilnehmergruppe wurde der Kittel als Malerkittel, einer anderen Gruppe als Arztkittel vorgestellt. Anschließend bearbeiteten die Teilnehmer eine Aufmerksamkeitsaufgabe. Interessanterweise schnitten die Probanden dann besser ab, wenn sie einen Arztkittel trugen. Die Bedeutung, die der weiße Kittel für die Teilnehmer besaß, führte dazu, dass damit assoziierte Bedeutungen wie Sorgfalt und Konzentration handlungswirksam wurden. ◀◀◀

Auch mit Marken lassen sich solche handlungsbeeinflussende Effekte wie in dem Beispiel eben nachweisen: Personen, denen man beispielsweise das Logo der Marke *Apple* zeigte, verhielten sich in einer anschließenden Aufgabe kreativer als Personen, die zuvor das Logo der Firma IBM gesehen hatten (Fitzsimons, G. M./Chartrand, T. L./Fitzsimons, G. J. 2008). Der Grund für diese Effekte liegt in den mit den beiden Marken assoziierten Konzepten. Apple ist nun einmal als Marke der Kreativen, der Werber bekannt geworden. Wenn wir also an Apple denken, dann denken wir auch an Kreativität, wodurch dann mit dem Konzept der Kreativität verbundene Gedächtnisinhalte ebenfalls aktiviert werden und unser Verhalten beeinflussen können.

**4.1 Fokus Marke**
Was ist eine Marke?

### 4.1.2 Markenidentität

> **MERKE**
>
> Im Gegensatz zum Markenimage, welches das Markenwissen der Konsumenten bezeichnet, wird mit Markenidentität die Summe der Merkmale und Eigenschaften bezeichnet, die die Marke dauerhaft gegenüber anderen Marken abgrenzt. Es handelt sich also um das Wesen der Marke, unumstößliche und charakteristische Merkmale der Marke.

Entspricht das Markenimage dem Fremdbild der Marke, so meint die Markenidentität eher das Selbstbild der Marke (Burmann, C./Meffert, H./Feddersen, C. 2007). Die Markenidentität ist umfassender als das Markenimage, das letztlich als ein Bestandteil der Markenidentität aufgefasst werden kann und das nicht verändert werden darf, um das, was die Marke darstellt nicht zu gefährden. Weitere Bausteine der Identität sind (vgl. dazu auch Adjouri, D. N. 2002):
- der Markenwert (Welchen Beitrag leistet die Marke in Bezug auf den Unternehmenswert?),
- die Markenstrategie (Durch welche grundlegende Vorgehensweise wird die Marke etabliert, ausgebaut und erhalten?),
- die Markenpositionierung (wie unterscheidet sich die Marke gegenüber ihren Wettbewerbern) und
- die Markenbotschaft (Was ist die zentrale Aussage, die mit der Marke verbunden ist?).

### 4.1.3 Markenfunktionen

*Vielfältigste Funktionen für Nachfrager und Anbieter*

Marken erfüllen für *Nachfrager* und *Anbieter* ganz unterschiedliche Funktionen. Für den Nachfrager sind Marken zunächst einmal bequem. Bei der Kaufentscheidung muss nicht jedes Produkt erst eingehend analysiert und bewertet werden, vielmehr reicht das Erkennen der Marke aus, um damit assoziiertes Wissen zu aktivieren und bereits bestehende Bewertungen abzurufen, die dann die Kaufentscheidung erleichtern. Aus demselben Grund bieten Marken die Möglichkeit zur *Orientierung*. Der Konsument kann etwa zwischen preiswerten und teuren Marken unterscheiden, weiß, wo er diese kaufen kann, und kennt die damit einhergehenden Produktunterschiede. Marken geben uns daher *Sicherheit* bei der Entscheidung. Das Marken-Vorwissen ist *kognitiv entlastend* und wird insbesondere in Situationen, in denen wir wenig motiviert oder nur unzureichend in der Lage sind, uns mit dem Kaufprozess auseinanderzusetzen, besonders wirksam. Darüber hinaus dienen Marken dazu, unsere Persönlichkeit zu unterstreichen (*Marke als Identitätsfläche*) bzw. nach außen zu demonstrieren (*Marken als Prestigeobjekt*). Marken besitzen *Signalfunktionen*, sind also grundlegend als Kommunikate zu betrachten, die etwas über uns vermitteln.

Für den Anbieter erfüllen Marken ebenfalls ganz unterschiedliche Zwecke. Sie dienen zum einen dazu, gegenüber der *Konkurrenz* sichtbar zu sein und sich davon abzuheben. Zudem sind Marken ein probates Mittel zur *Kundenbindung*. Darüber hinaus vergrößern sie den *preispolitischen Spielraum*: Für Markenprodukte lassen sich höhere Preise verlangen, sie sind ja auch ein Qualitätsversprechen! Außerdem besitzt man mit einer starken Marke eine Basis für die *Erweiterung der Produktpalette*. Es ist bedeutend einfacher, eine Markenlinie um ein weiteres Produkt zu erweitern, als eine Marke neu einzuführen. Schließlich erhöhen Marken auch den monetären *Wert des Unternehmens* (Brand Equity).

## 4.2 Verschiedene Markentypen

Bei der Betrachtung von Marken haben wir bisher so getan, als wären alle Marken gleich. Unter vielen Perspektiven trifft dies auch zu. Dennoch lassen sich auch verschiedene Markentypen differenzieren, die aus Sicht der Kunden das Angebotsspektrum erweitern, aus Sicht der Anbieter die Chancen einer zielgruppenspezifischen Ansprache, und damit letztlich für mehr Wachstum verbessern. Betrachten wir im Folgenden die Unterschiede etwas genauer.

Verschiedene Markentypen als Mittel für mehr Wachstum

### Herstellermarken

Unter Herstellermarken kann man die klassischen Markenartikel wie z. B. Persil, Nivea, Milka oder Bosch verstehen. Es sind Marken, die sich bis zum Hersteller einfach zurückverfolgen lassen. Markierte Produkte lassen sich in vielen Geschäften kaufen. Die Werbung erfolgt medienübergreifend, insbesondere aber in den Massenmedien, und richtet sich sowohl an den Endkunden wie auch den (Zwischen-)Handel. Der Konsument kann von ihnen gute Qualität zu etwas überdurchschnittlichen Preisen erwarten.

### Zweitmarken

Eine Möglichkeit, Marktanteile zu vergrößern, besteht darin, neue Kundengruppen durch die Einführung einer Zweitmarke anzusprechen. Zweitmarken gibt es sowohl als Herstellermarken (z. B. Spee von Henkel) wie auch als Handelsmarken (al verde von dm). Der Verbraucher kann dann zwischen zwei Marken desselben Herstellers, derselben Handelskette wählen, wobei es preisliche und qualitative Unterschiede zwischen Erst- und Zweitmarke geben kann. Auch sogenannte *Premiummarken* (z. B. Mövenpick von Schwartau) sind letztlich höherwertige Zweitmarken.

### Handelsmarken

Viele Handelsketten haben eigene Marken im Sortiment, dm z. B. Balea. Diese Marken werden allerdings nicht von den Handelsketten selbst hergestellt, sondern nur vertrieben. Die Herstellung erfolgt durch andere Unternehmen, oft nach den Anweisungen des Handels. Der Handel selbst kann durch das Angebot besser auf die unterschiedlichen Verbraucherbedürfnisse bzw. Zielgruppen eingehen und wahrt sich eine machtvolle Position gegenüber den Herstellern. Häufig sind Handelsmarkenprodukte aber auch identisch mit klassischen Markenprodukten, da sie vom glei-

## 4.2 Fokus Marke
### Verschiedene Markentypen

chen Hersteller kommen. Für die Hersteller ergibt sich auf diese Weise ein weiterer Vertriebskanal und damit auch weitere Wachstumsoptionen. Die Handelsmarken werden in der Regel nicht großflächig beworben. Der Verbraucher erwartet gute Qualität zu günstigen Preisen.

**No-Names**
Im Handel gibt es auch unmarkierte Produkte bzw. Produkte, die durch den völligen Wegfall an werblichen Stilmitteln als No-Names (man spricht auch von Gattungsmarken) markiert sind, z. B. *Ja* von Rewe oder *gut & günstig* von Edeka. Das spart Kosten, was dem Produktpreis gutgeschrieben wird (oder zumindest so wirken soll). Der Verbraucher erwartet von diesen Produkten ein Mindestmaß an Qualität, hat aber sonst keine Ansprüche.

**Markenfamilien**
Viele Marken stehen nicht nur für ein Produkt, sondern für ein ganzes Sortiment. So steht beispielsweise die Marke *Uhu* nicht nur für einen Alleskleber, sondern für eine ganze Reihe anderer Produkte rund ums Kleben und Haften, etwa Sekundenkleber, Klebepads, Holzleime, Kontaktkleber, Kleberpistolen, Modellbaukleber usw. Der Vorteil, verschiedene Produkte unter einem Markenlabel zu bedienen, liegt auf der Hand: Eine Marke zu kommunizieren ist wesentlich günstiger und weniger aufwändig, als mehrere Marken zu etablieren. Der Nachteil besteht jedoch darin, dass die Markenbotschaft auch für alle Produkte passen muss, also den kleinsten gemeinsamen Nenner aller Produkte darstellt und somit eine produktspezifische und zielgruppenspezifische Vermarktung schwieriger ist.

**Dachmarken**
Mittlerweile werden viele Marken nicht mehr von vielen Herstellern produziert und vermarktet. Viele Marken und Markenfamilien gehören heute zu großen Konzernen, in denen zahlreiche Marken und Markenfamilien beheimatet sind. In diesen Fällen existiert neben den einzelnen Produktmarken auch noch eine Unternehmensmarke. Das Unternehmen Beiersdorf etwa führt unter seinem Dach auch die Produktfamilien Nivea und Tesa. Beiersdorf ist also eine Dachmarke.

**Line Extension und Brand Extension**

*Vor- und Nachteile einer Mehrmarkenstrategie*

Wie wir gesehen haben, sind viele Marken nicht nur an ein einziges Produkt gebunden. Die Marke steht für ein ganzes Produktsortiment. Dabei kann unterschieden werden, ob es sich bei dem Sortiment um eine Erweiterung der Produktlinie handelt (*Line Extension*), also alle Produkte einen in Grenzen ähnlichen Verwendungszweck bzw. -kontext haben (z. B. Nivea-Body-Lotion, Nivea-Handcreme, Nivea-Sonnenmilch, etc.), oder ob es sich um unterschiedliche Produktsegmente handelt (*Brand Extension*), wie etwa bei der Marke Camel, die neben Zigaretten auch für Kleider steht. Sowohl bei Markenfamilien wie auch bei Dachmarken besteht die Chance für die Unternehmen darin, dass sich positive Markeneffekte von einer Marke auf die anderen Marken bzw. Markenfamilienmitglieder bzw. die Dachmarke übertragen lassen (Markendehnung). Dies ist gleichzeitig auch das Risiko, wenn an einer Stelle, bei einer Marke, einem Markenfamilienmitglied oder der Dachmarke, Imageprobleme entstehen. Diese können sich ebenfalls dann bei den damit verbundenen Marken negativ auswirken.

## 4.3 Spezialfall: Arbeitgebermarke

Wenn von Marken die Rede ist, dann meinen wir in der Regel Marken für Produkte. In den letzten Jahren hat sich der Markenbegriff erweitert. Auch Unternehmen versuchen sich im Sinne einer Marke zu positionieren (*employer brand;* Ambler, T./Barrow, S. 1996). Als Hintergrund kann die Arbeitsmarktentwicklung der letzten Jahre angesehen werden. In einer globalen Welt konkurrieren immer mehr Unternehmen um Fachkräfte, die sich heute umgekehrt ihren Arbeitgeber aus einem größer gewordenen Angebot auswählen können. Hinzu kommt, dass sich in vielen Branchen und an vielen Arbeitsstellen große Veränderungen hinsichtlich der Arbeitsmodalitäten ergeben haben. Viele Arbeitnehmer haben heute andere Vorstellungen von ihrer Arbeitsbiografie als früher. Ein Arbeitsplatzwechsel ist für viele heute eher normal. Auch haben sich Veränderungen bei der Bewertung des Stellenwerts von Arbeit ergeben. Themen wie »Sabbatical« oder »Work-Life-Balance« sind heute keine Ausnahme, sondern häufig die Regel. Unternehmen sind daher mehr als jemals zuvor, darauf angewiesen, für (potenzielle) Arbeitnehmer möglichst attraktiv zu sein, um diese für sich zu gewinnen oder an sich zu binden. Unter »Employer Branding« (Arbeitgebermarkenbildung) lassen sich nun alle Maßnahmen zusammenfassen, die ein Unternehmen auf dem Personalbeschaffungsmarkt attraktiv machen. Das Ergebnis ist im besten Fall die Bildung einer Arbeitgebermarke, mit der sich ein Unternehmen im Markt positioniert. *Employer Branding* ist dabei viel mehr als eine Arbeitnehmerbeschaffungsmaßnahme, es ist Teil der strategischen Personalpolitik, zu der dann neben der Mitarbeitergewinnung, Mitarbeiterbindung, Talentmanagement auch Themen wie Unternehmenskultur oder Effizienzsteigerung gehören. Am Ende können daher alle Stakeholder des Unternehmens von einer starken Arbeitgebermarke profitieren. Nicht zuletzt steigert eine Arbeitgebermarke auch den Kapitalwert des Unternehmens.

## 4.4 Verschiedene Markenkonzepte

Wir haben Marke bisher rein funktionalistisch definiert, als Heterogenisierungskonzept oder als Folge eines Markierungsprozesses. Die Marke als solche entzieht sich dagegen einer eindeutigen Bestimmung. Vielmehr lassen sich ganz unterschiedliche Zugänge beschreiben, die sich dem, was wir Marke nennen, auf ganz unterschiedliche Art und Weise nähern. Betrachten wir im Folgenden einige psychologische Konzepte etwas näher, mit denen man eine Marke beschreiben kann.

## 4.4 Fokus Marke
### Verschiedene Markenkonzepte

### 4.4.1 Marke als assoziatives Netzwerk

Passende Assoziationen aufbauen.

Eine Vorstellung von der mentalen Wissensorganisation ist die eines assoziativen Netzwerkes (vgl. Kap. 2.2.2). Auch eine Marke ist letztendlich organisiertes Wissen. Mit der Marke sind durch unzählige Kontakte verschiedene andere und bereits vorhandene Konzepte und Begriffe assoziiert worden. Der Markenbegriff bezieht somit seine Bedeutung aus dem ihn umgebenden semantischen bzw. allgemein assoziativen Netz (vgl. Abb. 4.1). Die Stärke, Zahl und Richtung der assoziativen Verbindungen hängt dabei von der Frage ab, wie häufig die Marke mit den damit assoziierten Konzepten gleichzeitig auftrat, und ob durch Prozesse der Informationsverarbeitung (vgl. z. B. Verarbeitungstiefe) entsprechende Verbindungen hergestellt wurden. Wichtig kann es für eine Marke sein, dass die Aktivation des Markenkonzeptes nicht nur die damit assoziierten Begriffe durch Prozesse der Aktivationsausbreitung (*Priming*) aktiviert, sondern dass auch umgekehrt markenassoziierte Begriffe den Markenbegriff selbst aktivieren können. Mit der Vorstellung einer Marke als assoziatives Netz lässt sich nun gut definieren, mit welchen Begriffen die Marke belegt werden soll und wie das in der Kommunikation umzusetzen ist. Dabei muss darauf geachtet werden, dass auch die Assoziationen zweiter Ordnung, also die Assoziationen, mit denen wiederum die Markenassoziationen verbunden sind, positiv auf das Markenkonzept einwirken. Außerdem ist mit Hinweis auf den *Fächerungseffekt* (s. Kap. 2.2) zu empfehlen, nicht zu viele Konzepte mit der Marke zu assoziieren, damit die Aktivation des Markenkonzeptes auch tatsächlich damit verbundene Konzepte aktivieren kann.

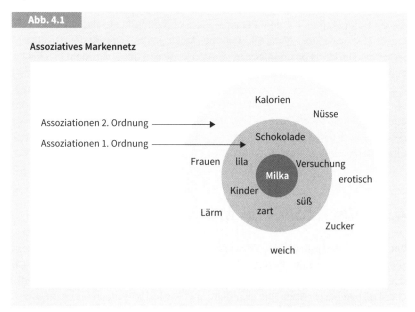

Abb. 4.1 Assoziatives Markennetz

## 4.4.2 Marke als Schemata

Eine andere Konzeptualisierung von Marke haben wir bereits im Zusammenhang mit dem Markenimage kennengelernt.

> **MERKE**
>
> Eine Marke kann als eine Art Stereotyp, als Kategorie oder Schema angesehen werden, das die Summe aller Markenerfahrungen abbildet. Dieses Markenvorwissen beeinflusst im Sinne von Top-down-Prozessen die Verarbeitung markenbezogener Informationen.

Konkret bedeutet dies, dass wir rückblickend Markenerfahrungen konform zum Markenimage gestalten, es bedeutet aber auch, dass konkrete aktuelle Markenerfahrungen durch das Vorwissen unter Umständen imagekonformer ausfallen. Generell kann die konkrete Markenerfahrung als zum Schema passend oder unpassend angesehen werden, mit unterschiedlichen Auswirkungen auf das Produkt und die Marke. Man spricht in diesem Zusammenhang auch von Assimilations- und Kontrasteffekten (vgl. Kap. 2.9.4). Um Assimilationseffekte handelt es sich immer dann, wenn ein konkretes Produkt als zur Marke passend wahrgenommen wird. In diesem Fall werden Markeneigenschaften auf das Produkt übertragen, und umgekehrt kann das Produkt auch zur Markenkategorie neue Eigenschaften beisteuern. Kontrasteffekte bezeichnen den Fall, wenn sich Produkt- und Markeninformationen widersprechen. Dann werden Marke und Produkt als unähnlich wahrgenommen und es wird kein Markenwissen auf das Produkt übertragen. Mehr noch, durch die enttäuschten Erwartungen wird das Produkt bzw. die Marke womöglich sogar abgewertet. Solche Kontrasteffekte können langfristig dann auch die Marke beeinträchtigen (vgl. dazu Bless, H./Greifeneder, R./Wänke, M. 2007).

*Assimilations- und Kontrasteffekte*

## 4.4.3 Marke als Einstellungsobjekt

Marken können ganz allgemein auch im Sinne eines Einstellungsobjektes verstanden werden (vgl. Kapitel 2.7). Das bedeutet, dass sich in meiner generalisierten Haltung, meiner Meinung zur Marke, kognitive, affektive und behaviorale Komponenten differenzieren lassen. Die kognitive Einstellung umfasst dabei das Markenwissen, die Kenntnis von Herkunft, Geschichte und Eigenschaften. Die affektive Komponente beinhaltet allgemeine Gefühle, Präferenzen und Sympathien für die Marke. Die behaviorale Komponente schließlich umfasst verhaltensrelevante Aspekte, etwa inwieweit die Markenprodukte erworben werden (möchten) oder weiterempfohlen werden. Kognitive, affektive und behaviorale Einstellungen können sich ergänzen oder sich widersprechen. Es lassen sich alle möglichen Kombinationen aus diesen drei Einstellungsebenen denken. Es kann z. B. Marken geben, von denen ich zwar eine Menge positiver Eigenschaften kenne, sie aber dennoch ablehne, weil ich sie nicht mag. Es gibt auch Marken, von denen ich viel Positives weiß und sie auch sympathisch finde, sie aber nicht kaufen möchte, z. B. weil sie zu teuer sind. Auch lässt sich der Fall denken, bei dem ich eine eher negative kognitive wie

*Kognitive, affektive und behaviorale Komponenten*

## 4.4 Fokus Marke
### Verschiedene Markenkonzepte

affektive Einstellung der Marke gegenüber besitze, sie aber dennoch, z. B. mangels Alternativen, kaufen würde.

Konzeptualisiert man Marken als Einstellungsobjekte, so lassen sich bezogen auf die Handlungswirksamkeit des Markenwissens alle Faktoren nennen, die wir bereits beim Thema Einstellungen genannt haben. Damit sich meine Markeneinstellung auf mein Verhalten auswirken kann, müssen etwa die entsprechenden Einstellungen mental gerade auch verfügbar sein und alternative Einstellungen dürfen nicht die Oberhand gewinnen. Zudem kann neben der expliziten Markeneinstellung auch eine implizite Einstellung vorliegen, die nicht unbedingt mit der expliziten konform, die aber womöglich handlungswirksam ist. Dies ist etwa dann zu bedenken, wenn es zu einem Markenrelaunch kommt, zu alten Markenassoziationen also neue Assoziationen aufgebaut werden.

### 4.4.4 Marke als Persönlichkeit

*Eine Marke wie Du und Ich*

Im Zusammenhang mit Marken werden häufig menschliche Attribute verwendet. Man findet Marken sympathisch, attraktiv, langweilig, konservativ oder modern. Begriffe, die man auch für einen Menschen, einen Freund oder Partner gebrauchen könnte. Und in der Tat gibt es Erkenntnisse, wonach Konsumenten zu Marken tatsächlich menschenähnliche Beziehungen aufbauen (Fournier, S. 1998). Diese Befunde verweisen darauf, dass die Bedeutung von Marken nur schlecht allein durch die Aufzählung von faktischen Merkmalen (Farbe, Größe, Kategorie etc.) beschrieben werden kann, sondern dass Marken eine Überschussbedeutung besitzen, die sich allenfalls indirekt erschließen lässt. Das haben Marken mit der menschlichen Persönlichkeit gemein. Darüber hinaus fällt uns bei der Frage nach dem Charakter der Marke häufig der typische Verwender ein, sodass wir auch auf diesem Weg die Marke mit Persönlichkeitsmerkmalen (siehe Kap. 2.9) in Verbindung bringen.

Vor diesem Hintergrund machte sich die Psychologin Jennifer Aaker auf, die Merkmale und Dimensionen der Markenpersönlichkeit systematisch zu untersuchen (Aaker, J. 1997). Sie benutzte dabei datenreduzierende Methoden, wie sie auch in der Persönlichkeitspsychologie erfolgreich zur Beschreibung der menschlichen Persönlichkeit eingesetzt werden. Als Ergebnis präsentierte Aaker fünf Dimensionen der Markenpersönlichkeit, nämlich *Erregung/Spannung* (z. B. temperamentvoll, fantasievoll), *Aufrichtigkeit* (ehrlich, bodenständig), *Kompetenz* (zuverlässig, erfolgreich), *Kultiviertheit* (vornehm, charmant) und *Robustheit* (naturverbunden, zäh). Interessanterweise entsprechen drei der fünf genannten Dimensionen der Markenpersönlichkeit den bereits bekannten Dimensionen der menschlichen Persönlichkeit (vgl. Abb. 4.2). Dies ist insofern von Bedeutung, als dass die Passung zwischen der Marke und der eigenen Person die Kaufentscheidung beeinflussen kann, und zwar auf zwei Arten: Da Marken Signalwirkung nach innen (die eigene Person) und außen (das Publikum) besitzen, präferieren Konsumenten zum einen solche Marken, die ihre eigene Persönlichkeit ausdrücken, unterstreichen oder verstärken und zum anderen solche, die wahrgenommene Defizite im Sinne der symbolischen Selbstergänzung (vgl. Kap. 2.9.2) kompensieren sollen (siehe dazu Florack, A./Scarabis, M. 2007). Marken werden gewissermaßen in die Konzeption des eigenen

## 4.4 Verschiedene Markenkonzepte

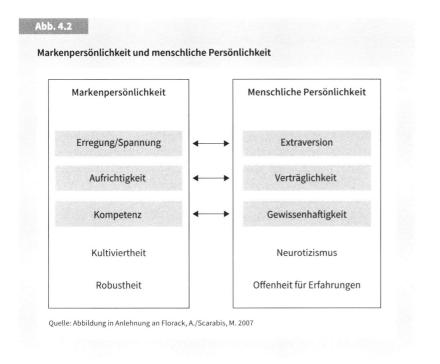

**Abb. 4.2**

Markenpersönlichkeit und menschliche Persönlichkeit

Quelle: Abbildung in Anlehnung an Florack, A./Scarabis, M. 2007

Selbst integriert. Es wundert daher auch nicht, dass etwa negative Rückmeldungen zur Marke oder schlechte Kritiken als Angriff auf die eigene Person wahrgenommen werden (Cheng, S. Y. Y./White, T. B./Chaplin, L. N. 2012). Für die Praxis ist das Konzept der Markenpersönlichkeit zum einen so bedeutsam, weil sich damit die Marke sehr bildhaft beschreiben lässt, zum anderen sich aber auch die Zielgruppen sehr passend beschreiben lassen.

### 4.4.5 Marke als Konstruktion

> **MERKE**
>
> Eine Marke kann auch als soziale Konstruktion angesehen werden. Zur Marke gehört nicht allein, dass damit für den Markennutzer eine Differenzierung zwischen ihm und den anderen möglich wird, es ist für die Marke von entscheidender Bedeutung, dass die anderen Personen sie auch als solche erkennen.

Marken besitzen, wie eben bereits gesagt, stets Signalwirkung für mich und andere. Das, was sie signalisieren, wird ihnen ganz im Sinne des symbolischen Interaktionismus durch die Interaktion mit den markierten Produkten im sozialen Kontext zugeschrieben. Wir verhalten uns den Marken gegenüber so, wie es ihrer Bedeutung

*Marken als Bedeutungscontainer*

entspricht. Wir bewundern ein Diadem von Cartier und sehen es als etwas Luxuriöses an, würden es womöglich kaum selbst tragen wollen, da es uns zu wertvoll erscheint. Und andere aus unserem Umfeld verhalten sich ebenso bzw. verstärken unser Empfinden. Da alle Beteiligten ähnliche Gedanken und Gefühle zur Marke entwickeln, erhält die Marke ihre spezifische Bedeutung. Oder anders gesagt, die Bedeutung der Marke wird durch den Umgang mit den markierten Produkten bestimmt. Das Produkt an sich besitzt keine *a-priori*-Bedeutung, sondern diese wird ihm erst durch die Markierung verliehen. Diese Perspektive trifft jedoch nicht nur auf Marken zu, sondern kann als allgemeine Perspektive der Bedeutungszuschreibung festgehalten werden (vgl. Bak, P. 2012). Eine erfolgreiche Markenentwicklung setzte nach diesem Ansatz an dieser Bedeutungszuschreibung an. In der Kommunikation kann dies beispielsweise durch Affekt- und Bedeutungstransfer vom Modell auf die Marke oder vom Kontext auf die Marke bewerkstelligt werden. Marken werden dann durch kommunikative und interaktive Prozesse zu *Bedeutungscontainern*. Die Kenntnis der Zielgruppen und deren Bedeutungsgebungen ist unter dieser Perspektive essenziell: Nur wenn ich die Bedeutungen meiner Zielgruppe kenne, kann ich eine dazu passende Marke erzeugen.

## 4.5 Schritte zur Markenentwicklung

*Markenentwicklung erfordert Geduld.*

Die Markenentwicklung ist ein sehr individueller und hochkomplexer Prozess. Marken lassen sich kaum »von der Stange« her entwickeln. Viele Faktoren bestimmen über den Erfolg einer neuen Marke. Viele Marken scheitern aber, trotz großen finanziellen Aufwands. Man muss nicht nur die richtige und am besten noch unbesetzte Nische finden, man benötigt vor allem auch einen langen Atem, man muss eine Markenidentität aufbauen und entsprechende Kernaussagen immer wieder aufs Neue in die Zielgruppen transportieren, über alle Kommunikationskanäle (*Multi-Channel-Marketing*). Aber man muss auch halten können, was versprochen wird! Und am Ende braucht es einfach auch eine Menge Glück und eine Idee, die gerade zum Moment passt. Trotz dieser Unwägbarkeiten im Prozess der Markenbildung lässt sich eine ideale Vorgehensweise in vier Schritten skizzieren (ausführlich dazu siehe Bak, P. 2016). Schauen wir einmal etwas genauer hin.

### 4.5.1 Analyse der Ausgangslage

*Kontaktpunktanalyse*

Zunächst ist es wichtig, die Ausgangssituation richtig zu bewerten. Dabei stellen sich zahlreiche Fragen:
▸ Welche Wettbewerber gibt es und wie ist deren Strategie?
▸ Welche Trends lassen sich erwarten?
▸ Welche Schwierigkeiten und Hindernisse lassen sich erkennen?
▸ Welche Zielgruppen sollen überhaupt angesprochen werden?
▸ Wie lässt sich das vorhandene Sortiment bewerten?
▸ Welche Marktpreise sind anzunehmen?

## 4.5 Schritte zur Markenentwicklung

- Wie sieht die Distribution der Waren aus?
- Welche Ressourcen (finanzielle, personale) sind vorhanden bzw. nötig?
- Welches Image besitzt das Unternehmen aktuell?
- Welches Image haben die handelnden Akteure vom eigenen Unternehmen?

Zum Teil lassen sich die Fragen durch *Desk Research* selbst durchführen oder durch beauftragte Marktforschungsstudien klären. Zur Analyse des Selbst- bzw. Fremdbildes kann man dagegen Workshops, Interviews, schriftliche Befragungen oder auch Gruppendiskussionen durchführen. Neben einer Portfolio-Analyse empfiehlt sich hier auch eine SWOT-Analyse. Zudem sollte möglichst früh eine interne und externe Kontaktpunktanalyse durchgeführt werden. Dabei werden alle potenziellen Kontaktpunkte mit der (noch zu entwickelnden) Marke beschrieben und hinsichtlich ihrer markenbildenden Bedeutung bewertet. Welche Kontaktpunkte sind besonders wichtig und wie muss der Kontakt im Sinne einer optimalen Markenbildung gestaltet werden?

### 4.5.2 Festlegung der Markenidentität

Nach der Erfassung der Ist-Situation geht es im nächsten Schritt um die Definition der Soll-Situation. In Bezug auf die Marke sind es die nachfolgenden Punkte.

**Festlegung der Markenstrategie**

Es muss entschieden werden, ob eine *Monomarkenstrategie* oder eine *Mehrmarkenstrategie* verfolgt wird. Die Monomarkenstrategie ist unter Umständen kostengünstiger, die Mehrmarkenstrategie bietet dagegen womöglich eine bessere Zielgruppenansprache. Auch wird die Zielgruppe festgelegt.

**Definition der Markenidentität**

Es wird festgelegt, welche Merkmale und Eigenschaften die Marke besitzen soll. Darunter fällt die inhaltliche Beschreibung der Marke, welche Assoziationen mit der Marke verbunden sein sollen und welche Bedeutung die Marke für die Zielgruppe haben soll. Außerdem wird der zielgruppenspezifische Nutzen der Marke definiert. Zudem wird ein *Positionierungskonzept* erarbeitet, das die Marke auch mit Blick auf die potenziellen Wettbewerber beleuchtet. Schließlich wird der Markenauftritt festgelegt, also alle wahrnehmbaren Markeneindrücke vorgeschrieben. Dazu zählen das Markenlogo, Farben, Schriften, Schlüsselbilder etc., die in einem *Corporate Design Manual* festgehalten werden.

*Erarbeitung eines Positionierungskonzeptes*

**Umsetzung der Markenentwicklung**

Die Umsetzung einer Markenstrategie muss auf zwei Ebenen erfolgen. Zum einen im Unternehmen selbst, zum anderen in die Zielgruppe hinein. Zunächst einmal stellt die Markenentwicklung einen Veränderungsprozess des gesamten Unternehmens dar. Es muss sichergestellt werden, dass die Marke an allen internen Kontaktpunkten gemäß ihrer Identität auftritt und erkennbar ist. Dazu müssen alle Mitarbeiter im Unternehmen mit der Marke vertraut sein, sie müssen hinsichtlich mar-

*Markenbildung als Change-Prozess*

## 4.6 Fokus Marke
### Ausblick

kenrelevanter Prozesse sensibilisiert und informiert werden. Dies gelingt am besten, wenn die Mitarbeiter schon früh in die Markenentwicklung und -strategie, etwa bei der Analyse der Ist-Situation, in Form von Workshops zur Entwicklung und Umsetzung oder durch verschiedene Informationsprozesse eingebunden werden. Markenbildung ist, so gesehen, ein Prozess des *Behavioral Brandings*, d. h. die Mitarbeiter sollen sich letztlich mit der Marke identifizieren, eine Voraussetzung für markenkonformes Verhalten. Nach außen muss die Marke dann mit entsprechenden Kommunikationskonzepten in die Zielgruppe hineingetragen werden (Bak, P. 2016). Dazu kann man sich aller Werbemittel im Sinne einer *integrierten Kommunikation* bedienen, d. h. die einzelnen kommunikativen Prozesse werden formal und inhaltlich (auf Basis des *Coporate Design Manuals*) aufeinander abgestimmt, um bestmögliche Wirkungen und Synergien zu erzielen.

**Kontrolle**
Markenführung ist aber keine punktuelle Aufgabe, sondern ein fortdauernder Prozess. Das Markenimage baut sich langsam auf und kann sich ändern. Auch innerhalb der Zielgruppe ergeben sich Veränderungen, die sich auf die Wirkung der Marke bzw. deren Akzeptanz auswirken können. Es ist daher notwendig, das Markenimage permanent zu analysieren, um gegebenenfalls korrigierend einzugreifen. Im Sinne einer Managementaufgabe kann man beispielsweise mittels einer *Balanced Scorecard* den Status und die Entwicklung einer Marke überwachen. Empirisch kann man das Markenimage und andere relevante Größen durch qualitative und quantitative Forschungsmethoden erfassen.

## 4.6 Ausblick

*Marken als Identifikationsangebot*

Wenn wir von Marken reden, dann können wir davon ausgehen, dass unsere Gesprächspartner, ebenso wie wir selbst, eine ziemlich gute Vorstellung davon haben, was mit der Marke gemeint ist. Versucht man aber das, was wir mit Marke meinen, genauer zu definieren, stellen wir fest, dass eine umfassende Definition alles andere als einfach ist. Marken können unter einer kognitionspsychologischen Perspektive als assoziatives semantisches Netz oder als psychologische Kategorie betrachtet werden. Sie können aber auch als Einstellungsobjekt, als Symbol, als Zeichenbündel interpretiert werden. In unserem Alltag beschreiben wir Marken dagegen häufig mit ganz menschlichen Merkmalen, wir hegen Sympathie oder Antipathie gegenüber bestimmten Marken. Ganz allgemein lassen sich Marken am besten im Sinne eines *Bedeutungscontainers* beschreiben, also einem Oberbegriff, dessen bedeutungsvolle Elemente sich durch unser Verhalten und unsere Interaktionen mit dem Markenprodukt konstituieren. Marken sagen zudem stets etwas über die Zeit aus, in der sie bedeutsam sind. So sind heute innerhalb der zehn wertvollsten Marken mit Google, Apple, Microsoft, Amazon oder Facebook viele Marken aus dem IT-/Online-Bereich (siehe www.interbrand.com). Eine Marke, so lässt sich angesichts der vielen Perspektiven schlussfolgern, ist also stets mehr, als jede einzelne Beschrei-

## 4.6 Ausblick

bungsebene nahelegt. Dies ist nicht zuletzt der Grund für die Faszination, die Marken für viele haben. Sie sind sehr mächtig und spielen in unserem Alltag, ja sogar bei den Fragen, was wir selbst sind und was wir sein möchten, eine sehr große Rolle. Marken sind daher auch als Identifikationsangebote zu verstehen. Und davon gibt es reichlich: Bei uns existieren allein mehr als 800.000 registrierte deutsche Marken (www.markenfacts.de). Dies macht gleichzeitig deutlich, wie schwer es ist, mit einer neuen Marke sichtbar zu werden und sich ein unverwechselbares Image zu geben. Umso bedeutender sind die Theorien und Konzepte zum Thema Marke, die Marken als verlängerten Arm des Selbst ansehen, als ein nach außen hin sichtbares, erweitertes Selbst. Legt man diese Konzepte zugrunde, so werden Marken zum Spiegelbild unserer Selbsteinschätzungen und Selbstbewertungen, unserer Ziele, Bedürfnisse und Befürchtungen.

### REFLEXIONSFRAGEN

1. Welche Marken präferieren Sie und warum eigentlich?
2. Was verbinden Sie mit den Marken, die Sie präferieren?
3. Welche Markentypen lassen sich unterscheiden und was sind die jeweiligen Besonderheiten?
4. Wie kann man Marken konzeptualisieren? Welche Vor- und Nachteile sind mit den jeweiligen Perspektiven verbunden?
5. Welche Funktionen besitzen Marken aus Sicht des Anbieters und aus Sicht des Nachfragers?
6. Was versteht man unter Markenidentität?
7. Wie lässt sich die Markenentwicklung in groben Zügen beschreiben?
8. Was kann man unter einer Kontaktpunktanalyse verstehen?

### SCHLÜSSELBEGRIFFE KAPITEL 4

- Markenimage
- Markenkern
- Markenidentität
- Markenpositionierung
- Markenwert
- Markenbotschaft
- Herstellermarke
- Zweitmarke
- Premiummarke
- Handelsmarke
- No-Names
- Markenfamilie
- Dachmarke
- Markenpersönlichkeit
- Bedeutungscontainer
- Line Extension
- Brand Extension
- Corporate Design
- Behavioral Branding
- Kontaktpunktanalyse
- Integrierte Kommunikation

# 5 Fokus Interkulturelles Marketing

Wir sind heute mobiler denn je. Die Deutschen sind Reiseweltmeister, wir studieren und arbeiten an internationalen Universitäten bzw. in internationalen Unternehmen, leben zunehmend in einer multikulturellen Gesellschaft und lassen durch das Internet jede nationale Grenze weit hinter uns. Mit anderen Worten, wir haben permanent mit Menschen anderer Kulturen zu tun, im echten Kontakt und im medial vermittelten Kontakt. Viele unserer psychologischen Erkenntnisse mussten daher in den letzten Jahren um eine kulturelle Perspektive erweitert werden. Vieles, was für uns selbstverständlich ist, ist es für Menschen anderer Kulturen noch lange nicht. Das hat natürlich auch Auswirkungen auf wirtschaftliche Prozesse, ob es nun die Zusammenstellung internationaler Teams betrifft oder die Frage, wie international Produkte, zu welchem Preis, auf welche Art vertrieben werden können und wie die entsprechende Werbung dazu auszusehen hat. Unser Verhalten, unser Wissen um die Welt, unsere Bedürfnisse, unsere Lebensweise und unsere Sprache sind durchdrungen von kulturellen Geschichten, Symbolen, Normen und Anschauungen. Erfolgreiche interkulturelle Werbung muss dies berücksichtigen, sonst verbleibt sie in einer *ethnozentristischen Perspektive* des Senders und hat damit kaum Aussicht, auch in anderen Kulturen verstanden und akzeptiert zu werden. Aber nicht nur die Werbung, die Wirtschaftssysteme an sich unterscheiden sich von Land zu Land, Kultur zu Kultur, vom Klima und geografischen Besonderheiten angefangen, über rechtlich-politische Normen, wirtschaftliches Umfeld (Infrastruktur), bis zu Mediensystem und Mediennutzung. Kaum vorstellbar, dass ohne deren Kenntnis und entsprechende Anpassungen ein Unternehmen international erfolgreich sein kann. Interkulturelle Kompetenz nimmt heutzutage eine Schlüsselrolle in vielen wirtschaftlichen, politischen und gesellschaftlichen Bereichen ein.

> Interkulturelle Kompetenz ist eine Schlüsselqualifikation.

## 5.1 Was ist Kultur?

**MERKE**

**Kultur**
Kultur kann man als die Gesamtheit der Merkmale unserer Lebenswelt inklusive der expliziten wie impliziten Regeln, Normen, Anschauungen, Traditionen, Geschichten, Personen fassen, die wir mit anderen Mitgliedern unserer Kultur teilen und weiterentwickeln und die dadurch unser soziales Zusammenleben regelt und aufrecht erhält.

## 5.1 Fokus Interkulturelles Marketing
Was ist Kultur?

*Kultur als Ergebnis einer Anpassungsleistung*

Kultur erwächst aus den Anpassungsleistungen der Menschen an ihre Umgebungsbedingungen. Kulturen müssen sich demnach zwangsläufig aufgrund unterschiedlicher klimatischer und geografischer Randbedingungen entwickeln. Eine Insel zu bewohnen, stellt andere Ansprüche an das Leben, als auf dem Festland zu leben. Die Bergwelt bietet andere Herausforderungen als die Meeresnähe. Trockenheit hat andere Konsequenzen wie permanente Nässe. Hitze fordert andere Verhaltensweisen wie Kälte. Viele dieser Kontextfaktoren finden sich auch ganz konkret in expliziten, beobachtbaren Kulturleistungen und -einrichtungen. Von bestimmten Berufen angefangen (Fischer, Deichgraf, Bergführer) bis hin zu allgemeinen Lebenshaltungen bzw. der Einstellung zur Natur (Vergleich Stadtbewohner und Landbewohner).

Generell kann man bei der Betrachtung kultureller Merkmale zwischen sichtbaren, den *Percepta*, und unsichtbaren Elementen, den *Concepta*, unterscheiden (vgl. das Zwiebelmodell von Geert Hofstede, z. B. Hofstede, G. 1993).

### 5.1.1 Percepta

**MERKE**

**Percepta**
Unter Percepta versteht man die sichtbaren Bestandteile der Kultur. Man unterscheidet hier zwischen Symbolen, Helden und Ritualen (z. B. Hofstede, G. 1993).

*Woran erkennen wir eine Kultur?*

Woran erkennen wir eigentlich, dass wir einen Kulturraum verlassen und uns in einen neuen begeben? Zum Beispiel an der Sprache, am Aussehen der Häuser, an den Kleidern der Menschen, an den Straßen- und Platznamen, an den Verkehrsschildern, an den Produkten in den Geschäften, allgemein an den Symbolen, deren Bedeutung von den Mitgliedern einer Kultur erlernt werden und die wir, da wir einer anderen Kultur angehören, möglicherweise nicht erkennen oder falsch deuten. Schauen wir uns dazu einige Beispiele an.
- Der Klapperstorch symbolisiert bei uns die Geburt eines Kindes, in Singapur dagegen steht der Storch für den Tod im Kindbett.
- Der Braunbär ist bei uns mit Gemütlichkeit und einer gewissen Tollpatschigkeit assoziiert, in Indien dagegen mit Trauer und Ärger.
- Weiße Zähne sind für uns ein bedeutsames Zeichen für Gesundheit und Jugendlichkeit; in Südostasien wird dagegen die psychoaktive Droge Betel gekaut, von der man rot-braune Zähne bekommt, was in manchen Gegenden als Statussymbol angesehen wird.

Neben den Symbolen haben Kulturen auch ganz eigene Helden, die als Vorbilder oder als besonders charakteristisch für die jeweilige Kultur sind (sein sollen) und die die Werte der Kultur symbolisieren. In Frankreich etwa Jeanne d'Arc, in Italien Garibaldi, in Deutschland die Dichter und Denker wie Goethe oder Schiller. Straßennamen und Plätze werden nach ihnen benannt und sie tauchen in verschiedener

## 5.1 Was ist Kultur?

Form immer wieder in Literatur, Redeweisen, Anekdoten oder als Andenken auf. Und schließlich erkennen wir Kultur an ihren Ritualen, also sozialen, von der Tradition geprägten Verhaltensweisen, die bei bestimmten Anlässen auftreten und in standardisierter Form ablaufen, etwa religiös gefärbten Rituale wie Feiertage, Feste und Zeremonien, soziale Rituale wie zum Beispiel der Stellenwert und der Ablauf eines Geschäftsessens, berufliche Rituale (wer darf wann mit wem wie im Unternehmen sprechen?) oder Alltagsrituale wie Begrüßung, Verabschiedung, Essenszeiten sowie Gedenk- und Feiertage. Diese Helden und Rituale haben überdies und insbesondere seit der Entstehung von Nationalstaaten im 19. Jahrhundert eine besondere Bedeutung zur Ausbildung der nationalen Identität erlangt.

### 5.1.2 Concepta

> **MERKE**
>
> Von den sichtbaren Bestandteilen der Kultur lassen sich die Normen und Werte, die nicht sichtbaren Teile (Concepta) der Kultur unterscheiden. Diese werden vor allem dann sichtbar, wenn sie verletzt werden.

Dazu gehören zum Beispiel Tabus, etwa wie man sich wem gegenüber wie zu verhalten hat oder über welches Thema man besser schweigen sollte. Auch hier einige Beispiele:
- Ein Gespräch lässt sich bei uns durchaus mit familiären Fragen beginnen, in Saudi Arabien dagegen umgeht man das Thema besser (dieses und weitere Beispiele finden sich bei Müller, S./Gelbrich, K. 2015).
- In Europa schnäuzt man in ein Taschentuch hinein, in Ostasien würde man dies als ekelerregend und sehr unhygienisch empfinden.
- Andererseits empfinden wir es als äußerst ekelerregend und unhygienisch, wenn wir jemanden sehen, der auf den Boden spuckt: In Ostasien dagegen ist das gang und gäbe.

Auch unser Menschenbild und sogar unser Selbstbild sind durch kulturelle Aspekte beeinflusst. Zum Menschenbild gehören etwa philosophische Anschauungen, eine eher pessimistische oder optimistische Haltung oder generell Vorstellungen über die Möglichkeiten und den Sinn des Lebens.

### 5.1.3 Kulturtheorien

Verschiedene theoretische Ansätze versuchen, die komplexen Unterschiede zwischen den einzelnen Kulturen bzw. Kulturkreisen durch eine Anzahl überschaubarer Beschreibungsdimensionen greifbar zu machen.

*Kulturunterschiede beschreiben.*

## 5.1 Fokus Interkulturelles Marketing
Was ist Kultur?

### 5.1.4 Kulturdimensionen nach Edward T. Hall

Edward T. Hall (1914–2009) wird als der Begründer der interkulturellen Kommunikation angesehen. Seine Kulturdimensionen sind bis heute Grundlage der Diskussion und praktischer Kulturtrainings. Betrachten wir einige wichtige Unterscheidungen Halls etwas näher.

**Low- und High-Context-Kulturen**

Hall unterscheidet zwischen sogenannten *Low-* und *High-Context-Kulturen* (Hall, E. 1976). Damit wird der Grad an Explizitheit beschrieben, mit dem die Kulturmitglieder miteinander umgehen. In Low-Context-Kulturen (z. B. Deutschland) nennt man die Dinge beim Namen und kommt ohne Umschweife zur Sache. Im Gegensatz dazu wird in High-Context-Kulturen (z. B. Südeuropa) mehr drumherum geredet, die Beachtung von Reaktionen seitens des Gesprächspartners ist wichtiger, es gibt mehr Anspielungen als direkte Aussagen. Man könnte auch sagen, in High-Context-Kulturen sind die Beziehungen wichtiger, weil man häufig noch darauf angewiesen ist, in Low-Context-Kulturen steht dagegen die Informationsweitergabe und Effizienz im Vordergrund. Typischerweise sind sozioökonomisch schwächere Gesellschaften häufig auch High-Context-Kulturen, da Vieles vom sozialen Miteinander abhängt, was in reicheren Gesellschaften durch Geld erledigt werden kann.

**Monochrones und polychrones Zeitverständnis**

Hall unterscheidet ferner zwischen Kulturen mit monochronem bzw. polychronem Zeitverständnis (Hall, E. 1983). In monochronen Kulturen ist es üblich, Tätigkeiten nach und nach und nacheinander durchzuführen. Diese Form des Zeitverständnisses findet sich z. B. in hoch industrialisierten Ländern, in denen durch diese Serialität die Arbeitsprozesse sehr effizient gesteuert werden können. In polychronen Kulturen (z. B. Südeuropa) sieht man es dagegen nicht so streng mit dem Zeitplan, man kann auch mehrere Dinge parallel durchführen und muss sich nicht strikt an den vorgegebenen Plan halten.

**Raumverständnis**

Wie wir bereits weiter vorne gesehen haben (Distanzverhalten), lassen sich verschiedene Distanzzonen beschreiben, von der intimen Distanz bis zur öffentlichen Distanz. Kulturen unterscheiden sich jedoch darin, welche Bedeutungen diese Distanzen besitzen und ab wann welche Distanzzone beginnt. In Nordeuropa etwa beginnt die Intim- und Privatzone früher als in Südeuropa (Hall, E. 1969), man hält also eher Abstand voneinander.

### 5.1.5 Kulturdimensionen nach Geert Hofstede

Eine weitere, sehr einflussreiche Theorie wurde von Geert Hofstede (*1928) entwickelt (z. B. Hofstede, G. 2001). Er unterscheidet Kulturen anhand der nachfolgenden Aspekte.

## Individualismus vs. Kollektivismus

Diese Unterscheidung betrifft die Unterschiede in der Bedeutung des Einzelnen. In individualistischen Kulturen (z. B. Deutschland) ist es ein hoher Wert, sich selbst ganz individuell zu entwickeln und seine eigene Persönlichkeit zu entfalten. Es zählt die Leistung des Einzelnen. In kollektivistischen Kulturen (z. B. Japan) dagegen ist es ein hoher Wert, Teil des Ganzen zu sein und die Gemeinschaft nach vorne zu bringen. Hier zählt die Leistung des Teams. Diese Anschauungen haben auch Auswirkungen auf unser Selbstkonzept, bei dem wir dann zwischen unabhängigen und vernetzten Konzepten unterscheiden (Markus, H. R./Kitayama, S. 1991), also inwieweit sich die Individuen als getrennt von den anderen Menschen definieren.

## Maskulinität vs. Feminität

In maskulinen Kulturen (z. B. USA) dominieren »typisch männliche« Werte und Eigenschaften, z. B. Durchsetzungskraft und Dominanz, während in femininen Kulturen (z. B. Skandinavien) »typisch weibliche« Werte dominieren, z. B. Kooperation, Fürsorge oder Bescheidenheit.

## Unsicherheitsvermeidung

Damit werden die Unterschiede in der Sorge und Angst vor unvorhersehbaren Situationen und Ereignissen beschrieben. In Kulturen mit hoher Risikobereitschaft (z. B. USA) meint man, Erfolg auch durch Wagnisse erreichen zu können (»no risk no fun«), und versucht, das Leben nicht so sehr durch Regeln und Normen zu fixieren. In Kulturen mit geringer Risikobereitschaft bzw. hoher Unsicherheitsvermeidung (z. B. Deutschland) versucht man dagegen, die Unwägbarkeiten des Lebens durch viele Regeln und Gesetze zu beherrschen.

*No risk no fun.*

## Machtdistanz

Damit ist gemeint, inwieweit eine Kultur große Machtunterschiede akzeptiert. In asiatischen Ländern gibt es weniger Einwände gegen eine ungleiche Machtverteilung als beispielsweise in den USA, wo es in Unternehmen dementsprechend eher flache Hierarchien gibt.

## Langzeitorientierung

Auch hinsichtlich des zeitlichen Horizonts, der unser Verhalten maßgeblich beeinflusst, unterscheiden sich die Kulturen. In manchen Kulturen sind langfristig orientierte Tugenden wie Hartnäckigkeit, Sparsamkeit und Vorsorge bedeutsam (z. B. Deutschland), in anderen dagegen stehen eher unmittelbare Werte, wie die Erfüllung sozialer Pflichten oder die Wahrung des Gesichts im Vordergrund (z. B. China).

### 5.1.6 Kulturdimensionen nach Alfons Trompenaars

»Fons« Trompenaars (*1952) schließlich differenziert verschiedene Kulturen anhand von sieben Dimensionen (z. B. Trompenaars, A. 1993), nämlich:

## 5.1 Fokus Interkulturelles Marketing
### Was ist Kultur?

**Individualismus vs. Kollektivismus**
Wie bei Hofstede wird hier unterschieden, in welchem Maß sich das Individuum als Teil einer Gesellschaft wahrnimmt oder individuelle Interessen den Gruppeninteressen vorzieht.

**Universalismus vs. Partikularismus**
Damit werden Kulturen unterschieden, in denen es wichtiger ist, Regeln zu befolgen (z. B. Deutschland), von denen, in denen die Beziehungspflege bedeutsamer ist (z. B. Südeuropa).

**Neutralität vs. Emotionalität**
In manchen Kulturen ist es unzulässig, emotionale Reaktionen zu zeigen, in anderen dagegen ist das üblich und gewünscht. Denken wir als Beispiel an den Ausdruck von Trauer, die etwa in den arabischen Kulturen sehr emotional ausgelebt wird, während sie bei uns eher im Verborgenen bleibt.

**Spezifisch vs. diffus**
Diese Dimension bestimmt, inwieweit die einzelnen Lebensbereiche voneinander getrennt werden, d. h. wie weit man anderen Personen Zugang zur eigenen Person gewährt. In spezifischen Kulturen trifft man Arbeitskollegen nicht auch noch in der Freizeit, in diffusen dagegen verschwimmen die Grenzen von Arbeit und Freizeit.

*Vom Tellerwäscher zum Millionär*

**Leistung vs. Herkunft**
Unterschiede in dieser Dimension betreffen die Frage, inwieweit man sozialen Status durch Engagement und Arbeit erreichen kann bzw. wie bedeutsam die soziale Herkunft diesbezüglich ist. In den USA kann jeder alles erreichen, sprichwörtlich vom Tellerwäscher zum Millionär. Im Kastensystem Indiens dagegen ist die soziale Stellung bereits mit der Geburt festgelegt.

**Zeitorientierung**
Dies bezieht sich auf den Umgang einer Kultur mit der Zeit und entspricht der Unterscheidung zwischen polychronem und monochronem Zeitverständnis bei Hall. Darüber hinaus unterscheiden sich Kulturen im Ausmaß der Vergangenheits-, Gegenwarts- bzw. Zukunftsorientierung. Unterschiedliche Zeitwahrnehmungen werden schon in Europa deutlich. Wenn sich Deutsche, Spanier und Schweizer zu einem Abendessen verabreden, wird der Deutsche vermutlich etwas zu früh, der Schweizer pünktlich und der Spanier eine Stunde zu spät am verabredeten Ort eintreffen.

**Naturorientierung**
Diese Dimension gibt an, in welchem Maße die Menschen einer Kultur sich die Natur untertan machen möchten bzw. ob der Mensch versucht, mit der Natur in Einklang zu leben.

## 5.2 Kulturelle Unterschiede im Marketingkontext

> **MERKE**
>
> Die soeben ausgeführten kulturellen Unterschiede belegen, dass wir von Kultur zu Kultur, Land zu Land, ja sogar innerhalb eines Landes teilweise mit großen Unterschieden hinsichtlich Vorlieben, Verhaltensweisen, Gewohnheiten, Vorstellungen, Normen, Ritualen und Symbolen zu rechnen haben. Dies wirkt sich auch auf wirtschaftliche Prozesse und das gesamte Marketing aus.

Kulturelle Differenzen und Besonderheiten lassen sich im gesamten Marketing-Mix, also in der Preis-, Produkt-, Distributions- und Kommunikationspolitik, beobachten und müssen gegebenenfalls berücksichtigt werden.

### 5.2.1 Kultur und Preispolitik

Die Wertigkeit von Produkten ist u. a. ein Ergebnis von Nachfrage, Angebot, Image des Herstellers, Lagerkosten, Transportkosten sowie allgemeinen Wertvorstellungen hinsichtlich bestimmter Güter. Da wir in unterschiedlichen Ländern mit unterschiedlichen Transportwegen, Lagerkosten und Beschaffungskosten zu tun haben, wirkt sich dies unmittelbar auf den Preis des Produktes aus. Darüber hinaus gelten bestimmte Produkte in manchen Ländern als Statussymbol, während sie in anderen ein Allerweltsprodukt sind. Die Bluejeans war etwa in Nordamerika lange Zeit eine praktische Arbeitshose, während sie in Mitteleuropa zum Modeartikel avancierte, was sich natürlich auf den Preis auswirkte (Müller, S./Gelbrich, K. 2015). Auch das Land der Herstellung hat bei der Preisbildung Bedeutung. So gelten beispielsweise Maschinen aus Deutschland (oder aus industrialisierten Ländern allgemein) in Schwellen- und Entwicklungsländern als besonders wertvoll, weswegen man dafür im Ausland u. U. höhere Preise erzielen kann, nicht nur aufgrund der Transportkosten (Müller, S./Gelbrich, K. 2015). Daneben spielt das Einkommen der Bevölkerung eine große Rolle dabei, ob ein Produkt als teuer oder eher preiswert bewertet wird. Auch rechtliche Rahmenbedingungen, Zölle oder Auflagen können den Produktpreis erheblich beeinflussen. Schließlich ist das Aushandeln des Preises (Feilschen) in manchen Kulturen gang und gäbe, in anderen dagegen verpönt.

*Gleiches Produkt, unterschiedlicher Preis*

### 5.2.2 Kultur und Produktpolitik

Gleiche Produkte sind in unterschiedlichen Kulturen keineswegs identisch. So unterscheiden sich zum Beispiel die Konsumgewohnheiten sehr stark. In den USA werden viele Produkte in größeren Mengen angeboten, die Produktverpackungen sind weitaus größer als in Deutschland. Gerade bei Lebensmitteln gibt es große kulturelle Unterschiede, was Produktart, Geschmack und Zubereitung betrifft. Auch andere Produktmerkmale sind hier zu bedenken. So ist die Wirkung und Bedeutung

*Keine weißen Lampen in China*

von Farben von Kultur zu Kultur verschieden. Eine weiße Wohnzimmerlampe mag in Mitteleuropa im Trend liegen, in China dagegen unmöglich erscheinen, da die Farbe Weiß mit Trauer assoziiert ist und weiße Lampen dementsprechend eher auf dem Friedhof ihren Platz haben. Auch bei den Produktbezeichnungen muss je nach Kultur mit Fallstricken gerechnet werden. So verändern die Produktnamen, in der Landessprache ausgesprochen, womöglich ihre Bedeutung. Beispiele dafür sind: das Parfum »Irish Mist« (Irischer Mist?), die Seife »Dove« (in Italienisch: wo?) oder der Mitsubishi »Pajero« (in Spanien: Wichser).

### 5.2.3 Kultur und Distributionspolitik

*Große Unterschiede bei der Infrastruktur*

Länder unterscheiden sich gewaltig hinsichtlich Bevölkerungsstrukturen, Einkommensverhältnissen, Infrastruktur (Flughäfen, Zugverbindungen, Schiffsverkehr, Autobahnen), Anteil an Städten an der Gesamtbevölkerung oder der Bedeutung des Einzelhandels gegenüber großen Discountern. So mag in *High-Context-Kulturen* der lokale Händler noch eine viel größere Rolle spielen, da es hier auch um den unmittelbarem Kontakt mit dem Kunden, dessen Bedürfnisse und Gewohnheiten geht, kleiner Schwatz über die Neuigkeiten im Ort inklusive. Dies alles führt zu teilweise erheblichen Unterschieden in den Wegen, die ein Produkt zwischen dem Hersteller und dem Nutzer und Konsumenten zurücklegen muss. Dies beeinflusst zum einen den Produktpreis, zum anderen aber auch die Produktqualität und die Produktmerkmale wie z. B. den Reifegrad, oder ob das Produkt überhaupt erhältlich oder gar sinnvoll ist (Regenschirm in Saudi Arabien?). Auch die Frage, inwieweit sich etwa *eCommerce-Ansätze* realisieren lassen, hängt zum einen von der Infrastruktur ab, zum anderen aber auch, inwieweit einem Online-Händler Vertrauen entgegengebracht wird. In Kulturen mit geringer Risikobereitschaft (z. B. Deutschland) kann dies schwieriger sein bzw. nicht für alle Produktklassen möglich oder erst nach Einführung eines Vertrauenssiegels (z. B. »Trusted Shop«).

### 5.2.4 Kultur und Kommunikationspolitik

*Sprache lässt sich nicht eins zu eins übersetzen.*

Kulturen und Länder haben ihre eigenen Sprachen. Und Sprachen lassen sich nicht einfach eins zu eins in eine andere Sprache übersetzen. Die Wörter besitzen kulturspezifische Überschussbedeutungen und lassen sich ohne Rückgriff auf (Kultur-)Geschichte, Mythen, Traditionen, Werte, Helden und Symbole kaum richtig verstehen. Dies hat enorme Auswirkungen darauf, was in der Werbung abgebildet wird, mit welchen Stereotypen und Schemata geworben wird. In Kulturen mit großer Machtdistanz (z. B. Japan) ist z. B. Status ein Thema, mit dem geworben werden kann. In individualistischen Kulturen (z. B. Deutschland) sind Leistung, Individualität und Genussstreben mögliche Anreize, mit denen geworben werden kann. Darüber hinaus hängen unterschiedliche Werbeformen (PR, klassische Werbung, Internetwerbung etc.) nicht nur von der Akzeptanz seitens der Kunden ab, sondern auch von den technischen und medialen Möglichkeiten. Hier unterscheiden sich die Länder und Kulturen ebenfalls sehr stark. Es stellt sich also die Frage, inwieweit eine Werbemaßnahme von einem Land auf ein anderes Land übertragen werden kann bzw. inwieweit man länder- und kulturspezifische Anpassungen vornehmen muss.

## 5.3 Strategien für Marketing und Werbung

International agierende Unternehmen stehen vor der Entscheidung, welche Produkte sie auf welche Art und Weise, zu welchem Preis, mit welcher Werbemaßnahme in den verschiedenen Ländern und Kulturen verkaufen können. Allgemein kann man hier zwischen zwei grundlegenden Strategien, nämlich *Standardisierung* auf der einen Seite und *Differenzierung* auf der anderen Seite unterscheiden.

### 5.3.1 Standardisierung

Es leuchtet ein, dass es für viele Unternehmen Vorteile bringt, wenn sie in unterschiedlichen Ländern die gleichen Produkte mit der gleichen Werbung anbieten können.

*Kulturelle Besonderheiten werden nicht berücksichtigt.*

> **MERKE**
>
> Es ist in den meisten Belangen preisgünstiger und einfacher zu verwirklichen: Werbekonzept und -strategie sind nur einmal zu entwickeln und zu bezahlen.

Der Nachteil dabei ist, dass kulturelle Besonderheiten möglicherweise dadurch unbeachtet bleiben, was durchaus fatale Folgen haben kann. Das kann von Normverletzungen und Tabubrüchen in der Werbung bis hin zu profanen Schwierigkeiten führen. So floppte zum Beispiel Coca Cola mit seinen 2-Liter-Flaschen in Spanien, weil die Kühlschränke für die großen Flaschen zu klein waren (dieses und andere Beispiele finden sich bei Müller, S./Gelbrich, K. 2015). Henkel nahm im Jahr 2013 in der Ukraine nach heftigen Protesten einen Toilettenreiniger vom Markt. Die Verbraucher fühlten sich beleidigt, weil das Produkt mit den Farben blau und gelb beworben wurde, genau die Farben der ukrainischen Nationalflagge. Je nach Produkt und Zielmarkt kann es daher, wie diese beiden Beispiele zeigen, angeraten sein, den Marketing-Mix auf die kulturellen Besonderheiten abzustimmen.

### 5.3.2 Differenzierung

Viele Unternehmen scheuen sich vor einer kulturraumangepassten Werbung bzw. einem kulturraumspezifischen Marketing-Mix, wegen der damit verbundenen Kosten. Die Werbung, das Produkt muss möglicherweise in jedem Kulturkreis anders gestaltet werden. Vom Slogan, in dem Werte thematisiert werden, bis hin zur Farbgebung, der visuellen Gestaltung oder dem Namen. Dies ist nicht nur umständlich, dies gefährdet auch die internationale Markenführung, deren Ziel es ja gerade ist,

*Abnehmende Produktvielfalt*

die Marke mit den gleichen Merkmalen und äußeren Erscheinungsformen global zu führen. Diese Probleme versucht man auf wirtschaftspolitischer Ebene durch die Einführung von Standards zu vermindern, allerdings auf Kosten der regionalen bzw. kulturellen Besonderheiten: Die Produktvielfalt nimmt seit Jahren ab.

Ein standardisiertes Vorgehen ist insbesondere bei Produkten möglich, die eine geringe kulturelle Bindung besitzen. Zum Beispiel technische Produkte oder neue Produkte, für die die Zeit nicht ausreiche, um sie kulturell zu überformen. Andere Produkte, insbesondere Lebensmittel oder Textilien, haben dagegen häufig kulturelle Zusatzbedeutungen bzw. sind durch kulturelle Vorlieben geprägt, weshalb hier eine differenzierte Behandlung mehr Sinn macht.

> **MERKE**
>
> **Differenzierte Werbebotschaft**
> Allgemein empfiehlt sich der Einsatz eines differenzierten Vorgehens, wenn es darum geht, Missverständnisse in der Formulierung und dem Ausdruck der Werbebotschaft zu vermeiden.

Was aber überhaupt als eigenständiger Kulturraum angesehen wird, das unterscheidet sich wiederum teilweise erheblich. Manche Unternehmen teilen die Welt in sehr große Kulturräume auf, etwa Asien, die arabische Welt, Nordamerika und Europa sowie Südamerika und den Rest der Welt. Andere Unternehmen agieren bereits innerhalb Europas differenziert. Allgemein gilt bei der Frage der richtigen Strategie: So viel Standardisierung wie möglich, so viel Differenzierung wie nötig.

## 5.4 Spezialfall I: Country-of-Origin-Effekt

Wie wir bereits weiter oben erwähnt haben, gelten Produkte aus Industrienationen in Entwicklungs- und Schwellenländern als qualitativ besonders wertvoll. Aber auch bei uns gibt es zahlreiche Produkte, denen wir aufgrund ihrer Herkunft eine besondere Bedeutung zuschreiben (siehe auch Verlegh, P. W. J./Steenkamp, J. E. M. 1999). So essen wir Spaghetti aus Italien, trinken gerne französischen Wein, aber deutsches Bier, kaufen Whisky aus Schottland und unser Smartphone aus Japan oder Taiwan. Oder anders gesagt, Spaghetti aus Norwegen würden uns genauso wenig reizen wie Wein aus Russland, Whisky aus Griechenland oder ein Smartphone aus Spanien.

> **MERKE**
>
> Wir verbinden mit bestimmten Produkten bestimmte Länderstereotype, die sich, je nachdem, vorteilhaft oder weniger vorteilhaft auf das Produktimage auswirken können.

Das Produkt transportiert also Merkmale, die wir mit dem Herkunftsland verbinden bzw. das Produkt passt zum länderspezifischen Stereotyp. Die Entscheidung für ein Produkt hängt dann auch mit den kognitiven und emotionalen Assoziationen mit dem Herkunftsland zusammen. Die Werbung macht sich diese Effekte häufig zunutze. So findet man auf vielen Produktverpackungen Hinweise auf das Herkunftsland, oder man betreibt *Foreign Branding*, indem man zum Beispiel einen Produktnamen kreiert, der dem Produkt den Anschein gibt, aus einem bestimmten Land zu kommen, obwohl das gar nicht der Fall ist. Beispiele dafür sind das deutsche Modelabel bruno banani oder Vodka Puschkin, ebenfalls ein deutsches Erzeugnis.

*Foreign Branding*

## 5.5 Spezialfall II: Ethnomarketing

Im Jahr 2016 lebten in Deutschland 18,6 Millionen Menschen mit einem Migrationshintergrund (Statistisches Bundesamt, www.destatis.de), die meisten davon sind aus der Türkei (1,5 Millionen) aus Polen (783.000) oder Syrien (638.000). Menschen mit Migrationshintergrund kann man als *Kulturenwandler* betrachten, die aufgrund ihres mindestens bikulturellen Hintergrundes eine ganz eigene (Misch-)Kultur besitzen. Damit sind auch ganz spezifische Bedürfnisse, Lebens- und Verhaltensweisen verbunden. Viele Migranten haben noch sehr starke Verbindungen zum Heimatland, sie reisen häufig dorthin oder telefonieren mit Verwandten und Freunden. Diese spezifischen Bedürfnisse machen die Migranten auch für das Marketing interessant.

Viele Kulturenwandler in Deutschland

**MERKE**

**Ethnomarketing**
Unter Ethnomarketing bezeichnet man die Ausrichtung aller Marketingmaßnahmen an den spezifischen Bedürfnissen und Merkmalen von ethnischen Minderheiten unter Einbeziehung der ganz spezifischen Themen der jeweiligen Zielgruppe.

Dabei lassen sich die Ethnien selbst nicht unbedingt als einheitlich auffassen, vielmehr können vier Typen von Migranten unterschieden werden (Gerpott, T. J./Bicak, I. 2011):
- Die Separierten bzw. Disassimilierten sind stark mit der Kultur des Herkunftslandes identifiziert, aber kaum mit der des Wohnlandes.
- Bei den Dekulturierten findet keine Identifikation mit der Kultur des Wohnlandes und keine Identifikation mehr mit dem Herkunftsland statt.
- Die Assimilierten identifizieren sich nur noch mit dem Wohnland.
- Die Integrierten bzw. Multikulturellen identifizieren sich sowohl mit dem Herkunftsland als auch mit dem Wohnland.

Die Marketingmaßnahmen unterscheiden sich nun von Typ zu Typ bzw. haben je nach Typ unterschiedliche Erfolgsaussichten. Während ein kulturell überformtes

## 5.6 Fokus Interkulturelles Marketing
Ausblick

Marketing bei den Dekulturierten kaum Aussicht auf Erfolg hat, kann Ethnomarketing bei den Separierten/Disassimilierten und den Multikulturellen/Integrierten durchaus Sinn machen. Bei den Assimilierten bedarf es dagegen keiner speziellen, an der Ethnie orientierten Maßnahmen, da sie vollständig an die Wohnlandskultur angepasst sind (vgl. Gerpott, T. J./Bicak, I. 2011).

### 5.6 Ausblick

Wir alle sind in einer, wenn nicht in mehreren Kulturen zu Hause. Die Kultur als Sammelbegriff für alle unsere Lebenswirklichkeit bestimmenden Regeln, Normen Geschichten, Traditionen bestimmt zum einen die äußeren Grenzen unseres Tuns, zum anderen unser inneres Erleben. Ohne Verständnis dieser Rahmenbedingungen ist Kommunikation und damit gleichzeitig auch Werbung als eine besondere Kommunikationsform kaum möglich. Es ist daher wichtig, grundlegende kulturelle Unterschiede beschreiben zu können und diese bei der interkulturellen Kommunikation und beim Handeln zu berücksichtigen. Die Kulturforscher Hall, Hofstede und Trompenaars haben sich um diese Beschreibungen verdient gemacht. Wichtig ist in diesem Zusammenhang aber auch, sich darüber klar zu werden, dass Kulturgrenzen manchmal abrupt, manchmal aber auch fließend sein können und dass sich selbst innerhalb einer Kultur auch Subkulturen herausbilden können, deren Kenntnis ebenfalls zur Kommunikationsoptimierung beiträgt. Genau genommen kann man jede Zielgruppe als eine Gruppe mit bestimmten kulturellen Eigenschaften ansehen, die sie von einer anderen Gruppe unterscheidet. Der Werber und Marketeer steht daher vor der Frage, inwieweit diese Unterschiede für seine Zwecke von Bedeutung sind, oder ob sie zu vernachlässigen sind. Von der Richtigkeit dieser Einschätzung hängt allerdings dann nicht weniger als der Erfolg der Werbemaßnahme ab. Dabei lässt sich generell zwischen einem kulturraumübergreifenden und standardisierten Vorgehen und einem kulturraumspezifischen und differenzierten Vorgehen unterscheiden.

#### REFLEXIONSFRAGEN

1. Was ist eigentlich Kultur und woran erkennt man diese?
2. Man unterscheidet zwischen Concepta (unsichtbaren) und Percepta (sichtbaren) Bestandteilen von Kultur. Welche Concepta und Percepta fallen Ihnen zu Ihrem Herkunftsland ein und welche zu Ihrem Lieblingsurlaubsland?
3. Hall, Hofstede und Trompenaars differenzieren Kulturen nach unterschiedlichen Dimensionen. Wie würden Sie Ihr Herkunftsland charakterisieren?
4. Auf welche Weise können beispielsweise die Kulturdimensionen Trompenaars bei der Planung und Konzeption von internationalen Werbekampagnen hilfreich sein?

## 5.6 Ausblick

5. Welche grundlegenden interkulturellen Marketingstrategien kann man unterscheiden und mit welchen Vor- und Nachteilen sind diese verbunden?
6. Welche Beispiele aus Ihrem Alltag belegen den Country-of-Origin-Effekt?
7. Was versteht man unter dem Ethnomarketing und unter welchen Umständen ist dies sinnvoll?

**SCHLÜSSELBEGRIFFE KAPITEL 5**

- Kultur
- Percepta
- Concepta
- Helden
- Rituale
- Normen
- Tabus
- High Context
- Low Context
- Individualismus
- Kollektivismus
- Kulturdimensionen
- Zeitorientierung
- Standardisierung
- Differenzierung

# 6 Fokus Planung und Umsetzung

Bisher haben wir uns mit der Beschreibung von Werbemaßnahmen, den psychologischen Grundlagen auf Seiten des Konsumenten, inhaltlichen Gestaltungsmerkmalen, der Marke und den interkulturellen Aspekten beschäftigt: wichtige Voraussetzungen für eine erfolgreiche Werbung. All das nützt aber letzten Endes wenig, wenn die Maßnahme nicht den richtigen Adressaten hat oder diese gar nicht oder auch nur zum falschen Zeitpunkt erreicht. Schauen wir uns daher im Folgenden die wichtigsten Schritte bei der Umsetzung einer Werbemaßnahme an, die den Erfolg der Maßnahme sicherstellen sollen, nämlich die Definition von Marketing- und Kommunikationszielen, die Definition der Zielgruppe, die Festlegung der Copy-Strategie, die Mediaplanung sowie die Kontrolle (ausführlich dazu siehe Bak, P. 2016).

## 6.1 Definition von Marketing- und Kommunikationsziel

> **MERKE**
>
> Marketingziele sind Ziele, die zur Erreichung eines übergeordneten Unternehmensziels (z. B. Marktführerschaft) erreicht werden sollen.

Konkret werden dabei im Rahmen einer Marketingplanung Sollvorstellungen entwickelt, die sich auf ökonomische oder eher psychologische Ziele beziehen. *Ökonomische Ziele* sind zum Beispiel die Steigerung des Umsatzes, der Rendite, die Eroberung neuer Zielgruppen und Märkte oder die Vergrößerung des Marktanteils. *Psychologische Ziele* sind die Steigerung der Bekanntheit, die Herstellung eines positiven Images, Kundenzufriedenheit oder Kundenbindung. Aus diesen Marketingzielen lassen sich nun die entsprechenden Kommunikationsziele ableiten. Bei diesen *Kommunikationszielen* geht es darum, welche Botschaften dem Kunden vermittelt werden sollen, was der Kunde über den Absender lernen soll. Dabei lassen sich wiederum *kognitive Aspekte* (Kenntnis über Produkte, Marken, das Unternehmen) und *affektive Aspekte* (emotionale Einstellung zu Produkten, Marke, Unternehmen) unterscheiden. Darüber hinaus können Kommunikationsziele auch einen *konativen Aspekt* besitzen, also das Verhalten der Zielgruppe betreffen (z. B. die Kaufabsicht erhöhen, das Informationsverhalten beeinflussen). Aus den Kommunikationszielen lassen sich dann wiederum konkrete *Kampagnenziele* ableiten. Diese

*Marketing-, Kommunikations- und Kampagnenziele*

## 6.1 Fokus Planung und Umsetzung
### Definition von Marketing- und Kommunikationsziel

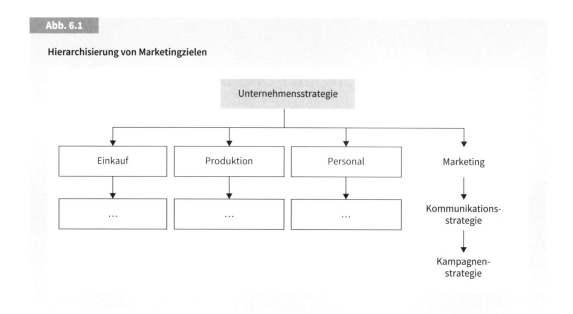

**Abb. 6.1**

Hierarchisierung von Marketingzielen

definieren den Sollzustand für eine ganz konkrete Werbemaßnahme (vgl. zur Hierarchisierung der verschiedenen Ziele Abb. 6.1). Optimal ist dieser Prozess dann gestaltet, wenn die Maßnahme auf der untersten Stufe eine Verbindung zum strategischen Marketing- bzw. Unternehmensziel aufweist. Damit dieser Prozess gelingen kann, ist auf jeder Ebene ein bidirektionaler Abgleich- und Kommunikationsprozess erforderlich, bei dem jeweils geprüft wird, ob das nach unten weitergereichte Ziel durch die Maßnahmen auch erreicht werden kann. Je konkreter überdies die Ziele definiert werden, umso besser lassen sie sich nachher auch überprüfen.

**BEISPIEL  Marketingziel BADATON**

▶▶▶ Das Unternehmen BADATON gibt als Unternehmensziel die Erreichung der Marktführerschaft aus. Aus Ist-Soll-Analysen wird deutlich, dass BADATON ein schlechteres Image als der direkte Wettbewerber aufweist. Daraus wird das Marketingziel abgeleitet, das Image positiver zu gestalten und dadurch auch die Kundenbindung zu erhöhen. Aber was ist positiv? Als Kommunikationsziel wird definiert, das Unternehmen als seriösen und verlässlichen Anbieter kommunikativ zu etablieren, um damit das Image durch positive Aspekte zu verbessern. Eine Werbeagentur wird gebrieft, vor diesem Hintergrund eine Kampagne zu entwickeln. Wie setzt man seriös und verlässlich in Szene? Die Agentur schlägt als Kampagnenziel vor, über Testimonialwerbung das Thema Zuverlässigkeit in die Zielgruppe zu kommunizieren, flankiert mit Informationen über das Qualitätsmanagementsystem des Unternehmens. ◀◀◀

Unternehmensziel, Marketingziel, Kommunikationsziel und Kampagnenziel lassen sich am wirkungsvollsten und vor allem mit den besten Erfolgsaussichten formulieren, wenn zuvor die Situation des Unternehmens im Wettbewerbsumfeld analysiert wurde. Wie ist das Unternehmen positioniert? Wo sind eventuelle Defizite? Wo stecken Chancen und Risiken? Welche Trends gibt es in der Branche? Solche Fragen lassen sich etwa über eine SWOT-Analyse beantworten, in der gezielt die Stärken und Schwächen, Chancen und Risiken des Unternehmens oder eines Teilbereichs analysiert und beschrieben werden. Aber auch die bisherigen Marketing- und Werbemaßnahmen müssen berücksichtigt werden, damit aus Sicht der Kunden kein Bruch entsteht, es sei denn, genau das ist gewollt. Die Zieldefinition muss sich darüber hinaus am Machbaren orientieren. Machbar im Sinne der Unternehmensressourcen und im Sinne der Zielgruppe.

## 6.2 Definition der Zielgruppe

Marketing-, Kommunikations- und Kampagnenziele lassen sich erst unter Berücksichtigung der anvisierten Kundengruppen eindeutig definieren. Es geht ja nicht darum, irgendwelche Personen anzusprechen, sondern einen Personenkreis zu definieren, bei dem mit der Werbebotschaft der erwünschte Erfolg wahrscheinlich ist.

> **MERKE**
>
> **Zielgruppe**
> Mit der Zielgruppe wird allgemein der Kreis von Marktteilnehmern beschrieben, der auf eine bestimmte marketingpolitische Maßnahme homogener reagiert als der Gesamtmarkt.

Um diesen Personenkreis zu identifizieren, bedient man sich der Kriterien der Marktsegmentierung, d. h. man versucht, den Gesamtmarkt anhand bestimmter Kriterien in verschiedene Gruppen einzuteilen.

### 6.2.1 Segmentierungskriterien

Die Kriterien der Segmentierung können sich auf ganz unterschiedliche Bereiche beziehen, so kann man zum Beispiel zwischen geografischen, demografischen und psychografischen Segmentierungskriterien unterscheiden (siehe dazu Abb. 6.2). Eine Besonderheit stellen die sogenannten Sinus-Milieus dar (mehr Informationen dazu auf der Homepage des Sinus-Instituts www.sinus-institut.de), die neben geografischen, soziodemografischen und verhaltensbezogenen Variablen auch die Lebenswelt der Zielpersonen erfassen.

*Ganz unterschiedliche Segmentierungsmöglichkeiten*

## 6.2 Fokus Planung und Umsetzung
### Definition der Zielgruppe

**Abb. 6.2**

**Segmentierungskriterien**

| Kriterium | Beispiel |
|---|---|
| **Geografische Kriterien** | |
| Gebiet | Staat, Bundesland, regional |
| Bevölkerungsdichte | Stadt, Land |
| Klima | Nördlich, südlich |
| **Demografische Kriterien** | |
| Alter | Unter 6, 6-12, 13-16, 18-22, 22-30 etc. |
| Geschlecht | Männlich, weiblich |
| Haushaltsgröße | 1, 2, 3, 4, 5 und mehr Personen |
| Einkommen | Unter 1200 Euro, zwischen 1201 und 2000 Euro, zwischen 2001 und 3000 Euro, mehr als 3000 Euro |
| Beruf | Akademiker, Handwerker, Arbeiter, Student und Schüler, Hausfrau und Hausmann, Arbeitslose |
| Bildung | Hauptschule, Realschule, Gymnasium, Hochschule |
| Lebensphase | Jung und ledig, jung verheiratet, verheiratet mit und ohne Kinder, älter und verheiratet, älter und geschieden, in Rente und verwitwet, in Rente und verheiratet |
| **Psychografische Kriterien** | |
| Lebensstil | Normalverbraucher, Statusverbraucher, Jet-Setter |
| Persönlichkeitsmerkmale | Gesellig, konservativ, ehrgeizig |
| Markentreue | Nicht vorhanden, mittelmäßig, stark |
| Mediennutzung | Print, Internet, TV, Radio (viel vs. wenig) |
| Verwendungsintensität | Ab und zu, regelmäßig, potenziell |

In Anlehnung an Moser, K. (2002)

### 6.2.2 Sinus-Milieus

**MERKE**

**Sinus-Milieus**

Die Sinus-Milieus gruppieren Menschen, die sich hinsichtlich ihrer Lebensauffassung, ihres Lebensstils ähneln. Es geht darum, die Zielgruppen ganzheitlich und in ihrem funktionalen und lebensweltlichen Kontext zu beschreiben.

*Sinus-Milieus erfassen die gesamte Lebenswirklichkeit der Zielpersonen.*

Da sich die Gesellschaft und die Kontextbedingungen im steten Wandel befinden, werden auch die Sinus-Milieus permanent angepasst. Sie liegen mittlerweile für über 18 Länder vor und ermöglichen dadurch auch Kulturvergleiche. In der Version der Milieus aus dem Jahr 2017 werden folgende (Sub-)Typen unterschieden (vgl. www.sinus-institut.de):

- Sozial gehobenes Milieu, bestehend aus
  - konservativ-etabliertem Milieu (10 % der Bevölkerung): klassisches Establishment und
  - liberal-intellektuellem Milieu (7 %): aufgeklärte Bildungselite.
- Milieu der Performer (8 %): effizienzorientierte Leistungselite mit global-ökonomischem Denken
- Expeditives Milieu (8 %): unkonventionelle, kreative Avantgarde
- Milieus der Mitte, bestehend aus
  - bürgerlicher Mitte (13 %): leistungs- und anpassungsbereiter bürgerlicher Mainstream sowie
  - adaptiv-pragmatisches Milieu (10 %): zielstrebige junge Mitte, pragmatisch und nutzenmaximierend.
- Sozialökologisches Milieu (7 %): idealistisch und konsumkritisch, globalisierungskritisch
- Milieus der unteren Mitte/Unterschicht, bestehend aus
  - traditionellem Milieu (13 %): Sicherheit und Ordnung liebende Nachkriegsgeneration (Kleinbürger) sowie
  - prekärem Milieu (9 %): um Orientierung und Teilhabe bemühte Unterschicht mit reaktiver Grundhaltung.
- Hedonistisches Milieu (15 %): spaß- und erlebnisorientierte moderne Unterschicht, Leben im Hier und Jetzt.

Für jeden Typus lassen sich entsprechende Konsumgewohnheiten und Wünsche angeben. Zusammen mit den Prozentzahlen zur Stärke der jeweiligen Gruppe leisten die Sinus-Milieus einen wichtigen Beitrag zu strategischen (Zielgruppen-)Planung.

Sehr anschaulich werden die Milieus in den sogenannten *Wohnwelten* dargestellt. Dabei handelt es sich um Fotografien bzw. begehbare Räume, die den prototypischen Wohnräumen der einzelnen Milieutypen entsprechen. Die Wohnwelten eignen sich insbesondere für die kreative Kampagnenplanung, da mit der visuellen Darstellung eine passende Zielgruppenansprache sehr viel einfacher ist.

*Wohnwelten veranschaulichen Unterschiede.*

### 6.2.3 Eins-zu-Eins-Marketing und Kundenbeziehungsmanagement

Die Segmentierung von Zielgruppen dient dazu, die avisierten Kundengruppen optimal zu finden und anzusprechen. Damit vermeidet man auch *Streuverluste*, d. h. Kommunikationskosten für Personen, die gar nicht zur Zielgruppe gehören. Eine andere Möglichkeit, die Kundenansprache zu optimieren, besteht im Eins-zu-Eins-Marketing. Darunter versteht man die direkte und individualisierte Kundenansprache, was unter Zuhilfenahme von Kundenprofilen ermöglicht wird. Dabei werden so viele Informationen wie möglich über den Kunden, sein Verhalten, seine Äußerungen, Verhaltensweisen etc. erfasst und unter marketingrelevanten Gesichtspunkten ausgewertet. Heute geschieht dies in erster Linie anhand statistischer Verfahren (z. B. *Data Mining*) und dient vor allem der Pflege und dem Ausbau der Kundenbeziehung (*Customer-Relationship-Management*, CRM).

### 6.2.4 Neue Möglichkeiten durch das Internet

<small>Wir hinterlassen überall Spuren.</small>

An der Person ausgerichtete, individuelle Marketingmaßnahmen sind nur so gut, wie die Informationen, die über diese Person zur Verfügung stehen. Bevor das Internet unseren Alltag veränderte, war es sehr aufwändig und umständlich, an diese Informationen heranzukommen. Heute hinterlassen wir mit jedem Klick, mit jedem Besuch einer Internetseite, ja mit jeder Mail Spuren im World Wide Web, die gesammelt und ausgewertet werden. Hinzu kommt eine Menge an Informationen, die wir diversen Anbietern, zum Beispiel Sozialen Netzwerken, freiwillig zur Verfügung stellen. Die Auswertung dieser Daten zu Marketingzwecken ist das Geschäftsmodell von Google und Facebook. Durch unsere Spuren auf diesen Plattformen geben wir diesen Dienstleistern die Möglichkeit, Werbeanzeigen nach unseren Bedürfnissen zu schalten. Bei Google heißt das Prinzip Adwords, d. h. Google versucht passend zum Suchbegriff Werbung einzublenden. Mittlerweile werden die Daten nicht nur über die Eingaben im Desktop-PC gesammelt, sondern auch mobil, wenn wir z. B. über ein Smartphone suchen und kommunizieren.

## 6.3 Festlegung der Copy-Strategie

Nach der Festlegung von Kommunikationsziel und Definition der Zielgruppe wird im nächsten Schritt die sogenannte *Copy-Strategie* entworfen und festgehalten.

> **MERKE**
>
> **Copy-Strategie**
> In der Copy-Strategie werden alle relevanten Größen, Fakten und Sachverhalte für eine konkrete Werbekampagne festgehalten.

<small>Die Copy-Strategie sichert die langfristige Kommunikation ab.</small>

Dies ist zur operativen Umsetzung einer Werbekampagne wichtig, insbesondere wenn viele Personen und z. B. Werbeagenturen bei der Umsetzung unterstützen sollen oder wenn die Strategie über einen längeren Zeitraum Gültigkeit besitzen soll. Ohne schriftliche Fixierung bestünde andernfalls die Gefahr, dass sich das Werbeziel ändert oder es zu Missverständnissen kommt. In der Copy-Strategie wird zunächst die Ausgangslage näher beschrieben. Dazu zählt ein Blick auf den Markt, die Wettbewerber des Unternehmens und das Produkt. Daneben werden die Ziele definiert und eine Positionierung des Unternehmens/Produkts vorgenommen. Außerdem werden die Werbeinhalte entsprechend den Bedürfnissen der Zielgruppen und der angestrebten Positionierung festgehalten. Schließlich werden Angaben zur kreativen Umsetzung definiert. Die wichtigsten Bestandteile einer Copy-Strategie sind im Einzelnen:

- Consumer Benefit: Der zu kommunizierende Verbrauchernutzen wird festgelegt.
  Beispiel: »Geistige Fitness durch das Präparat VitaSeng«.
- Reason Why: Es wird eine nachvollziehbare Begründung des Verbrauchernutzens gegeben.
  Beispiel: »Durch die belebende Kraft des Koffeins«.
- Supporting Evidence: Es werden zusätzliche Argumente entwickelt, die für das Produkt/Unternehmen sprechen (Zusatznutzen).
  Beispiel: »Seit 100 Jahren Erfahrung«.
- USP (Unique Selling Proposition): Ein einzigartiger Produktvorteil, die Einzigartigkeit des Produkts werden definiert.
  Beispiel: »Das Einzige, das Sie rezeptlos kaufen können!«
- UAP (Unique Advertising Proposition): Falls kein USP definiert werden kann, wird zumindest ein einzigartiges Werbeversprechen festgelegt oder ein Fokus auf einen bestimmten Punkt gesetzt.
  Beispiel: »Auf Basis pharmakologischer Forschungen!«
- Tonalität: Die Gestaltungsmerkmale der Werbung werden definiert, angefangen von dem Stil der Ansprache (humorvoll, seriös), über visuelle, auditive und textliche Merkmale der Werbung.
  Beispiel: seriös, modern.

Die Copy-Strategie ist zusammenfassend die Ausgangs- und Grundlage für die kreative Umsetzung des Kommunikationsziels.

## 6.4 Mediaplanung

Mindestens ebenso wichtig, wenn nicht sogar wichtiger im gesamten Prozess der Werbeplanung, ist die Mediaplanung. Die Aufgabe der Mediaplanung lässt sich folgendermaßen zusammenfassen:

> **MERKE**
>
> **Aufgabe der Mediaplanung**
>
> Aufgabe der Mediaplanung ist es, mit einem festgelegten Budget bestimmte Personen, entsprechend der Kommunikations- und Werbeziele, zielgerecht, zum richtigen Zeitpunkt, mit den richtigen Medien, in einem bestimmten Gebiet, genügend oft, mit einer bestimmten Botschaft (Kommunikationsangebot, Werbemittel), ökonomisch anzusprechen.

Dazu wird eine entsprechende Mediastrategie entwickelt, bei der festgehalten wird, welche Medien überhaupt zum Einsatz kommen sollen und welcher *Werbedruck* (Häufigkeit und zeitliche Ausdehnung des Werbeeinsatzes) entfacht wird. Bereits die Frage nach den *Werbemedien* ist viel komplexer, als man vermuten möchte. Dazu muss man sich nur einmal vor Augen halten, wie viele Werbemedien existieren. In Deutschland gibt es mehr als 3500 Fachzeitschriften, Tausende wissenschaft-

*Welche Medien eignen sich besonders zur zielgruppenspezifischen Kommunikation?*

## 6.4 Fokus Planung und Umsetzung
### Mediaplanung

liche Zeitschriften, mehr als 1000 Publikumszeitschriften, Hunderte von Tages- und Wochenzeitungen, unzählige Internetseiten, Messen, Fernsehkanäle, Litfaßsäulen, Plakatwände, Video Walls etc. Diese gilt es, anhand zielgruppenrelevanter Merkmale zu berücksichtigen und sinnvoll miteinander zu kombinieren. Welche *Mediastrategie* letztlich umgesetzt werden soll, hängt von einer Reihe von Faktoren ab. Zur optimalen Medienauswahl wird daher ein *Intermediavergleich* durchgeführt, d. h. man analysiert die verschiedenen Medien mit dem Ziel, diejenigen zu bestimmen, mit denen die Zielgruppe am effizientesten erreicht werden kann. Die Effizienz wiederum hängt hier u. a. von den nachfolgenden Faktoren ab.

### Zielgruppe

*Unterschiedliches Mediennutzungsverhalten*

Hier steht die Frage im Mittelpunkt, wer die zur Auswahl stehenden Medien zu welchem Zweck benutzt. Medien werden unterschiedlich lang und häufig genutzt. So wird beispielsweise in Deutschland im Schnitt über 240 Minuten (siehe Abb. 1.3) pro Tag ferngesehen, aber weniger als eine Stunde ein Printmedium benutzt. Das ist bei der Planung zu berücksichtigen, wenn es darum geht, die Wahrscheinlichkeit zu bestimmen, mit der die Werbebotschaften rezipiert werden. Auch die Analyse des *Buying Centers* kann hier wichtig sein, da es darum gehen kann, verschiedene Zielgruppen mit verschiedenen Botschaften zu erreichen. Schließlich muss die Reichweite (wie viele Nutzer werden überhaupt erreicht) des Mediums in der Zielgruppe geprüft werden.

### Mediennutzung

Medien werden von unterschiedlichen Personen zu unterschiedlichen Zwecken benutzt. Verschiedene Altersgruppen nutzen unterschiedliche Soziale Netzwerke, die Fernsehnutzung steigt mit zunehmendem Alter noch an. Viele weitere Faktoren spielen darüber hinaus eine Rolle, etwa die Bildung und das Geschlecht. Für die Mediaplanung ist daher die Kenntnis des zielgruppenspezifischen Mediennutzungsverhaltens sehr bedeutsam. Außerdem ist hierbei zu beachten, dass sich die Motive der Mediennutzung (z. B. Unterhaltung, Informationsbeschaffung) unterscheiden. Diese wiederum bestimmen aber mit, wie hoch das *Involvement* beim Rezipienten ist. Das bedeutet, die Medienauswahl muss zur Botschaft bzw. zur Form der Botschaft passen, also beispielsweise High-Involvement-Werbung in High-Involvement-Medien (z. B. Print).

### Werbebotschaft

Werbebotschaft und Werbemedium passen im Idealfall zusammen. Eine hochwertige Anzeige passt nicht in ein Wegwerfmedium und umgekehrt. Es ist zu bedenken, dass auch das Werbemedium ein Image besitzt, das sich positiv oder negativ auf die Werbebotschaft und den Absender auswirken kann. Darüber hinaus ist zu beachten, ob die Botschaft das Involvement des Rezipienten zum Verständnis benötigt, ob der Rezipient demnach die Informationen gemäß des Elaboration-Likelihood-Modells auf der zentralen Route verarbeiten soll oder eher auf der peripheren Route.

## 6.5 Kontrolle der Werbewirkung

**Budget**

Mit entscheidend, welches Medium zur Verbreitung der Werbebotschaft genutzt wird, ist der Preis. Die Sendung eines 30-Sekunden-TV-Spots kann mehrere Tausend Euro kosten, während die Einblendung eines Werbebanners sehr viel günstiger (ein paar Euros) ist. Vergleichbar werden die Kosten der unterschiedlichen Medien durch den *Tausender-Kontakt-Preis* (TKP). Er gibt die Kosten pro 1000 erreichte Personen an.

Hat man die geeigneten Medien zusammengestellt, geht es in einem nächsten Schritt darum, die Medien hinsichtlich ihres Nutzens für die Kampagne zu gewichten. Dazu wird auch die *Kontaktqualität* berücksichtigt (Kontakthäufigkeit, Kontaktintensität). Anschließend wird aus der Menge der möglichen Medien die geeignete Menge ausgewählt. Dies geschieht zum Beispiel über Rangreihen, in denen die Medien anhand der aufgestellten Kriterien sortiert werden. Schließlich wird der zeitliche Einsatz der Medien unter Berücksichtigung von zielgruppenspezifischen Merkmalen (z. B. Urlaubsgewohnheiten, Medienrezeption), Budgetrestriktionen sowie den anvisierten Werbezielen geplant und in einem *Streuplan* (siehe dazu Abb. 6.3) festgehalten.

Auswahl der geeigneten Medien

**Abb. 6.3**

**Beispiel für einen Streuplan**

| Werbeträger | Häufigkeit | Format | Anzahl | März | | | | April | | | | Mai | | | |
|---|---|---|---|---|---|---|---|---|---|---|---|---|---|---|---|
| Outdoor | | | | 10 | 11 | 12 | 13 | 14 | 15 | 16 | 17 | 18 | 19 | 20 | 21 |
| Info-Screen | 50 | 15 | 17 | | | | | | | | | | | | |
| Hörfunk | | | | | | | | | | | | | | | |
| Radio Neu | 30 | 20 Sek. | 8 Spots | | | | | | | | | | | | |
| Print | | | | | | | | | | | | | | | |
| Spiegel | 2 | 1/1 4c | | | | | | | | | | | | | |
| Hörzu | 6 | 1/4 4c | | | | | | | | | | | | | |
| Online | | | | | | | | | | | | | | | |
| Tonfall.de | | Banner | 3000 AI | | | | | | | | | | | | |

## 6.5 Kontrolle der Werbewirkung

Jeder, der viel Geld dafür einsetzt, um Werbung zu planen, zu konzipieren und umzusetzen, interessiert sich dafür, was dieser Einsatz letzten Endes Wert ist. Hat die Werbung gewirkt? Hat sie den gewünschten Erfolg gebracht? Um diese Frage zu beantworten, ist es zunächst entscheidend, sich nochmals das Ziel der Werbung, der Kampagne, des Plakats, des TV-Spots vor Augen zu führen. Je konkreter dieses formuliert wurde, umso besser lässt es sich nachher auch prüfen.

## 6.5 Fokus Planung und Umsetzung
Kontrolle der Werbewirkung

Im Allgemeinen unterscheidet man zwischen *Werbewirkungsmessung* und *Werbeerfolgsmessung*, wobei Erstere sich auf die psychologischen Auswirkungen der Werberezeption bezieht und Letzteres den ökonomischen Erfolg bezeichnet. Betrachten wir im Folgenden die psychologische Werbewirkung etwas näher.

### 6.5.1 Dimensionen der Werbewirkung

*Kurz-, mittel- und langfristige Auswirkungen*

Zunächst können wir zwischen kurz-, mittel- und langfristigen Effekten der Werbung unterscheiden. Kurzfristige Effekte sind solche, die unmittelbar durch die Konfrontation mit der Werbung ausgelöst werden. Kurzfristige Effekte beziehen sich zum Beispiel auf Prozesse der Aufmerksamkeitssteuerung oder des Gefallens. Als mittelfristige Effekte kann man die Erhöhung der Bekanntheit oder die Verbesserung von Sympathie bezeichnen. Langfristige Effekte wiederum sind eher solche, die sich auf Einstellungen oder das Image beziehen. Unabhängig von der zeitlichen Perspektive kann man zwischen kognitiven, affektiven und konativen (entscheidungsbezogenen) bzw. behavioralen (verhaltensbezogenen) Effekten unterscheiden.

**Kognitive Effekte**
Unter kognitiven Effekten werden alle Auswirkungen der Reizverarbeitung verstanden, die sich auf die Wahrnehmung, Aufmerksamkeit, Informationsverarbeitung, Speicherung und den Abruf der Informationen oder das Verständnis der Vorlage beziehen. Im werblichen Zusammenhang ist es zum Beispiel wichtig, dass die Werbebotschaft wahrgenommen wird, dass damit Aufmerksamkeit erzeugt wird, dass die Rezipienten die gewünschten Informationen auch speichern, die Botschaft verstehen und sich gegebenenfalls am POS an die Werbeinhalte oder den Absender erinnern können. Jeder dieser einzelnen Prozesse kann durch entsprechende Verfahren überprüft werden.

**Affektive Effekte**
Für den Werbetreibenden ist es nicht nur wichtig, dass die Konsumenten etwas über das Produkt bzw. den Absender erfahren und verstehen. Es geht auch um eine positive Bewertung des Angebots, um Sympathie, Gefallen oder um eine positive Einstellung zu Produkt, Marke und Hersteller. Dies ist vor allem auch deshalb so wichtig, da emotionale Einstellungen in Situationen, in denen der Konsument weniger involviert oder abgelenkt ist, häufig ausschlaggebend für die Kaufentscheidung sind, sogar trotz konträrer kognitiver Einstellungen.

**Konative/behaviorale Effekte**
Am Ende soll mit der Werbung eine bestimmte Verhaltensweise oder zumindest eine Verhaltensabsicht bewirkt werden. Führt die Rezeption der Werbung dazu, dass das Produkt in das relevante Set möglicher Kaufalternativen aufgenommen wird? Kann man den Rezipienten vom (Wieder-)Kauf oder Produkt- bzw. Herstellerwechsel überzeugen? Auch diese Fragen versucht man, mit geeigneten Methoden zu überprüfen.

## 6.5.2 Methoden der Werbewirkungsmessung

Zur Prüfung von Werbewirkungseffekten bedient man sich qualitativer und quantitativer Verfahren. Quantitative Verfahren nennt man vereinfacht ausgedrückt alle Verfahren, deren Ergebnisse sich in Zahlen ausdrücken lassen, die also etwas messen – zum Beispiel die Gedächtnisleistung oder die Steigerung in den Sympathiewerten.

### 6.5.2.1 Quantitative Verfahren

> **MERKE**
>
> Quantitative Verfahren, also im engeren Sinne Messverfahren, bieten sich vor allem an, wenn der Untersuchungsgegenstand bereits gut bekannt ist, man also genau weiß, was man herausfinden will, und wenn es auf quantitative Beurteilungen ankommt (z. B. Steigerung der Markenbekanntheit um 10 %).

Quantitative Erhebungen lassen sich zudem sehr gut bei Konzeption, Anwendung und Auswertung standardisieren. Innerhalb der quantitativen Verfahren werden viele verschiedene Methoden zur Datengewinnung eingesetzt, häufig zum Beispiel *Fragebögen*, bei denen die Teilnehmer zu verschiedenen Fragen Selbstauskünfte erteilen, Beobachtungsstudien, bei denen geprüft werden kann, ob sich durch eine Maßnahme das Verhalten der Kunden verändert, und experimentelle Studien, bei denen sehr genau analysiert werden kann, was innerhalb einer komplexen Reizkonfiguration, wie es eine Werbeanzeige beispielsweise ist, zu welchen Effekten seitens der Rezipienten führt.

*Quantitative Verfahren messen Unterschiede.*

Es gibt einige standardisierte Methoden innerhalb der Werbewirkungsforschung zur Erfassung kognitiver, affektiver und konativer Effekte. Zur Erfassung kognitiver Effekte sind das etwa die Methoden der freien oder gestützten Erinnerung (*free/aided recall*) oder der Wiedererkennung (*Recognition*). Affektive Effekte können zum Beispiel mit Hilfe eines *semantischen Differenzials* erfasst werden, bei dem das Produkt, die Marke oder der Hersteller mit Hilfe einer Liste von Gegensatzpaaren (z. B. modern/alt, eintönig/bunt, konservativ/progressiv, laut/leise) beschrieben werden können. Dadurch, dass die Teilnehmer dabei für jedes Gegensatzpaar einen entsprechenden Wert zwischen den beiden Extremen ankreuzen, ergeben sich sehr übersichtliche Profile, die sich auch gut zum Vergleich mit anderen Produkten, Marken oder Herstellern (Wettbewerbsvergleich) eignen. Konative Effekte wiederum lassen sich etwa durch die Abfrage der Kaufwahrscheinlichkeit oder der Weiterempfehlungsbereitschaft erfassen. Häufig werden auch tatsächlich behaviorale Effekte untersucht, etwa bei der »Schnellgreifbühne«, bei der den Teilnehmern ein Set an Produkten mit der Aufforderung gezeigt wird, sich so schnell wie möglich das gewünschte Produkt zu greifen. So lassen sich ganz einfach Auswirkungen z. B. einer Kampagne auf tatsächliches Verhalten prüfen.

*Standardisierte Messverfahren*

### 6.5.2.2 Qualitative Verfahren

> **MERKE**
>
> Qualitative Verfahren messen im Gegensatz zu quantitativen Verfahren nicht, liefern also keine Zahlenwerte, sondern inhaltliche Beschreibungen.

Einzelbefragung und Gruppendiskussion

Diese Vorgehensweise bietet sich an, wenn hinsichtlich des Untersuchungsgegenstandes noch ziemliche Unklarheit besteht bzw. wenn mich eher Motive, Einstellungen und Emotionen der Rezipienten interessieren, die sich häufig nur unzureichend durch einen standardisierten Fragebogen erfassen lassen, zum Beispiel bei Fragen wie »Was gefällt Ihnen an der Anzeige?« oder »Welche Gründe sprechen aus Ihrer Sicht für den Kauf des Produktes?«. Häufige qualitative Verfahren sind die Einzelbefragung, bei der ein geschulter Interviewer durch entsprechende Fragetechniken versucht, Informationen über Einstellungen, Wünsche oder Bedürfnisse des Teilnehmers zu erhalten (Tiefeninterviews), oder die Gruppendiskussion, in der mehrere Teilnehmer zu einem vorgegebenen Thema und unter Leitung eines Moderators diskutieren. Die Erwartung an solche Gruppendiskussionen ist, dass sich durch gruppendynamische Prozesse Erwartungen, Einstellungen, Bedürfnisse etc. durch das Reagieren auf die Äußerungen eines anderen aufdecken lassen, die im Einzelgespräch aufgrund seiner geringeren Reaktivität nicht zum Vorschein gekommen wären.

### 6.5.2.3 Problem der Reaktivität und Implizite Verfahren

Generell besteht das Problem sowohl bei quantitativen wie qualitativen Verfahren darin, dass die Teilnehmer sich über den Sinn und Zweck der Studie Gedanken machen bzw. bestimmte Erwartungen haben, die sich auf ihre Antworten im Fragebogen oder beim Interview auswirken. Auch Effekte der sozialen Erwünschtheit können hier das Ergebnis verunreinigen. Es ist daher in manchen Fällen angeraten, die gesuchten Effekte auf indirekte Art und Weise zu messen. So lässt sich zum Beispiel ein assoziatives Netzwerk entweder direkt und explizit durch die Bitte, so viel wie möglich frei zu einem Produkt zu assoziieren, erfassen. Alternativ bzw. ergänzend könnte man aber Assoziationseffekte und Assoziationsstärken auch durch eine *Priming*-Studie mittels Lexikalischer Entscheidungsaufgabe analysieren. Innerhalb der Einstellungsforschung hat sich in den letzten Jahren der sogenannte *Implizite Assoziationstest* (IAT; z. B. Greenwald, A. /McGhee, D. E./Schwartz, J. L. K. 1998) bewährt, mit dem anhand von Reaktionszeitunterschieden auch implizite Einstellungen aufgedeckt werden können.

### 6.5.2.4 Neuromarketing

Dem Kunden in den Kopf schauen und die geheimsten Wünsche und Bedürfnisse erkunden, seit Langem ist das ein Traum vieler Marketingexperten, dessen Realisierung dank des Neuromarketings (*Consumer Neuroscience*) in Erfüllung zu gehen scheint (z. B. Scheier, C./Held, D. 2006).

> **MERKE**
>
> **Neuromarketing**
> Unter Neuromarketing versteht man allgemein die Forschungen, die die Methoden und Erkenntnisse neurophysiologischer und hier insbesondere von bildgebenden Verfahren mit denen des Marketings kombiniert.

Es wird versucht, Zusammenhänge zwischen sichtbarem Verhalten und Aktivierungen von Hirnarealen, deren Bedeutung man bereits zu kennen meint, herzustellen. Zum Beispiel kann man so beobachten, welche Hirnareale durch bestimmte Bilder, Markenlogos oder Produkte besonders stark aktiviert werden. Ein Vorteil, den man sich von dieser interdisziplinären Forschung verspricht, ist vor allem die geringe Verfälschbarkeit der Ergebnisse durch die Teilnehmer. Ziel des Neuromarketings ist kein geringeres, als das »Unbewusste messbar« bzw. »quantifizierbar« (z. B. Scheier, C. 2006) zu machen. Der Vielzahl an publizierten Befunden aus diesem neuen Forschungsbereich stehen drei gewichtige Kritikpunkte gegenüber. Zum einen werden die sehr teuren und zeitintensiven Studien in der Regel nur mit sehr wenigen Teilnehmern durchgeführt. Darunter leidet insbesondere die Allgemeingültigkeit und Zuverlässigkeit der Befunde (vgl. Button, K. S. et al. 2013). Zum anderen bestätigen neurowissenschaftliche Studien häufig nur, was man ohnehin schon längst weiß, und drittens besitzt der Nachweis einer neurophysiologischen Aktivität allein noch keinerlei Erkenntnisgewinn oder Vorteil gegenüber den nicht neurowissenschaftlichen Befunden (vgl. auch Möhlenkamp, G. 2008), was stillschweigend häufig vorausgesetzt wird, weil die Bilder von Gehirnaktivitäten aus sich heraus offenbar eine große Überzeugungswirkung besitzen. So faszinierend einerseits die technischen Möglichkeiten heutzutage sind, so vorsichtig muss man die Ergebnisse hier betrachten. Wo »Neuro« drauf steht, kann man sich der Aufmerksamkeit sicher sein (vgl. Weisberg, D. S. et al. 2008). Ob dies inhaltlich begründet ist, das steht auf einem anderen Blatt.

*Das Unbewusste messen.*

## 6.6 Ausblick

Planung ist das A und O einer erfolgreichen Werbemaßnahme. Und Planung beginnt mit der Zielsetzung, die komplexer nicht sei kann: Was kann ich mit den gegebenen Möglichkeiten bei wem, auf welche Weise, wann und wo, innerhalb meines zur Verfügung stehenden Budgets am besten erreichen? Wichtig ist dabei, dass sich

## 6.6 Fokus Planung und Umsetzung
### Ausblick

die Werbeziele aus den strategischen Unternehmenszielen ableiten lassen. Dazu ist eine stetige bidirektionale Überprüfung der vorgegebenen und abgeleiteten Ziele nötig. Von entscheidender Bedeutung ist dabei die Zielgruppenbestimmung. Die Zielgruppe lässt sich nach vielen verschiedenen Segmentierungskriterien definieren. Je genauer ich die Zielgruppe damit beschreiben kann, desto besser kann ich deren Verhalten in Bezug auf die werberelevanten Kriterien vorhersagen und umso effizienter kann ich mein Budget einsetzen. Nach der Zielfestlegung und Zielgruppenbestimmung ist die Ausarbeitung einer Copy-Strategie wichtig, in der für alle Beteiligten die Rahmenbedingungen der Kampagne festgehalten werden: Von der Beschreibung der Ausgangslage, über die Festlegung von USP bzw. UAP bis zur Tonalität werden hier verbindliche Vorgaben für die kreative Umsetzung der Maßnahme gemacht. Besondere Bedeutung für eine erfolgreiche Werbung hat die Mediaplanung, die letztlich dafür sorgen soll, dass auch diejenigen, an die sich die Unternehmen mit ihrer Werbung richten, die Botschaft in der geeigneten Art und Weise erhalten und verstehen. Um die Maßnahme stetig zu optimieren und mögliche Schwierigkeiten zu beseitigen, ist darüber hinaus die Werbewirkungsmessung sinnvoll. Damit lassen sich im Vorfeld einer Werbemaßnahme oder diese begleitend Schwachstellen oder bisher nicht berücksichtigte Besonderheiten identifizieren und im Nachgang dann abstellen. Allerdings ist darauf zu achten, dass die eingesetzten Verfahren zur Werbewirkungskontrolle tatsächlich auch Vorhersagen über den Erfolg bzw. Misserfolg der Maßnahme erlauben. Dazu ist breites und fundiertes methodisches Know-how unumgänglich.

### SCHLÜSSELBEGRIFFE KAPITEL 6

- Ökonomische Ziele
- Psychologische Ziele
- Marketingziele
- Kommunikationsziele
- Kampagnenziele
- Zielgruppe
- Segmentierungskriterien
- Sinus-Milieus
- Copy-Strategie
- Consumer Benefit
- Reason Why
- Tonalität
- USP
- UAP
- Mediaplanung
- Werbedruck
- Tausender-Kontakt-Preis
- Intermediavergleich
- Kontaktqualität
- Quantitative Verfahren
- Qualitative Verfahren
- Neuromarketing

### REFLEXIONSFRAGEN

1. Wie sieht der optimale Prozess zur Festlegung eines Werbeziels aus? Wo liegen die Schwierigkeiten dabei?
2. Welche Möglichkeiten zur Zielgruppenbeschreibung gibt es?
3. Was sind die Sinus-Milieus?
4. Was versteht man unter einer Copy-Strategie und welche Bestandteile hat diese?
5. Was ist die Aufgabe der Mediaplanung und warum ist diese für den Erfolg einer Werbemaßnahme so wichtig?
6. Bei der Werbewirkungsforschung unterscheidet man zwischen kognitiver, affektiver und konativer Werbewirkung. Was kann man sich darunter vorstellen?
7. Was ist eigentlich Neuromarketing?

# 7 Abschließendes zum Thema Werbeethik

Werbung ist allgegenwärtig und äußerst einflussreich in Bezug auf unser individuelles wie auch gesellschaftliches Erleben und Verhalten. Das Image von Werbung ist dabei ambivalent. Einerseits wird durchaus die Notwendigkeit von Werbung anerkannt, andererseits werden der Werbung auch viele negative Folgen angerechnet. Werfen wir einen Blick auf die Pros und Contras, die sich in der Diskussion über Werbung ausmachen lassen.

Der Werbung lässt sich zunächst zugutehalten, dass sie der Information dient. Werbung informiert uns über neue Produkte, Innovationen oder auch wichtige Themen, wie etwa die Gesundheitsvorsorge. Sie macht uns Lust, Neues zu probieren und Neues zu entdecken. Darüber hinaus ist sie unterhaltsam und hin und wieder richtig lustig. Die Werbung hat zudem eine sehr große volkswirtschaftliche Bedeutung. Viele Menschen arbeiten in dieser Branche. Allerdings erzeugt die Werbung auch jede Menge unnötiger Bedürfnisse und ist häufig auch weniger informativ, dagegen eher manipulativ. Sie ist häufig irreführend und klischeehaft. Außerdem ist sie, unabhängig von ihrem Ziel, einfach aufgrund des massiven Auftretens störend.

Sowohl für die Pros wie die Contras lassen sich gute Belege und Argumente anführen. Natürlich dient Werbung der Information. Wie sollte ein Unternehmen mit einer innovativen Idee im Wettbewerb bestehen können, ohne Werbung für seine Produkte oder für sich als Arbeitgeber machen zu können? Und dazu gehört auch, den Kunden die Produkte entsprechend attraktiv anzubieten und Lust zu machen. Und wie sollte eine Hilfsorganisation effektiv um Spenden bitten können, ohne sich wirkungsvoller Werbung zu bedienen? Wenn die Werbung dann auch noch Spaß macht und unterhält, kann man keine Einwände dagegen erheben. Auch ist richtig, dass Werbung ein sehr bedeutsamer Wirtschaftszweig ist, den man nicht vernachlässigen kann. Ebenso richtig ist allerdings auch, dass viele Verbraucher es mittlerweile als störend empfinden, stets und überall mit Werbung konfrontiert zu werden, dass Werbung uns persönliche Defizite suggeriert, die wir angeblich nur durch den Kauf von Produkten kompensieren können, dass Werbung Rollenklischees vorgibt, denen sich nicht alle beugen möchten, denen sich zu entziehen aber nur wenigen gelingt und dass Werbung in vielen Fällen keine Informationen bietet, sondern uns einfach in die Irre führt bzw. uns bewusst verführen möchte. Diese Argumente machen deutlich, dass Werbung an sich per se weder gut noch schlecht ist.

*Werbung mit ambivalentem Image*

**MERKE**

> Werbung ist zunächst nichts anderes als eine besondere Form der Kommunikation zwischen Menschen, die allerdings unter ethischen Gesichtspunkten auch anhand der gleichen Kriterien zu bewerten ist wie andere Formen zwischenmenschlicher Kommunikation.

## 6.6 Abschließendes zum Thema Werbeethik
Ausblick

Das bedeutet konkret, dass wir auch in der Werbung bestimmte Pflichten haben und die Folgen unseres Tuns abschätzen müssen (siehe dazu auch Bak, P. 2014). Dies gilt sowohl für die Werbemacher als auch für Auftraggeber und für uns selbst, die Kunden.

> **BEISPIEL** **Capri-Sonne erhält Goldenen Windbeutel 2013**
>
> ▶▶▶ Die Verbraucher-Organisation foodwatch zeichnet jedes Jahr ein Produkt aus, das besonders kritisch zu bewerten ist, etwa weil es zu ungesundem Konsum anregt oder weil es den Verbraucher falsch informiert. Im Jahr 2013 traf es das Getränk Capri-Sonne des Herstellers Wild. In der Presseerklärung dazu heißt es: »Capri-Sonne (in der Geschmacksrichtung Orange) enthält pro 200-Milliliter-Beutel umgerechnet sechseinhalb Stück Würfelzucker und damit mehr als ein gleich großes Glas Fanta Orange. Da der Konsum zuckerhaltiger Getränke ohnehin bereits zu hoch ist und Übergewicht unter Kindern grassiert, forderte foodwatch das Unternehmen auf, alle Werbe- und Marketingaktivitäten zu stoppen, die sich gezielt an Kinder richten. Capri-Sonne & Co. sind Dickmacher ersten Ranges, das ist wissenschaftlich erwiesen. Dennoch fixt Wild Kinder auf allen Kanälen an, immer noch mehr Zuckergetränke zu konsumieren – im Internet, Fernsehen, in der Schule, bei Sportveranstaltungen und sogar als Kinderbetreuer in Ferienanlagen. In einer ganzen Reihe von Studien ist der Zusammenhang zwischen Soft-Drink-Konsum und dem Risiko für die Bildung von Übergewicht belegt. In Deutschland gelten 15 Prozent der Kinder als übergewichtig, 6 Prozent sogar als fettleibig (adipös). foodwatch fordert daher ein grundsätzliches Verbot der Bewerbung unausgewogener Produkte direkt an Kinder (www.foodwatch.org).« ◀◀◀

*Wie wollen wir eigentlich psychologisches Know-how in der Werbung einsetzen?*

Welche Forderungen an eine ethisch korrekte Werbung lassen sich angesichts solcher Beispiele stellen? Werbemacher und Auftraggeber sind in erster Linie dazu verpflichtet, ethische Standards bei der Produktion und Darstellung einzuhalten, die Menschenrechte und -würde zu berücksichtigen und keine irreführende Werbung zu machen. Die Werbewirtschaft versucht diesen Forderungen durch die Installation des *Werberats* gerecht zu werden. Seit 1972 gibt es dieses Kontrollorgan, das die selbstauferlegten Verhaltensregeln der Werbewirtschaft überwacht und an den man sich mit Beschwerden wenden kann. Im Jahr 2016 erhielt der Werberat insgesamt 2.265 Beschwerden, hauptsächlich wegen »Geschlechterdiskriminierenden Werbung« oder »Diskriminierung von Personengruppen« (www.werberat.de). Der Werberat reicht jedoch nicht aus, wie zahlreiche andere Beschwerden und Skandale der letzten Jahre zeigen. Angefangen von der Lebensmittelampel bis hin zu ungesunden Produkten, die sich wie im Beispiel speziell an die Zielgruppe der Kinder richten, lassen sich zahlreiche Belege dafür finden, dass Werbung und Marketing sowie die dazugehörigen Produkte keinesfalls unseren ethischen Standards gerecht werden. Denken wir hier auch an das Thema »Geplante Obsoleszenz«, wonach viele Produkte womöglich absichtlich so produziert werden, dass sie schon bald durch neue Produkte ersetzt werden müssen. Darüber hinaus versuchen die

## 6.6 Ausblick

Werbetreibenden mit immer raffinierteren Methoden, ihre Werbebotschaften zu kommunizieren. Nicht zuletzt sind es die Erkenntnisse aus der Psychologie, deren man sich hier bedient. Kann uns das recht sein? Auch ist an dieser Stelle das Problem des Datenschutzes zu nennen: Ob Kundenkarten oder nur die Suche über Google, alle unsere Schritte werden unter marketingrelevanten Gesichtspunkten überwacht und ausgewertet, um sie dann in geeigneten Werbemaßnahmen umzusetzen. Was einerseits als Dienstleistung positiv bewertet werden mag, z. B. dass man als Kunde der Internetplattform Amazon Empfehlungen bekommt, die aufgrund eigener Verhaltensdaten und der anderer gewonnen wurden, das stimmt aus anderer Perspektive doch bedenklich, da sich angesichts der gesammelten Datenmengen ganz neue und sicherlich von vielen Kunden nicht gewünschte Möglichkeiten der Einflussnahme ergeben.

Aber nicht nur die Werbeindustrie ist in die Pflicht zu nehmen, auch wir Kunden, die wir durch unsere Nachfrage und unser Verhalten die Aktivitäten der Industrie legitimieren. Brauchen wir wirklich alles, was wir konsumieren? Sind wir uns eigentlich der Folgen unseres Handelns für uns, für andere und auch unsere Kinder bewusst? Denken wir dazu nur an das Problem der »seltenen Erden«, die zum Beispiel für die Produktion von Geräten der Unterhaltungselektronik gebraucht werden und um die gleichzeitig an weit entfernten Orten kriegerische Auseinandersetzungen toben oder die Umwelt auf Jahre hinaus nachhaltig geschädigt wird. Oder, kann man die teilweise unmenschlichen Arbeitsbedingungen in der Textilindustrie in Bangladesch, Indien oder Pakistan tatsächlich nur den Produzenten anlasten, oder sind wir nicht selbst durch unser Verhalten Teil eines menschenverachtenden Systems? Und sollten wir uns nicht als Konsumenten dagegen zur Wehr setzen? Und kann man unser Konsumverhalten eigentlich als nachhaltig beschreiben, also sind wir uns darüber im Klaren, dass nachkommende Generationen mit den Folgen unseres Handelns leben müssen und ihnen dabei vielleicht sogar aufgrund unserer Unbekümmertheit oder Rücksichtslosigkeit weitaus weniger Optionen zur Verfügung stehen als uns heute?

*Brauchen wir wirklich alles, was wir konsumieren?*

Ganz unabhängig vom Nachhaltigkeitsproblem, viele Industrienationen sehen sich bereits heute zunehmend mit gravierenden Problemen konfrontiert, z. B. das des Klimawandels, einem überbordenden Müllproblem oder dem Problem des Übergewichts, das auch auf unseren ungesunden Lebensstil zurückzuführen ist. Laut einer OECD-Studie (www.stern.de; www.oecd.org) ist in mehr als der Hälfte der 33 OECD-Mitgliedsländer jeder Zweite bereits übergewichtig, jeder Sechste sogar fettleibig (adipös). In Deutschland waren im Jahr 2009 60 % übergewichtige Männer und 40 % übergewichtige Frauen zu verzeichnen. Gleichzeitig beliefert uns die Werbung mit Bildern von völlig unrealistischen, aber scheinbar idealen Körpern. Hier werden Vorbilder generiert, die für manche sogar krankmachende Wirkung besitzen, ein Risiko, das insbesondere für Menschen zutrifft, die bereits ein schwaches Selbstwertgefühl bzw. negatives Körpergefühl besitzen. Auch das kann uns kaum recht sein.

*Macht Werbung auch krank?*

Eine Lösung für diese ethisch äußerst problematischen Punkte ist nicht in Sicht, ein Nachdenken darüber aber dringend erforderlich, wenn unser Wirtschaften und unser Werben ethisch unbedenklich und nachhaltig gestaltet werden soll. Für Wer-

*Werben mit Verantwortung*

## 6.6 Abschließendes zum Thema Werbeethik
Ausblick

betreibende und Konsumenten gilt daher, dass das, was wir tun, unter einer bestimmten Haltung getan wird, einer Haltung, die wir ethisch vertreten können, uns gegenüber, den anderen gegenüber und den zukünftigen Generationen gegenüber. Das gilt auch für unser Wirken in der Werbung. Letztlich ist dies keine Option, sondern angesichts Ressourcenverschwendung, Klimawandel und Bevölkerungsentwicklung als eine Notwendigkeit im Handeln aller Beteiligten anzusehen. Auch hierzu kann die Psychologie im Übrigen einen wichtigen Beitrag leisten. Über das Wie muss allerdings an anderer Stelle berichtet werden.

# Literatur

**A**

Aaker, J. 1997: Dimensions of brand personality, in: Journal of Marketing Research (34), Seite 347–356.

Adam, H./Galinsky, A. D. 2012: Enclothed cognition, in: Journal of Experimental Social Psychology (48), Seite 918–925.

Adjouri, D. N. 2002: Die Marke als Botschafter, Wiesbaden.

Albarrac'ın D./Johnson, B.T./Zanna, M.P. 2005: The Handbook of Attitudes. Hillsdale, NJ.

Allport, D.A. 1987. Selection for action: Some behavioral and neurophysiological considerations of attention and action, in: Perspectives on Perception and Action, Hrsg.: Heuer. H./Sanders, H. F., New Jersey, S. 395–419.

Ambler, T./Barrow, S. 1996: The Employer Brand, in: Journal of Brand Management 4, Seite 185–206.

Amos, C./Holmes, G./Strutton, D. 2008: Exploring the relationship between celebrity endorser effects and advertising effectiveness, in: International Journal of Advertising (27), Seite 209–234.

Anderson, C. A./Bushman, B. J. 2001: Effects of violent video games on aggressive behavior, aggressive cognition, aggressive affect, physiological arousal, and prosocial behavior: A meta-analytic review of the scientific literature, in: Psychological science (12) Seite 353–359.

Anderson, J. R. 1974: Retrieval of propositional information from long-term memory, in: Cognitive Psychology (6), Seite 451–474.

Anderson, J. R./Reder, L. M. 1999: The fan effect: New results and new theories, in: Journal of Experimental Psychology: General (128), Seite 186–197.

Argyle, M./Dean, J. 1965: Eye-contact, distance and affiliation, in: Sociometry (28), Seite 289–304.

Arkin, R. M./Oleson, K. C. 1998: Self-handicapping, in: Attribution and social interaction: The legacy of Edward E. Jones, Hrsg.: Darley, J. M./J. Cooper, J., Washington, Seite 313–371.

Aronson, W./Wilson, T./Akert, R. 2008: Sozialpsychologie, 6. Aufl., München.

**B**

Babin, B. J./Hardesty, D. M./Suter, T. A. 2003: Color and shopping Intentions: The intervening effect of price fairness and perceived affect, in: Journal of Business Research, 56, Seite 541–551.

Baddeley, A. D. 2009: Working memory, in: Memory, Hrsg.: Baddeley, A. D./Eysenck, M. W./Anderson, M. C., New York, Seite 41–68.

Bänsch, A. 2002: Käuferverhalten, München.

Bak, P. 2002: Effiziente Werbewirkungsforschung setzt klare Ziele und die theoretische Einbettung der eingesetzten Verfahren voraus, online: http://www.competence-site.de/effiziente-werbewirkungsforschung-setzt-klare-ziele-theoretische-einbettung-eingesetzten-verfahren-voraus/[Stand 06.03.2018].

Bak, P. 2010a: Vorsicht Werbung! Über die Verhaltensbeeinflussung von Werbespots, in: Beiträge zur 52. Tagung experimentell arbeitender Psychologen, Hrsg.: von Frings, C./Mecklinger, A./Wentura, D./Zimmer, H., Lengerich.

Bak, P. 2010b: Sex differences in the attractiveness halo effect in the online dating environment, in: Journal of Business and Media Psychology (1), Seite 1–7.

Bak, P. 2012: Über das Wesen von Bedeutung, in: eJournal Philosophie der Psychologie (17).

Bak, P. 2013: Embodiment – Neue Erkenntnisse auch fürs Marketing? in: Jahrbuch Marketing 2012/13, Hrsg.: Bernecker, M., Köln.

Bak, P. 2014: Wirtschafts- und Unternehmensethik. Eine Einführung, Stuttgart.

Bak, P. 2015: Zu Gast in Deiner Wirklichkeit. Empathie als Schlüssel gelungener Kommunikation, Heidelberg.

Bak, P. 2016: Erfolgreiche Kundenansprache nach Plan. Grundlagen zur Erstellung eines Kommunikationskonzeptes, Wiesbaden.

Bandura, A. 1977: Social learning theory. Englewood Cliffs, NJ.

Bargh, J. A./Chen, M./Burrows, L. 1996: Automaticity of social behavior: Direct effects of trait construct and stereotype activation on action, in: Journal of Personality and Social Psychology (71), Seite 230–244.

Bargh, J. A. 2006: What have we been priming all these years? On the development, mechanisms, and ecology of nonconscious social behavior, in: European Journal of Social Psychology (36), Seite 147–168.

Baron, J./Hershey, J.C. 1988: Outcome bias in decision evaluation, in: Journal of Personality and Social Psychology (54), Seite 569–579.

Barsalou, L. W. 2008: Grounded cognition, in: Annual Review of Psychology (59), Seite 617–645.

Bem, D. J. 1972: Self-perception theory, in: Advances in experimental social psychology (6), Hrsg.: Berkowitz, L., New York, Seite 1–62.

Betsch, T./Plessner, H./Schwieren, C./Gütig, R. 2001: I like it but I don't know why: A value-account approach to implicit attitude formation, in: Personality and Social Psychology Bulletin (27), Seite 242–253.

Bian, Q./Forsythe, S. 2012: Purchase intention for luxury brands: A cross cultural comparison, in: Journal of Business Research, Fashion Marketing and Consumption of Luxury Brands, 65, Seite 1443–1451.

Bieri, R./Florack, A./Scarabis. M. 2006: Der Zuschnitt von Werbung auf die Zielgruppe älterer Menschen, in: Zeitschrift für Medienpsychologie (18), Seite 19–30.

Bless, H./Bohner, G./Schwarz, N./Strack, F. 1990: Mood and persuasion, A cognitive response analysis, in: Personality and Social Psychology Bulletin (16), Seite 331–345.

Bless, H./Schwarz, N. 1998: Context effects in political judgement: assimilation and contrast as a function of categorization processes, in: European Journal of Social Psychology (28), Seite 159–172.

Bless, H./Greifenede, R./Wänke, M. 2007: Marken als psychologische Kategorien: Möglichkeiten und Grenzen einer sozial-kognitiven Sichtweise, in: Psychologie der Markenführung, Hrsg.: Florack, A./Scarabis, M./Primosch, E., München, Seite 31–40.
Blumer, H. 1986: Symbolic interactionism: Perspective and method, Berkeley, CA.
Bohner, G./Dickel, N. 2011: Attitudes and attitude change, in: Annual Review of Psychology (62), Seite 391–417.
Bosnjak, M./Galesic, M./Tuten, T. 2007: Personality determinants of online shopping: Explaining online purchase intentions using a hierarchical approach, in: Journal of Business Research, Consumer Personality and Individual Differences, 60, Seite 597–605.
Bower, G. H.1981: Mood and memory, in: American Psychologist (36), Seite 129–148.
Bower, A. B./Landreth, S. 2001: Is beauty best? Highly versus normally attractive models in advertising, in: Journal of Advertising (30), Seite 1–12.
Bransford, J. D./Johnson, M. K. 1972: Contextual prerequisites for understanding: Some investigations of comprehension and recall, in: Journal of Verbal Learning and Verbal Behavior, 11, Seite 717–726.
Brasel, S. A./Gips, J. 2014: Tablets, touchscreens, and touchpads: How varying touch interfaces trigger psychological ownership and endowment, in: Journal of Consumer Psychology, 24, Seite 226–33.
Brehm, J. W. 1966: Theory of psychological reactance, New York.
Broadbent, D. 1958: Perception and Communication, London.
Browne, B. A./Kaldenberg, D. O. 1997: Conceptualizing self-monitoring: links to materialism and product involvement, in: Journal of Consumer Marketing 14, Seite 31–44.
Bruce, V./Young, A. 1986: Understanding face recognition. British Journal of Psychology (77), Seite 305–327.
Buijzen, M./Valkenburg, P. M. 2004: Developing a typology of humor in audiovisual media, in: Media Psychology (6), Seite 147–167.
Burger, J. M. 1986: Increasing compliance by improving the deal: The that's not all technique, in: Journal of Personality and Social Psychology (51), Seite 277–283.
Burger, J. M./Petty, R. E. 1981: The low-ball compliance technique: Task or person commitment?, in: Journal of Personality and Social Psychology (40), Seite 492–500.
Burmann, C./Meffert, H./Feddersen, C. 2007: Identitätsbasierte Markenführung, in: Psychologie der Markenführung, Hrsg.: Florack, A./Scarabis, M./Primosch, E., München, Seite 3–30.
Buss, D. 2007: The Evolution of human mating, in: Acta Psychologica Sinica (39), Seite 502–512.
Button, K. S./Ioannidis, J. P. A./Mokrysz, C./Nosek, B. A./Flint, J./Robinson, E. S. J./Munafò, M. R. 2013: Power failure: Why small sample size undermines the reliability of neuroscience, in: Nature Reviews Neuroscience (14), Seite 365–376.

## C

Caballero, M. J./Lumpkin, J. R./Madden, C. S. 1989: Using physical attractiveness as an advertising tool: An empirical test of the attraction phenomenon, in: Journal of Advertising Research (29), Seite 16–22.

Cacioppo, J. T./Petty, R. E. 1982: The need for cognition, in: Journal of Personality and Social Psychology (42), Seite 116–131.

Chaiken, S. 1979: Communicator physical attractiveness and persuasion, in: Journal of Personality and Social Psychology (37), Seite 1387–1397.

Chaiken, S. 1980: Heuristic versus systematic information processing and the use of source versus message cues in persuasion, in: Journal of Personality and Social Psychology (39), Seite 752–766.

Chang, C. 2012: The role of ad-evoked consumption visions in predicting brand attitudes: A relevancy principle model, in: Psychology and Marketing (29), Seite 956–967.

Chartrand, T. L./Bargh, J. A. 1999: The chamelon effect: The perception-behavior link and social interaction, in: Journal of Personality and Social Psychology (76), Seite 893–910.

Chaudhari, N./Pereira, E./Roper, S. D. 2009: Taste receptors for umami: the case for multiple receptors, in: The American Journal of Clinical Nutrition (90), Seite 738–742.

Cheng, S. Y. Y./White, T. B./Chaplin, L. N. 2012: The effects of self-brand connections on responses to brand failure: A new look at the consumer-brand relationship, in: Journal of Consumer Psychology (22), Seite 280–288.

Chernatony, D. L./McDonald, M. H. 1992: Creating powerful brands. Oxford.

Cialdini, R. B./Vincent, J. E./Lewis, S. K./Catalan, J./Wheeler, D./Darby, B. L. 1975: Reciprocal concessions procedure for inducing compliance: The door-in-the-face technique, in: Journal of Personality and Social Psychology (31), Seite 206–215.

Cialdini, R. B. 2009: Die Psychologie des Überzeugens, 6. Aufl., Bern.

Collette, F./Schmidt, C./Scherrer, S.A/Salmon, E. 2009: Specificity of inhibitory deficits in normal aging and Alzheimer's disease, in: Neurobiology of Aging, 30, Seite 87–889.

Collins, A. M./Loftus, E. F. 1975: A spreading-activation theory of semantic processing, in: Psychological Review (82), Seite 407–428.

McCrae, R. R./Costa, P. T. 1987: Validation of the five-factor model of personality across instruments and observers, in: Journal of Personality and Social Psychology, 52, Seite 81–90.

Craik, F. I.M./Lockhart, R. S. 1972: Levels of processing: A framework for memory research, in: Journal of Verbal Learning and Verbal Behavior (11), Seite 671–684.

Crusco, A. H./Wetzel, C. G. 1984: The midas touch. The effects of interpersonal touch on restaurant tipping, in: Personality and Social Psychology Bulletin (10), Seite 512–517.

## D

Davis, F. 1994: Fashion, culture, and identity. Chicago.

Debevec, K./Iyer, E. 1986: Sex roles and consumer perceptions of promotions, products, and self: what do we know and where should we be headed?, in: Advances in Consumer Research (13), Seite 210–214.

Deutsch, J. A./Deutsch, D. 1963: Attention: Some theoretical considerations, in: Psychological Review, 70, Seite 80–90.

Dijksterhuis, A./Bargh, J. A. 2001: The perception-behavior expressway: Automatic effects of social perception on social behavior, in: Advances in experimental social psychology (33), Seite 1–40.

Dijksterhuis, A./Nordgren, L. F. 2006: A theory of unconscious thought, in: Perspectives on Psychological Science (1), Seite 95–109.

Dijksterhuis, A./Bos, M. W./Nordgren, L. F./van Baaren, R. B. 2006: On making the right choice: The deliberation-without-attention effect, in: Science (311), Seite 1005–1007.

Dijksterhuis, A./Chartrand, T. L./Aarts, H. 2007: Effects of priming and perception on social behavior and goal pursuit, in: Social psychology and the unconscious: The automaticity of higher mental processes, Hrsg.: Bargh, J. A., Philadelphia, Seite 51–132.

Dijksterhuis, A./Van Knippenberg, A. 1998: The relation between perception and behavior, or how to win a game of Trivial Pursuit, in: Journal of Personality and Social Psychology (74), Seite 865–877.

Döring, K./Moser, K. 2007: Chancen und Risiken von Markenerweiterungsstrategien: Assimilations- und Kontrasteffekte bei der Bewertung von Erweiterungsprodukten, in: Psychologie der Markenführung, Hrsg.: Florack, A./Scarabis, M./Primosch, E., München, Seite 137–147.

Dunn, E. W./Gilbert, D. T./Wilson, T. D. 2011: If money doesn't make you happy, then you probably aren't spending it right, in: Journal of Consumer Psychology (21), Seite 115–125.

Dutton, D. G./Aron, A. P. 1974: Some evidence for heightened sexual attraction under conditions of high anxiety, in: Journal of Personality and Social Psychology (30), Seite 510–517.

## E

Eagly, A. H./Ashmore, R. D./Makhijani, M. G./Longo, L. C. 1991: What is beautiful is good, but…: A meta-analytic review f research on the physical attractiveness stereotype, in: Psychological Bulletin (110), Seite 109–128.

Easterlin, R. A. 1974: Does economic growth improve the human lot? Some empirical evidence, in: Nations and Households in Economic Growth: Essays in Honour of Moses Abramovitz, Hrsg.: David, P. A./Reder, M. W., New York, Seite 89–125.

Eisend, M. 2009: A meta-analysis of humor in advertising, in: Journal of the Academy of Marketing Science (37), Seite 191–203.

Ekman, P. 1992: Are there basic emotions?, in: Psychological Review (99), Seite 550–553.

Ekman, P./Friesen, W. V. (1969). The repertoire of nonverbal behavior: Categories, origins, usage, and coding, in: Semiotica (1), Seite 49–98.

Ekman, P. /Friesen, W. V. 1978: Facial action coding system: A technique for the measurement of facial movement. Palo Alto, CA.

Elberse, A./Verleun, J. 2012: The economic value of celebrity endorsements, in: Journal of Advertising Research (52), Seite 149–165.

Elder, R. S./ Krishna, A. 2010: The effects of advertising copy on sensory thoughts and perceived taste., in: Journal of Consumer Research, 36, Seite 748–756.

Erdfelder, E./Bredenkamp, J. 1998: Recognition of script-typical versus script-atypical information: effects of cognitive elaboration, in: Memory & Cognition, 26, Seite 922–938.

Exline, R./Gray, D./Schuette, D. 1965. Visual behavior in a dyad as affected by interview content and sex of respondent, in: Journal of Personality and Social Psychology (1), Seite 201–209.

## F

Fehr, T. 2006: Big Five: Die fünf grundlegenden Dimensionen der Persönlichkeit und ihre 30 Facetten, in: Walter Simon (Hrsg.): Persönlichkeitsmodelle und Persönlichkeitstests, Offenbach.

Felser, G. 2015: Werbe- und Konsumentenpsychologie, 4. Aufl., Berlin.

Festinger, L. 1954: A theory of social comparison processes, in: Human Relations (7), Seite 117–140.

Festinger, L. 1957: A theory of cognitive dissonance, Stanford.

Fisher, J. D./Rytting, M./Heslin, R. 1976: Hands touching hands: Affective and evaluative effects of an interpersonal touch, in: Sociometry (39), Seite 416–421.

Fischer, L./Wiswede, G. 2002: Grundlagen der Sozialpsychologie, München.

Fischhoff, B./Beyth, R. 1975: »I knew it would happen«: Remembered probabilities of once-future things, in: Organizational Behavior and Human Performance (13), Seite 1–16.

Fitzsimons, G. M./Chartrand, T. L./Fitzsimons, G. J. 2008: Automatic effects of brand exposure on motivated behavior: How Apple makes you ›Think Different‹, in: Journal of Consumer Research (35), Seite 21–35.

Florack, A./Scarabis, M. 2007: Personalisierte Ansätze der Markenführung, in: Psychologie der Markenführung, Hrsg.: Florack, A./Scarabis, M./Primosch, E., München, Seite 177–196.

Florack, A./Ineichen, S. 2008: Unbemerkte Beeinflussung von Markenpräferenzen: Die Wiederauferstehung Eines Mythos? In: Wirtschaftspsychologie (4), Seite 53–60.

Freedman, J. L./Fraser, S. C. 1966: Compliance without pressure: The foot-in-the-door technique, in: Journal of Personality and Social Psychology (4), Seite 195–202.

Friedman, R. S./McCarthy, D. M./Förster, J./Denzler, M. 2005: Automatic effects of alcohol cues on sexual attraction, in: Addiction (100), Seite 672–681.

Frey, D./Dauenheimer, D./Parge, O./Haisch, J. 1993: Die Theorie sozialer Vergleichsprozesse, in: Theorien der Sozialpsychologie, Band 1: Kognitive Theorien, Hrsg.: Frey, D./Irle, M., Bern, Seite 81–122.
Fournier, S. 1998: Consumers and their brands: Developing relationship theory in consumer research, in: Journal of Consumer Research (24), Seite 343–73.
Friese, M./Wänke, M./Plessner, H. 2006: Implicit consumer preferences and their influence on product choice, in: Psychology and Marketing (23), Seite 727–740.

## G

Gerbner, G./Gross, L. 1976: Living with television: The violence profil, in: Journal of Communication (26), Seite 173–199.
Gerpott, T. J./Bicak, I. 2011: Ethno-Marketing: Synopse Empirischer Studien sowie Schlussfolgerungen für die Marketing-Praxis und -Forschung, in: Der Markt (50), Seite 97–108.
Gierl, H./Großmann, T. 2008: Werbung mit irrelevanten Produktattributen, in: Der Markt (47), Seite 148–162.
Gigerenzer, G. 2007: Bauchentscheidungen. Die Intelligenz des Unbewussten und die Macht der Intuition, München.
Gilbert, D. T. 1991: How mental systems believe, in: American Psychologist (46), Seite 107–119.
Giles, H./Powesland, P. F. 1975: Speech style and social evaluation, Oxford.
Gollwitzer, P. M. 1990: Action phases and mind-sets, in: Handbook of motivation and cognition. Foundations of social behaviour Vol. II, Hrsg.: Higgins, E. T./Sorrentino, R. M., New York, Seite 53–92.
Gollwitzer, P. M./Bayer, U. C./Wicklund, R. A. 2002: Das handelnde Selbst: Symbolische Selbstergänzung als zielgerichtete Selbstverwirklichung, in: Zentrale Theorien der Sozialpsychologie, Band 3, Hrsg.: Frey, D., Stuttgart, Seite 191–212.
Graham, C. 2008: Happiness and health: lessons – and questions – for public policy, in: Health Affairs (27), Seite 72–87.
Greenwald, A. G./Banaji, M. R. 1995: Implicit social cognition: Attitudes, self-esteem, and stereotypes, in: Psychological Review (102), Seite 4–27.
Greenwald, A. G./McGhee, D. E./Schwartz, J. L. K. 1998: Measuring individual differences in implicit cognition: The implicit association test, in: Journal of Personality and Social Psychology (74), Seite 1464–1480.
Gianluigi, G. 2006: Shopping Motives, Big Five factors, and the hedonic/utilitarian shopping value: An integration and factorial study, in: Innovative Marketing 2, Seite 57–67.
Goldsmith, R. 2016: The Big Five, happiness, and shopping, in: Journal of Retailing and Consumer Services, 31, Seite 52–61.
Grossman, R. P./Wisenblit, J. Z. 1999: What we know about consumers' color choices, in: Journal of Marketing Practice: Applied Marketing Science, 5, Seite 78–88.
Gueguen, N./Jacob, C. 2002: The influence of music on temporal perceptions in an on-hold waiting situation, in: Psychology of Music (30), Seite 210–214.

## H

Häfner, M./Stapel, D. A. 2007: Attraktive Models in der Werbung: Auswirkungen sozialer Vergleiche auf den Betrachter und die beworbenen Produkte, in: Sozialpsychologie und Medien, Hrsg.: Trepte, E. H./Witte, S. Seite 159–170.

Hans-Bredow-Institut 2006: Medien von A bis Z. Wiesbaden.

Hasher, L./Lustig, C./Zacks, R. 2007: Inhibitory mechanisms and the control of attention, in: Variation in working memory, Hrsg.: Conway, A. R. A./Jarrold, C./Kane, M. J., New York, Seite 227–249.

Hearn, G. 1957: Leadership and the spatial factor in small groups, in: The Journal of Abnormal and Social Psychology (54), Seite 269–272.

Henslin, J. M. 1967: Craps and magic, in: American Journal of Sociology (73), Seite 316–330.

Hofmann, W./Friese, M./Strack, F. 2009: Impulse and self-control from a dual-systems perspective, in: Perspectives on Psychological Science (4), Seite 162–176.

Hofstede, G. 1993: Interkulturelle Zusammenarbeit, Wiesbaden.

Schemer, C. 2007: Wem Medienschönheiten schaden, in: Zeitschrift für Medienpsychologie (19), Seite 58–67.

Hall, E. T. 1969: The hidden dimension, New York.

Hall, E. T. 1976: Beyond culture, New York.

Hall, E. T. 1983: The dance of life: The other dimension of time, New York.

Harris, J. L./Bargh, J. A./Brownell, K. D. 2009: Priming effects of television food advertising on eating behavior, in: Health Psychology (28), Seite 404–413.

Hartmann, A./Streber, A./Filipiak-Pittroff, B./Winkler, G. 2017: Die Auswahl regionaler Lebensmittel fördern, in: Schule und Beratung, 2-3, Seite 22–24.

Hasher, L./Stoltzfus, E. R./Zacks, R. T./Rypma, B. 1991: Age and inhibition, in: Journal of Experimental Psychology: Learning, Memory, and Cognition (17), Seite 163–169.

Hastie, R./Kumar, P. A. 1979: Person memory: Personality traits as organizing principles in memory for behaviors, in: Journal of Personality and Social Psychology, 37, Seite 25–38.

Haugtvedt, C. P./Petty, R. E./Cacioppo, J. T. 1992: Need for cognition and Advertising: Understanding the role of personality variables in consumer behavior, in: Journal of Consumer Psychology, 1, Seite 239–260. Heckhausen, J./Heckhausen, H. 2010: Motivation und Handeln, Berlin.

Hermans, D./De Houwer, J. /Eelen, P. 1994: The affective priming effect: Automatic activation of evaluative information in memory, in: Cognition and Emotion 8, Seite 515–533.

Hirschbeck, A. 2013: Monströse Irreführung, in: Süddeutsche Zeitung vom 11.10.2013, online verfügbar unter www.sz-online.de/ratgeber/monstroese- irrefuehrung-2709202.html.

Hofstede, G. 2001: Culture's consequences – comparing values, behaviors, institutions and organizations across nations, 2. Aufl., London.

Huesmann, L. R. 1988: An information processing-model for the development of aggression, in: Aggressive Behavior (14), Seite 13–24.

Huizenga, H. M./Wetzels, R., van Ravenzwaaij, D./Wagenmakers, E-J. 2012: Four empirical tests of unconscious thought theory, in: Organizational Behavior and Human Decision Processes 117, Seite 332–340. https://doi.org/10.1016/j.obhdp.2011.11.010.

Hull, C. L. 1952: A behavior system: An introduction to behavior theory concerning the individual organism. Yale University Press.

### I

IP Deutschland 2009: Marken stärken durch Sponsoring. Metaanalyse Sponsoring Wirkungsstudien 2009. IP Deutschland, Köln. online verfügbar unter www.ip-deutschland.de.

Isen, A. M./Daubman, K. A./Nowicki, G. P. 1987: Positive affect facilitates creative problem solving, in: Journal of Personality and Social Psychology (52), Seite 1122–1131.

### J

Jacowitz, K. E./Kahneman, D. 1995: Measures of anchoring in estimation tasks, in: Personality and Social Psychology Bulletin (21), Seite 1161–1166.

Johnston, W. A./Heinz, S. P. 1978: Flexibility and capacity demands of attention, in: Journal of Experimental Psychology: General, 107, Seite 420–435.

Jourard, S. M. 1966: An exploratory study of body-accessibility, in: British Journal of Social and Clinical Psychology (5), Seite 221–231.

### K

Kahneman, D./Tversky, A. 1979: Prospect theory: An analysis of decision under risk, in: Econometrica (47), Seite 263–291.

Kahneman, D./Knetsch, J. L./Thaler, R. H. 1990: Experimental tests of the endowment effect and the coase theorem, in: The Journal of Political Economy (98), Seite 1325–1348.

Kaiser, A. 2009: Vornamen: Nomen est omen, in: Oberfränkischer Schulanzeiger, 12, Seite 15–18.

Kareklas, I./Brunel, F. F./Coulter, R. A. 2014: Judgment is not color blind: The impact of automatic color preference on product and advertising preferences, in: Journal of Consumer Psychology, 24, Seite 87–95.

Karremans, J. C./Stroebe, W./Claus, J. 2006: Beyond Vicary's fantasies: The impact of subliminal priming and brand choice, in: Journal of Experimental Social Psychology (42), Seite 792–798.

Keller, K. L./Heckler, S. E./Houston, M. J. 1998: The effects of brand name suggestiveness on advertising recall, in: Journal of Marketing (62), Seite 48–57.

Kenning P./Plassmann, H. K. P./Schwindt, W./Pieper, A./Deppe, M. 2007: Neurale Korrelate attraktiver Anzeigen, in: Focus-Jahrbuch 2007 Neuroökonomie, Hrsg.: Koschnick, W. J., München, Seite 277–286.

Kilian, K. 2007: Multisensuales Markendesign als Basis ganzheitlicher Markenkommunikation, in: Psychologie der Markenführung, Hrsg.: Florack, A./Scarabis, M./Primosch, E., München, Seite 323–356.

Koelsch, S./Schröger, E. 2008: Neurowissenschaftliche Grundlagen der Musikverarbeitung, in: Musikpsychologie. Das neue Handbuch, Hrsg.: Bruhn, H./Kopiez, R./Lehmann, A. C., Hamburg, Seite 393–412.

Knop, K./Petsch, T. 2010: »Initiative für wahre Schönheit« – Die Rückkehr des Alltagskörpers in die idealisierte Körperwelt der Werbung, in: Alltag in den Medien – Medien im Alltag, Hrsg.: Röser, J./Thomas, T./Peil, C., Seite 119–137.

Kotthoff, H. 1996: Scherzkommunikation. Beiträge aus der empirischen Gesprächsforschung, Opladen.

Krishna, A./Schwarz, N. 2014: Sensory marketing, embodiment, and grounded cognition: A review and introduction, in: Journal of Consumer Psychology, 24, Seite 159–168.

Kristensen, H./Gärling, T. 1997: The effects of anchor points and reference points on negotiation process and outcome, in: Organizational Behavior and Human Decision Processes (71), Seite 85–94.

Kuhbandner, C./Rosas-Corona, E. A./Spachtholz, P. 2017: High-Fidelity Visual Long-Term Memory within an Unattended Blink of an Eye, in: Frontiers in Psychology, 8.

## L

Lane, R. 1991: Does orange mean cheap?, in: Forbes, 148, Seite 144-147.

Lang, F. R./Lüdtke, O./Asendorpf, J.B. 2001: Testgüte und psychometrische Äquivalenz der deutschen Version des Big Five Inventory (BFI) bei jungen, mittelalten und alten Erwachsenen, in: Diagnostica 47, Seite 111–121.

Langer, E. J. 1975: The illusion of control, in: Journal of Personality and Social Psychology (32), Seite 311–328.

Lasswell, H. D. 1948: The structure and function of communication in society, in: The communication of ideas (37), Seite 215–228.

Lepper, M. R./Greene, D. 1975: Turning play into work: Effects of adult surveillance and extrinsic rewards on children's intrinsic motivation, in: Journal of Personality and Social Psychology (31), Seite 479–486.

Lewin, K. 1951/2012: Feldtheorie in den Sozialwissenschaften. Ausgewählte theoretische Schriften, Bern.

Lorenzo, G. L./Biesanz, J. C./Human, L. J. 2010: What is beautiful is good and more accurately understood. Physical attractiveness and accuracy in first impressions of personality, in: Psychological Science (21), Seite 1777–1782.

## M

Mack, A./Rock, I. 1998: Inattentional Blindness, Cambridge, MA.

Maga, J. A. 1974: Influence of color on taste thresholds, in: Chemical Senses (1), Seite 115–119.

Majcher, R. 2012: Der Einfluss physikalischer Wärme auf die Bewertung von Marken, Bachelorarbeit. Hochschule Fresenius, Köln.

Maltby, J./Day, L./Macaskill, A. 2011: Differentielle Psychologie, Persönlichkeit und Intelligenz, München.

Markus, H. R./Kitayama, S. 1991: Culture and the self: Implications for cognition, emotion, and motivation. Psychological Review (98), Seite 224–253.

Marrow, A. J. 1938: Goal Tensions and Recall: I, The Journal of General Psychology, 19, Seite 3-35.

Maslow, A. 1943: A theory of human motivation, in: Psychological Review (50), Seite 370–396.

Mattenklott, A. 2007: Emotionale Werbung, in: Wirtschaftspsychologie, Hrsg.: Moser, K., Heidelberg, Seite 85–106.

Mattes, K./Spezio, M./Hackjin, K./Todorov, A./Adolphs, R./Alvarez, R. M. 2010: Predicting election outcomes from positive and negative trait assessments of candidate images, in: Political Psychology (31), Seite 41–58.

McAdams, D. P./Lester, R. M./Brand, P. A./McNamara, W. J./Lensky, D. B. 1988: Sex and the TAT: Are women more intimate than men? Do men fear intimacy?, in: Journal of Personality Assessment, 52, Seite 397–409.

McClelland, D. C. 1987: Human motivation, Cambridge.

McCracken, G. 1989: Who is the celebrity endorser? Cultural foundations of the endorsement process, in: Journal of Consumer Research (16), Seite 310–321.

Meece, J. L./Glienke, B. B./Burg, S. 2006: Gender and motivation, in: Journal of School Psychology, Motivation, 44, Seite 351–373.

Mees U. 2006: Zum Forschungsstand der Emotionspsychologie – eine Skizze, in: Emotionen und Sozialtheorie, Hrsg.: Schützeichel, R., Frankfurt am Main, Seite 104–123.

Meigan S. R./Crooks, W./Tyler, J. K./Pavlovic, T./Kailey J. R./Standing, L. G. 1998: Does priming with a personality trait or a stereotype influence general knowledge test scores? An attempt to replicate the results of Dijksterhuis and van Knippenberg. Unveröffentlichtes Manuskript, Online verfügbar unter: http://www.psychfiledrawer.org/files/1771357061801Priming%20intelligent%20behaviour%20-%20Replication%20unsuccessful_Roberts%2012.pdf

Miller, G. A. 1956: The magical number seven, plus or minus two: Some limits on our capacity for processing information, in: Psychological Review (63), Seite 81–97.

Milliman, R. 1982: Using background music to affect the behavior of supermarket shoppers, in: Journal of Marketing (46), Seite 86–91.

Möhlenkamp, G. 2008: Die Psychologik der Neurologik. Ist die euphorische Rezeption der Neurobiologie vor allem ein psychologisches Phänomen?, in: Psychotherapeutenjournal (1), Seite 23–28.

Moine, D./Lloyd, K. 2002: Unlimited selling power. How to create and enjoy a multimillion dollar sales career, Franklin Lakes, NJ.

Mooradian, T. A./Olver, J. M. 1996: Shopping motives and the five factormModel: An integration and preliminary study, in: Psychological Reports 78, Seite 579–592.

Mooradian, T. A./Olver, J. M. 1997: I Can't Get No Satisfaction: The impact of personality and emotion on postpurchase processes, in: Psychology and Marketing 14, Seite 379–393.

Moray, N. 1959: Attention in dichotic listening: Affective cues and the influence of instructions. In: Quarterly Journal of Experimental Psychology 11, Seite 56–60.

Moser, K. 2002: Markt- und Werbepsychologie, Göttingen.

Moser, K./Leitl, J. 2006: Der Dritte-Person-Effekt, Thema der Werbung und Distanz der dritten Person, in: Zeitschrift für Medienpsychologie (18), Seite 2–8.

Müller, S./Gelbrich, K. 2015: Interkulturelles Marketing, 2. Aufl., München.

Mussweiler, T. 2001: Seek and Ye Shall Find: Antecedents of assimilation and contrast in social comparison, in: European Journal of Social Psychology (31), Seite 499–509.

Mussweiler, T. 2006: Doing is for thinking! Stereotype activation by stereotypic movements, in: Psychological Sciences (17), Seite 17–21.

Mussweiler, T. 2007: Assimilation and contrast as comparison effects – The selective accessibility model, in: Assimilation and contrast in social psychology, Hrsg.: Stapel D./Suls, J. New York, Seite 165–185.

## N

Neumann, O. 1987: Beyond capacity: A functional view of attention, in: Perspectives on Perception and Action, hrsg. Heuer. H./Sanders, H. F., New Jersey, Seite 361–394.

Neumann, R./Strack, F. 2000: Mood Contagion: The automatic transfer of mood between persons, in: Journal of Personality and Social Psychology (79), Seite 211–223.

Nieuwenstein, M./van Rijn, H. 2012: The unconscious thought advantage: Further replication failures from a search for confirmatory evidence, in: Judgment and Decision Making (7), Seite 779–798.

Nisbett, R. E/Wilson, T. D. 1977: The halo effect: Evidence for unconscious alteration of judgments, in: Journal of Personality and Social Psychology (35), Seite 250–256.

North, A. C./Hargreaves, D. J./McKendrick, J. 1997: In-store music affects product choice, in: Nature (390), Seite 132–132.

## P

Pavlov, I. 1927: Conditioned Reflexes. New York.

Patzer, G. L. 1985: The physical attractiveness phenomena. New York.

Peck, J./Childers, T. L. 2003: Individual differences in haptic information processing: The »Need for Touch« scale, in: Journal of Consumer Research 30, Seite 430–42.

Perugini, M./Richetin, J./Zogmaister, C. 2010: Prediction of behavior, in: Handbook of implicit social cognition: Measurement, theory, and applications, hrsg. von Gawronski, B./Payne, B. K., New York, Seite 255–277.

Petty, R. E./Schumann, D. W., Richman, S. A./Strathman, A. J. 1993: Positive mood and persuasion: Different roles for affect under high- and low-elaboration conditions, in: Journal of Personality and Social Psychology (64), Seite 5–20.

Petty, R. E. & Cacioppo, J. T. 1986: The elaboration likelihood model of persuasion, in: Advances in Experimental Social Psychology (19), Seite 123–205.

Petty, R. E./Tormala, Z. L./Briñol, P./Blair, W. 2006: Implicit ambivalence from attitude change: An exploration of the PAST model, in: Journal of Personality and Social Psychology (90), Seite 21–41.
Plutchic, R. 1980: Emotion: A psychoevolutionary synthesis. New York.
Pollay, R. W. 1986: The distorted mirror: Reflections on the unintended consequences of advertising, in: Journal of Marketing 50, Seite 18–36.
Porter, M. E. 1989: Wettbewerbsvorteile (Competitive Advantage), Spitzenleistungen erreichen und behaupten. Frankfurt.

## R

Rarick, D. L./Soldow, G.F./Geizer, R. S. 1976: Self-monitoring as a mediator of conformity, in: Central States Speech Journal 27 Seite 267–271.
Reichert, T./Lambiase, J. 2002: Sex in advertising: Perspectives on the erotic appeal. Mahwah, NJ.
Reichert, T./Ramirez, A. 2000: Defining sexually oriented appeals in advertising: A grounded theory investigation, in: Advances in Consumer Research (27), Seite 267–273.
Reichert, T./Carpenter, C. 2004: An update on sex in magazine advertising: 1983 to 2003, in: Journalism & Mass Communication Quarterly (81), Seite 823–837.
Revenstorf, D./Peter, B. 2009: Hypnose in Psychotherapie, Psychosomatik und Medizin. Manual für die Praxis, 2. Aufl., Heidelberg.
Richins, M. L. 1995: Social comparison, advertising, and consumer discontent, in: American Behavioral Scientist 38, Seite 593–607.
Richins, M. L./Dawson, S. 1992: A consumer values orientation for materialism and its measurement: Scale development and validation, in: Journal of Consumer Research, 19, Seite 303–316.
Richins, M. L./McKeage, K. K. R./Najjar, D. 1992: An Exploration of materialism and consumption-related affect, in: ACR North American Advances, 19, Seite 229–236.
Robins, R. W./Tracy, J. L./Trzesniewski, K./Potter, J./Gosling, S. D. 2001: Personality correlates of self-esteem, in: Journal of Research in Personality, 35, Seite 463–482.
Roediger, H. L. 1990: Implicit memory: Retention without remembering, in: American Psychologist (45), Seite 1043–1056.
Roth, G. 1987: Erkenntnis und Realität: Das reale Gehirn und seine Wirklichkeit, in: Der Diskurs des Radikalen Konstruktivismus, Hrsg.: Schmidt, S. J., Frankfurt am Main.
Rothermund, K./Wentura, D. 2004: Underlying processes in the Implicit Association Test: Dissociating salience from associations, in: Journal of Experimental Psychology: General (133), Seite 139–165.
Rosenhan, D. L. 1973: On being sane in insane places, in: Science (179), Seite 250–258.
Rosenthal, R./Jacobson, L. 1968: Pygmalion in the classroom: Teacher expectation and pupils' intellectual development. Holt.

Ruch, W./Zweyer, K. 2001: Heiterkeit und Humor: Ergebnisse der Forschung, in: Heiterkeit und Humor im Alter. Schriftenreihe der Deutschen Gesellschaft für Gerontopsychiatrie und -psychotherapie, Band 2, Hrsg.: Hirsch, R. D./Bruder, J./Radebold, H., Bornheim-Sechtem.

Rumelhart, D. E./Ortony, A. 1976: The representation of knowledge in memory, in: Schooling and the acquisition of knowledge, Hrsg.: Anderson, R. C./Spiro, R. J./Montague, W. E., Hilsdale, N. J., Seite 99–135.

Rumelhart, D. 1984: Schemata and the cognitive system, in: Handbook of social cognition, Vol. 1, Hrsg.: Wyer, R. S./Srull, T. K., Hillsdale, N.J., Seite 161–188.

Russell, R./Duchaine, B./Nakayama, K. 2009: Super-recognizers: People with extraordinary face recognition ability, in: Psychonomic Bulletin & Review 16, Seite 252–257.

## S

Salthouse, T. A. 1988: Resource-reduction interpretations of cognitive aging, in: Developmental Review (8), Seite 238–272.

Schachter, S./Singer, J. 1962: Cognitive, Social, and Physiological Determinants of Emotional State, in: Psychological Review (69), Seite 379–399.

Scheier, C. 2006: Das Unbewusste messbar machen, in: Absatzwirtschaft (10), Seite 42–45.

Scheier, C./Held, D. 2006: Wie Werbung wirkt. Erkenntnisse des Neuromarketing. Freiburg.

Schenk, M. 2007: Medienwirkungsforschung, Tübingen.

Scherer, K. R. 1984: On the nature and function of emotion: A component process approach, in: Approaches to emotion, Hrsg.: Scherer, K. R./Ekman, P., Hillsdale, N.J., Seite 293–317.

Schmidt-Atzert, L. 1982: Emotionspsychologie und Musik, in: Gefühl als Erlebnis – Ausdruck als Sinn. Musikpädagogische Forschung; Bd. 3., Hrsg.: Behne, K. E., Seite 26–43.

Schmidt, S./Eisend, M. 2015: Advertising repetition: A meta-analysis on effective frequency in advertising, in: Journal of Advertising, 44(4), Seite 415–428.

Schneider, W./Shiffrin, R. W. 1977a: Controlled and automatic human information processing: I. Detection, search, and attention, in: Psychological Review (84), Seite 1–66.

Schneider, W./Shiffrin, R. W. 1977b: Controlled and automatic human information processing: II. Perceptual learning, automatic attending, and a general theory, in: Psychological Review (84), Seite 127–190.

Schwarz, N./Bless, H. 1992: Constructing reality and its alternatives: An inclusion/exclusion model of assimilation and contrast in social judgment, in: The construction of social judgments, Hrsg.: Martin, L. L./Tesser, A., Hillsdale, N.J., Seite 217–245.

Schwarz, N./Bless, H./Strack, F./Klumpp, G./Rittenauer-Schatka, H./Simons, A. 1991: Ease of retrieval as information: Another look at the availability heuristic, in: Journal of Personality and Social Psychology (61), Seite 195–202.

Schwarz, N./Clore, G. L. 1983: Mood, misattribution, and judgments of well-being: Informative and directive functions of affective states, in: Journal of Personality and Social Psychology (45), Seite 513–523.

Schwarz, N. 2011: Feelings-as-information theory, in: Handbook of theories of social psychology, Hrsg.: van Lange, P./Kruglanski, A./Higgins, E. T., London, Seite 289–305.

Seiter, J. S. 2007: Ingratiation and gratuity: The effect of complimenting customers on tipping behavior in restaurants, in: Journal of Applied Social Psychology (37), Seite 478–485.

Shapiro, S. 1999: When an ad's influence is beyond our conscious control: Perceptual and conceptual fluency effects caused by incidental ad exposure, in: Journal of Consumer Research (26), Seite 16–36.

Shanks, D. R./Newell, B. R./Lee, E. H./Balakrishnan, D./Ekelund, L./Cenac, Z./Moore, C. 2013: Priming intelligent behavior: An elusive phenomenon, in: PLoS ONE (8), e56515.

Shimp, T. A. 1981: Attitude toward the ad as a mediator of consumer brand choice, in: Journal of Advertising (10), Seite 9–15.

Shiv, B./Fedorikhin, A. 1999: Heart and mind in conflict: The interplay of affect and vognition in consumer decision making, in: Journal of Consumer Research (26), Seite 278–292.

Simons, D. J./Chabris, C. F. 1999: Gorillas in our midst: Sustained inattentional blindness for dynamic events, in: Perception (28), Seite 1059–1074.

Simonson, I./Nowlis, S. M. 2000: The role of explanations and need for uniqueness in consumer decision making: Unconventional choices based on reasons, in: Journal of Consumer Research 27, Seite 49–68.

Simpson, J. A./Griskevicius, V./Rothman, A. J. 2012: Consumer decisions in relationships, in: Journal of Consumer Psychology (22), Seite 304–314.

Sjurts, I. 2010: Gabler Lexikon Medienwirtschaft. Wiesbaden.

Simpson, P. M/Brown, G./Hoverstad, R./Widing, R. E. 1997: Disclosure of contextually hidden sexual images embedded in an advertisement, in: Psychological Reports (81), Seite 333–334.

Smith, C. A./Lazarus, R. S. 1990: Emotion and Adaptation, in: Handbook of Personality: Theory and Research, Hrsg.: Pervin, L. A., New York, Seite 609–637.

Snyder, M. 1974: Self-monitoring of expressive behavior, in: Journal of Personality and Social Psychology, 30, Seite 526–537.

Snyder, M. 1989: Selling images versus selling products: Motivational foundations of consumer attitudes and behavior, in: Advances in Consumer Research, 16, Seite 306–311.

Spiegel, B. 1970: Werbepsychologische Untersuchungsmethoden. Experimentelle Forschungs- und Prüfverfahren, 2. Aufl., Berlin.

Staats, C. K./Staats, A. W. 1957: Meaning established by classical conditioning, in: Journal of Experimental Psychology (54), Seite 74–80.

Stephan, W. G./Stephan, C. W./Vargas, M. C. D. 1996: Emotional Expression in Costa Rica and the United States, in: Journal of Cross-Cultural Psychology (27), Seite 147–160.

Stiff, J. B./Mongeau, P. A. 2003: Persuasive Communication, New York.

Strack, F./Deutsch, R. 2002: Urteilsheuristiken, in: Theorien der Sozialpsychologie. Bd. III: Motivations-, Selbst- und Informationsverarbeitungstheorien, Hrsg.: Frey, D./Irle, M., Göttingen, Seite 352–384.

Strahan, E. J./Spencer, S. J./Zanna, M. P. 2002: Subliminal priming and persuasion: Striking while the iron is hot, in: Journal of Experimental Social Psychology (38), Seite 556–568.

Strick, M./Dijksterhuis, A./Bos, M. W./Sjoerdsma, A./van Baaren, R. B./Nordgren, L. F. 2011: A meta-analysis on unconscious thought effects, in: Social Cognition (29), Seite 738–762.

Strongman, K.T./Champness, B. G. 1968: Dominance hierarchies and conflict in eye contact, in: Acta Psychologica (28), Seite 376–386.

Subra, B./Muller, D./Bègue, L. /Bushman, B. J./Delmas, F. 2010: Automatic effects of alcohol and aggressive cues on aggressive thoughts and behaviors, in: Personality and Social Psychology Bulletin 36, Seite 1052–1057.

Suls, J. 1983: Cognitive processes in humor appreciation, in: Handbook of humor research, Hrsg.: McGhee, P. E. /Goldstein, J. H., New York, Seite 39–57.

Svenson, O. 1981: Are we less risky and more skillful than our fellow drivers?, in: Acta Psychologica (47), Seite 143–151.

## T

Thwaites, D./Lowe, B./Monkhouse, L. L./Barnes, B. R. 2012: The impact of negative publicity on celebrity ad endorsements, in: Psychology and Marketing (29), Seite 663–673.

Trenkle, B. 2000: Das zweite Ha-Handbuch der Witze zu Hypnose und Psychotherapie. Heidelberg.

Thaler, R. H. 1980: Toward a positive theory of consumer choice, in: Journal of Economic Behavior & Organization (1), Seite 39–60.

Thaler, R. H. 1999: Mental accounting matters, in: Journal of Behavioral Decision Making (12), Seite 183–206.

Thaler, R. H./Sunstein, C. R. 2008: Nudge: Improving decisions about health, wealth, and happiness, New Haven.

Tian, K.T./Bearden, W. O./Hunter, G. L. 2001: Consumers' need for uniqueness: Scale development and validation, in: Journal of Consumer Research 28 Seite 50–66.

Till, B. D./Busler, M. 2000: The match-up hypothesis: Physical attractiveness, expertise, and the role of fit on brand attitude, purchase intent and brand beliefs, in: Journal of Advertising (29), Seite 1–13.

Treisman, A. M. 1964: Selective attention in man, in: British Medical Bulletin, 20, Seite 12–16.

Tressoldi, P. E. 2012: Replication unreliability in psychology: Elusive phenomena or ›Elusive‹ statistical power?, in: Frontiers in Psychology (3).

Trompenaars, F. 1993: Riding the waves of culture: Understanding cultural diversity in business. London.

Turner, J. C./Hogg, M. A./Oakes, P. J./Reicher, S. D./Wetherell, M. S. 1987: Rediscovering the social group. A Self-Categorization Theory. New York.

Tversky, A./Kahneman, D. 1983: Extensional versus intuitive reasoning: The conjunction fallacy in probability judgment, in: Psychological Review (90), Seite 293–315.

## V

Van Baaren, R. B./Holland, R. W./Kawakami, K./van Knippenberg, A. 2004: Mimicry and prosocial behavior, in: Psychological Science (15), Seite 71–74.

Van Ittersum, K./Wansink, B. 2012: Plate Size and Color Suggestibility: The Delboeuf illusion's bias on serving and eating behavior, in: Journal of Consumer Research, 39,Seite 215–228.

Veatch, T. C. 1998: A theory of humor, in: Humor – International Journal of Humor Research (11), Seite 163–215.

Veblen, T. 2011/1899: The theory of the leisure class. An economic study in the evolution of institutions (Theorie der feinen Leute), New York.

Veltkamp, M./Custers, R./Aarts, H. 2011: Motivating consumer behavior by subliminal conditioning in the absence of basic needs: Striking even while the iron is cold, in: Journal of Consumer Psychology (21), Seite 49–56.

Verlegh, P. W. J./Steenkamp, J. E. M. 1999: A review and meta-analysis of country-of-origin research, in: Journal of Economic Psychology (20), Seite 521–546.

von Hartungen, C. 1926: Psychologie der Reklame. Stuttgart.

## W

Wänke, M./Bless, H./Schwarz, N. 1998: Context effects in product line extensions: Context is not destiny, in: Journal of Consumer Psychology (7), Seite 299–322.

Webb, W.B. 1949: The motivational aspect of an irrelevant drive in the behavior of the white rat, in: Journal of Experimental Psychology, 39, Seite 1–14.

Weisberg, D. S./Keil, F. C./Goodstein, J./Rawson, E/Gray, J. R. 2008: The seductive allure of neuroscience explanations, in: Journal of Cognitive Neuroscience (20), Seite 470–477.

Weinberger, M. G./Gulas, C. S. 1992: The impact of humor in advertising: A review, in: Journal of Advertising (21), Seite 35–59.

Wicklund, R. A. 1974: Freedom and Reactance. Oxford.

Williams, L. E./Bargh, J. A. 2008: Experiencing physical warmth promotes interpersonal warmth, in: Science (322), Seite 606–607.

Wilmer, J. B./Germine, L./Chabris, C. F./Chatterjee, G./Williams, M./Loken, E./Nakayama, K./Duchaine, B. 2010: Human face recognition ability is specific and highly heritable, in: Proceedings of the National Academy of Sciences 107, Seite 5238–5241.

Whorf, B. 1956: In: Language, thought, and reality: Selected writings of Benjamin Lee Whorf, hrsg. von Carroll, J. B., Cambridge, MA.

## X

Xu, J./Shen, H./Wyer Jr., R. S. 2012: Does the distance between us matter? Influences of physical proximity to others on consumer choice, in: Journal of Consumer Psychology (22), Seite 418–423.

## Z

Zajonc, R. B. 1968: Attitudinal effects of mere exposure, in: Journal of Personality and Social Psychology, Monograph Supplement (9), Seite 1–27.

Zander, M. F./Kapp, M. 2007: Verwendung und Wirkung von Musik in der Werbung. Schwarze Zahlen durch blaue Noten?, in: Medien und Kommunikationswissenschaft. Sonderband 1: Musik und Medien, Hrsg.: Hans-Bredow-Institut, Seite 92–104.

Zebrowitz, L.A./Rhodes, G. 2004: Sensitivity to ›bad genes‹ and the anomalous face overgeneralization effect: Accuracy, cue validity, and cue utilization in judging intelligence and health, in: Journal of Nonverbal Behavior (28), Seite 167–185.

Zeigarnik, B. 1927: Das Behalten erledigter und unerledigter Handlungen, in: Psychologische Forschung 9, Seite 1–85.

Zillmann, D. 1983: Disparagement humor, in: Handbook of humor research, Hrsg.: McGhee. P. E./Goldstein, J. H., New York, Seite 85–107.

**Verwendete Internetquellen**

ARD/ZDF-Onlinestudie: www.ard-zdf-onlinestudie.de
Bundesministerium für Umwelt, Naturschutz und Reaktorsicherheit: www.bmu.de
Deutscher Werberat: www.werberat.de
Datenbank der Slogans: www.slogans.de
Fachverband Außenwerbung e. V., www.faw-ev.de
Gesetze im Internet: www.gesetze-im-internet.de/markeng/
Gesellschaft für integrierte Kommunikationsforschung mbH & Co. KG – www.b4p.media
IP Deutschland GmbH, Vermarktung von Medienwerbung: www.ip-deutschland.de
novo per motio KG: www.perspektive-mittelstand.de
SMD Group | Schutz Marken Dienst GmbH, www.markenfacts.de
Stern: www.stern.de
Sinus Institut: www.sinus-institut.de
Statista GmbH: de.statista.com
Statistisches Bundesamt, www.destatis.de
Top-Marken 2012: www.interbrand.com
OECD: www.oecd.org
Verband privater Rundfunk- und Telemedien e. V.: www.vprt.de

# Stichwortverzeichnis

## A

Above-the-line-Werbung 15
Action Unit 78
Adaptoren 79
Affektdarstellung 80
Affektive Effekte 182
Ähnlichkeitshypothese 125
AIDA-Formel 6
Akteurs-Beobachter-Divergenz 99
Ambient-Marketing 21
Ambush-Marketing 21
Ankerheuristik 98
Annäherungs-Annäherungs-konflikt 60
Annäherungs-Vermeidungs-konflikt 60
Arbeitgebermarke 149
Arbeitsgedächtnis 41
Assimilationseffekte 125
Assoziationstest
– impliziter 84 f.
Assoziatives Netz 43
Attention-Elaboration-Hypothese 49
Attenuationstheorie 35
Attraktivität 135 f.
Attraktivitäts-Halo-Effekt 135
Attributionsfehler 99
Aufmerksamkeit 33
– im Alter 36
Aufmerksamkeitssteuerung
– exogene 33
Aufmerksamkeitstheorien 34
Ausdrucksmöglichkeiten, mimische 78
Außenwerbung 15

## B

B2B – Business to Business 10
B2C – Business to Consumer 9
Bahnungseffekte, assoziative 44
Bannerwerbung 16
Basisemotionen 70
Bedürfnis nach Einzigartigkeit 116
Bedürfnispyramide von Maslow 62
Beeinflusser 11
Beeinflussungstechniken, kommunikative 89

Behavioral Branding 156
Below-the-line-Werbung 15
Berührung 81
Berührungsbedürfnis
– autotelisches 28
– instrumentelles 28
Berührungssinn 28
Besitzorientierung 117
Besitztumseffekt 101
Big Five 111
– im werblichen Kontext 115
Bilder 130
Blickkontakt 77
Blickverhalten 77
Blockwerbung 16
Bottom-up-Prozess 30
Branded Entertainment 20
Brand Extension 148
Buchführung, mentale 102
Buying Center 10
Buying-Center-Analysen 10
Buying Circle 11
Buzz-Marketing 16

## C

Chamäleon-Effekt 76
Cocktailparty-Phänomen 35
Concepta 161
Consumer Neuroscience 185
Copy-Strategie 178, 186
– Bestandteile 178
Corporate Design Manual 155
Country-of-Origin-Effekt 168

## D

Dachmarke 148
Denken
– bewusstes 103
Denkstil 74
Depersonalisierung 123
Desk Research 155
Dienstleistungsmarketing 11
Distanzverhalten 80
Distanzzonen 80
Distributionspolitik 166
Door-in-the-face-Technik 89
Dritte-Personen-Effekt 139

## E

eCommerce-Ansätze 166
Ego-Shooter-Spiele 98
Einstellung
– affektbasierte 83
– explizite 83
– implizite 83
– kognitionsbasierte 83
– verhaltensbasierte 83
Einstellungen 82
Einstellungsänderung 86
– Zwei-Wege-Modell 86
Einstellungs-Verhaltens-Diskrepanz 85
Eins-zu-Eins-Marketing 177
Einzelbefragung 184
Elaboration-Likelihood-Modell 74, 86, 130, 133
Emblem 79
Embodied Cognition 46
Embodiment 46
Emotionen 69, 73
– sekundäre 70
Emotionstheorien, kognitive 71
Empfehlungsmarketing 16
Employer Branding 5, 149
Endowment-Effekt 47
Entscheidung
– deliberative 96
– extensive 94
– intuitive 96
– limitierte 94
– routinierte 94
Entscheidungsarten 93
Entscheidungsheuristiken 96
Entscheidungsverhalten 93
Ergebnisfehler 102
Ergebnis-Folge-Erwartungen 65
Erotik 137
Erwartungs-x-Wert-Modell 62, 64
Ethnomarketing 169
Evaluativen Konditionierung 54
Evolutionsbiologische Perspektive 135
Extraversion 113

## Stichwortverzeichnis

**F**

Fächerungseffekt 44 f., 150
Facial Action Coding System (FACS) 78
Farben 129
Feldtheorie 59
Filter-Modell der Aufmerksamkeit 34
Flash-Mobs 17
Foot-in-the-door-Technik 89
Foreign Branding 169
Fragebögen 183
Frames 50
Framing 106
Furcht 138

**G**

Game-Show 17
Gate-Keeper 11
Gedächtnis 40
– autobiografisches 41
– deklaratives 41
– explizites 41
– implizites 41
– sensorisches 41
Gedächtnisstrukturen 41
Gefühl 69
– nicht affektives 69
Gefühl-als-Information-Theorie 73
Geruchssinn 29
Geschmackssinn 29
Gesichtsmerkmale 78
– dynamische 78
Gestik 79
Gewissenhaftigkeit 112
Grundnutzen 8
Gruppendiskussion 184
Guerilla Marketing 17, 20

**H**

Halo-Effekt 100
Handelsmarke 147
Handlungs-Ergebnis-Erwartungen 65
Handlungsphasen 66
– Modell 66
hedonistische Tretmühle 95
Herdeneffekt 101
Herstellermarke 147
Heuristik 96
High-Context-Kulturen 162, 166
High-Involvement-Situation 88, 94

Hindsight Bias 102
Hinweisreize
– periphere 88
Homo oeconomicus 106
Hörsinn 29
Humor
– Funktionen 133
Hypnoseforschung 91

**I**

Illustratoren 79
Impliziter Assoziationstest 184
Impulsentscheidung 94
Individualkommunikation 14
– massenhafte 14
Influencer Marketing 17
Information
– irrelevante 100
Informationstransformation 39
Informationsverarbeitung 30
– subliminale 36
Ingroup 122
Inhibition 35
Inklusions-Exklusions-Modell 124
Inkongruitäts-Auflösungsmodell 133
Intermediavergleich 180
Intimitätsgleichgewichtsmodell 77
Intimitätsmotiv 63
Investitionsgüterwerbung 10
Involvement 9, 87, 180
Involvement-Konzept 86
Irradiationsphänomen 47

**K**

Kampagnenziel 173
Kategorienwissen 144
Kaufentscheidungen
– Dissonanz 105
Keyword Advertising 17, 32
Klassische Konditionierung 53
Kognitionsbedürfnis 115
Kognitive Dissonanz 104 f.
Kognitive Schemata 48
Kommunikation 12
– Beeinflussungstechniken 89
– direkte 91
– indirekte 90
– nonverbale 75
– paradoxe 92
– persuasive 88

Kommunikationsform
– Entscheidungsfaktoren 14
Kommunikationspolitik 166
Kommunikationsprozess 12
Kommunikationsziel 173
Kompensationshypothese 121
Komplimente 90
Konative/behaviorale Effekte 182
Konditionierung
– evaluative 54
– klassische 53
– operante 54
Konsument 27
Konsumgüterwerbung 9
Kontaktpunktanalyse 155
Kontrasteffekte 125
Kultivierungshypothese 55
Kultur 159
– feminine 163
– individualistische 163
– kollektivistische 163
– Langzeitorientierung 163
– maskuline 163
– Preispolitik 165
Kulturdimension
– nach Alfons Trompenaars 163
– nach Geert Hofstede 162
Kulturdimensionen
– nach Edward T. Hall 162
Kulturelle Unterschiede 165
Kulturen
– Risikobereitschaft 163
Kulturenwandler 169
Kulturtheorien 161
Kundenbeziehungsmanagement 178

**L**

Langzeitgedächtnis 41
Lernen 52
Lerntheorie
– sozial-kognitive 55
Lifestyle-Technik 22
Line Extension 148
Low-ball-Technik 90
Low-Context-Kulturen 162
Low-Involvement-Situationen 88

**M**

Machtmotiv
– personalisiertes 63
– sozialisiertes 63

# Stichwortverzeichnis

Marke 143
- als assoziatives Netzwerk 150
- als Einstellungsobjekt 151
- als Konstruktion 153
- als Persönlichkeit 152
- als Schemata 151
- Assimilationseffekte 151
- Bedeutungscontainer 154
- Kontrasteffekte 151
- Positionierungskonzept 155
Markenentwicklung 155
- Ausgangslage 154
- Kontrolle 156
- Schritte 154
Markenfamilien 148
Markenfunktionen 146
Markenidentität 146, 155
Markenimage 144
Markenkonzepte 149
Markenpersönlichkeit 153
- Dimensionen 152
Markenstrategie 155
- Differenzierung 168
Markentypen 147
Markenwissen
- explizites 144
- implizites 144
Marketing
- interkulturelles 159
- multisensorisches 18
- virales 20
Marketingmaßnahmen
- Internet 178
Marketingstrategie
- Standardisierung 167
Marketingziel 173
- Hierarchsierung 174
Massenkommunikation 9, 13
Materialismus 117
Mediaplanung 179
Mediastrategie 180
Mediennutzung 3, 180
Mehrmarkenstrategie 148, 155
Mental Sets 66
Merchandising 17
Mere-Exposure-Effekt 38, 42, 98
Migranten
- Typen 169
Mikrosignale 81
Mimik 70, 77
- dynamische Merkmale 78
- langsam sich verändernde Merkmale 78

- statische Merkmale 78
Mind Set 68
Modell der selektiven Zugänglichkeit 124, 125
Modelllernen 55
Monomarkenstrategie 155
Motiv
- expliziertes 63
- implizites 63
Motivation
- extrinsische 61
- Faktoren 57
- intrinsische 61
- Triebtheorien 58
Motiv-Priming 64
Multi-Channel-Marketing 154
Musical-Technik 23
Musik 140

## N

Nachentscheidungskonflikt 104
Narrow Casting 16
Netto-Werbeeinnahmen 3
Netz, assoziatives 43
Neuromarketing 185
Neurotizismus 114
No-Names 148
Non-Profit-Werbung 12
Nudging 108
Nutzen 7

## O

Obsoleszenz 188
OCEAN-Modell 111
Offenheit für Erfahrungen 112
Online-Community 21
Online-Targeting 15
Operante Konditionierung 54
Outcome Bias 102
Outgroup 122
Overconfidence Bias 100

## P

Percepta 160
Personenschemata 49
Persönlichkeit 110
Persönlichkeitsmerkmale 115
- Big Five 111
Point of Sale 51
PPPP-Formel 7

Präferenzwechsel 61
Primacy Effect 89
Priming 43, 150
- affektivers 73
- affektives 44
- semantisches 43
Priming-Effekt 44
Priming-Prozeduren 47
Priming-Studie 184
Printanzeige 20
Prinzip der sozialen Bewährtheit 96
Product Placement 18
Produkt
- Länderstereotype 168
- Zusatznutzen 7
Produkteigenschaft 8
Produktpolitik 165
Produktverwender 11
Prospect Theory 106
Proxemik 80
Prozess
- automatischer 33
- kontrollierter 33
Public Relations 18
Pygmalion-Effekt 50

## Q

Quizsendung 17

## R

Reaktanz 37
Reaktivität 184
Recency Effect 89
Regulatoren 79
Reize
- subliminale 37
Rekognitionsheuristik 98
Repräsentativitätsheuristik 97
Rosenthal-Effekt 50
Rubikon-Modell 66

## S

Sapir-Whorf-Hypothese 32
Schemata
- kognitive 48
- spezifische 48
Segmentierungskriterien 175
Sehsinn 29
Selbst-Behinderung 133
Selbstüberschätzung 100

## Stichwortverzeichnis

Selbstüberwachung 116
Selbstwahrnehmungstheorie 83, 105
Selection for action 35
Self-monitoring 116
Semantisches Differenzial 183
Sex 138
Sinnesorgane 28
Sinus-Milieus 175 f.
Situations-Ergebnis-Erwartungen 65
Slice of Life 22
Slice-of-Life-Werbung 88
Social Marketing 12
Soziale Kategorisierung 122
Sozialer Kontext 119
Soziale Vergleiche 123
Sozialisation 56
– primäre 56
– sekundäre 56
Sponsorenlinks 19
Sponsoring 18
Stakeholder 5
Stereotype 49
Stimmungs- und Gefühlsbilder 22
Storytelling 19
Streuplan 181
Streuverluste 177
Subliminales Priming 36
Substitutionsprinzip 121
Suchmaschinenmarketing 19
Super-Recognizer 42
Symbolischer Interaktionismus 119
Symbolische Selbstergänzung 121

### T

Tandemspot 16
Tausender-Kontakt-Preis 181
Teleshopping/Homeshopping 19
Testimonial-Werbung 23
That's not all-Technik 90
Theorie des unbewussten Denkens 96
Theorie des unbewussten Nachdenkens 103
Top-down-Prozess 30
Transfer-Effekte 137
Traumwelt-Technik 22

### U

Unaufmerksamkeitsblindheit 34
Unique Advertising Proposition (UAP) 7
Unique Selling Proposition (USP) 7
Unterschiedshypothese 125

### V

Vampire-Effekt 134, 138
Verfügbarkeitsheuristik 97
Verhalten
– Hauptmotive 63
– paraverbales 81
Verhaltenskonflikte 60
Verhaltensökonomik 106
Verhaltenspriming 45
Verkaufssituation
– kommunikative 88
– Tricks 89
Verlernen 53
Vermeidungs-Vermeidungskonflikt 60
Verträglichkeit 113
Vertrauenssiegel 166
Verwässerungseffekt 101
Videoclip 20
Volition 66

### W

Wahrnehmung 27
Wear-out-Effekt 134
Werbeanzeige 20
Werbebotschaft 180
– affektive Effekte 182
– kognitive Effekte 182
– Kontaktqualität 181
– Preis 181
Werbedruck 179
Werbeerfolgsmessung 182
Werbeethik 187
Werbeformen 15
Werbegestaltung 129
Werbeklassifikationen 9
Werbemaßnahmen
– Konzeption 6
– Planung 173
– Umsetzung 173
Werbemedien 179
Werberat 188
Werbetechniken 21
Werbeträger 2
Werbewirkung
– Dimensionen 182
– Kontrolle 181
– qualitative Verfahren 184
– quantitative Verfahren 183
– standardisierte Methoden 183
Werbewirkungsmessung 182
– Methoden 183
Werbeziele 5
– konsumentenbezogene 6
– marktbezogene 6
Werbung
– Adressaten 5
– als Kommunikation 12
– Brutto-Investitionen 2, 3
– Einstellung zur 4
– humorvolle 132
– irreführende 8
– konative/behaviorale Effekte 182
– kulturelle Besonderheiten 167
– Mediennutzung 180
Wertschöpfungsprozesse
– im Unternehmen 4
Wiedererkennung 183
Wohlfühldistanzen 80
Wohnwelten 177

### Z

Zeigarnik-Effekt 59
Zeitverständnis
– monochrones 162
– poychrones 162
Ziel
– ökonomisches 173
– psychologisches 173
Zielgruppe 24, 175, 180
Zusatznutzen 8
Zweitmarke 147